A HISTÓRIA DA
PSICOLOGIA

Crédito das imagens

Agradecemos quaisquer informações sobre os detentores dos direitos das imagens não creditadas neste livro, assim como de pessoas não identificadas nas fotografias, apesar dos esforços envidados para obtê-las.
(s = superior; i = inferior; d = direita; e = esquerda)
The Advertising Archives: 78
The Bridgeman Art Library: 16, 23 (Biblioteca Estense, Modena, Italy), 24 (British Library Board), 58, 105 (Peter Newark American Pictures), 148 (Fitzwilliam Museum, University of Cambridge, Reino Unido), 196i (Archives Charmet), 202 (Archives Charmet), 203s
Corbis: 14 (adoc-photos), 31i (Rick Friedman), 36 (Christie's Images), 39 (JACOPIN/BSIP), 44 (Bettmann), 51i (Bettmann), 68i (Bettmann), 69 (Bettmann), 77 (Bettmann), 84 (Bettmann), 85, 90 (Fine Art Photographic Library), 103 (Leemage), 106 (GraphicaArtis), 110s (Historical Picture Archive), 127 (Erie Raptosh Photography/Blend Images), 132 (ClassicStock), 136 (Graham Dean), 152 (Bettmann), 166 (Franklin McMahon), 170 (Hulton-Deutsch Collection), 179 (Hulton-Deutsch Collection), 184 (The Gallery Collection), 186 (Sunset Boulevard), 199 (The Gallery Collection), 201, 206 (Bettmann)
Fred the Oyster: 177
Getty: 18 (CM Dixon/Print Collector), 19 (CM Dixon/Print Collector), 63 (Fotosearch/Stringer), 122 (Thomas D. McAvoy/The LIFE Images Collection), 150 (Yvonne Hemsey/Getty Images), 159 (Nina Leen/The LIFE Picture Collection), 176 (Gjon Milil/The LIFE Picture Collection), 181 (NY Daily News Archive), 187 (United Artists)
iStock: 41, 56
The Kobal Collection: 94 (Warner Bros), 173 (TWO ARTS/CD), 182 (RAT PACK FILMPRODUKTION)
Mary Evans: 43 (INTERFOTO/Friedrich), 205 (Peter Higginbotham Collection)
Science and Society Picture Library: 53
Shutterstock: 25, 29, 31s, 34, 40, 50, 51s, 52s, 52i, 61s, 61i, 65, 66, 70, 80, 81, 82, 83, 88, 89, 93, 95e, 98, 99, 100, 101, 104, 108, 111, 116, 118, 119, 120, 121, 126, 134, 138, 149, 154, 155, 158, 163, 168, 169, 172, 183s, 198, 200, 207s
Topfoto: 22 (The Granger Collection), 112s, 147s (The Granger Collection)
Wellcome Library, London: 10d, 26, 28, 30d, 38, 41, 45, 46, 47, 48, 54, 56, 79, 95d, 96, 97, 125, 140, 141, 142, 143, 144s, 144i, 145, 146, 156, 188i, 189, 191s, 191i, 196s, 204

A HISTÓRIA DA
PSICOLOGIA

Anne Rooney

M.Books do Brasil Editora Ltda.

Rua Jorge Americano, 61 - Alto da Lapa
05083-130 - São Paulo - SP - Telefones: (11) 3645-0409/(11) 3645-0410
Fax: (11) 3832-0335 - e-mail: vendas@mbooks.com.br
www.mbooks.com.br

Dados de Catalogação na Publicação

ROONEY, Anne.
A História da Psicologia: Dos espíritos à psicoterapia: compreendendo a mente através dos tempos/Anne Rooney.

São Paulo – 2016 – M.Books do Brasil Editora Ltda.

1. Psicologia 2. História

ISBN: 978-85-7680-285-3

Do original em inglês: The Story of Psychology
© 2015 Arcturus Publishing Limited
©2016 M.Books do Brasil Editora Ltda.

Editor: Milton Mira de Assumpção Filho
Tradução: Marisa Motta
Revisão técnica: Rosa Maria Tedeschi Vieira
Produção editorial: Lucimara Leal
Editoração e capa: Crontec

2016
M.Books do Brasil Editora Ltda.
Todos os direitos reservados.
Proibida a reprodução total ou parcial.
Os infratores serão punidos na forma da lei.

Sumário

Introdução: O Estudo da Humanidade 10
    Ciência da natureza humana 10
    Objeto de estudo da psicologia 11
        A psicologia é uma ciência? 11
    Muito a se fazer 12

1. O fantasma na máquina: o que é a mente e onde ela está? 15
    A mente e a matéria 16
    Três em um 17
    Em duas mentes 19
    Os captores de almas 20
    Nas pegadas do profeta 21
    O drama interno entre o bem e o mal 22
    Libertando o espírito 23
    Um ou dois? 23
        Duvido, logo existo 24
    O mecanismo da mente 26
        Tudo é uma só coisa 27
        Outra opção monista 28
    Se... então... As consequências dos modelos mecanicistas ... 29
        A mente mecanicista funcionando como um computador ... 29
        Definitivamente, nada de especial 31
    Perdendo-se a mente 32
    O fantasma tripartite revisitado 32
        Id, ego e superego 32
        Os conceitos do "eu" na psicologia de William James ... 33

2. Um conjunto de evidências: a avaliação da mente 37
    Então, a psicologia é uma ciência? 38
        Popper e a popularização da psicologia 38
    Um conceito semicientífico 40
    Diferentes visões 40
    Crianças como cobaias em experimentos 41
        Experimento proibido 41
        Crianças selvagens 44
        Experiências não relatadas 45

No caminho da ruptura 46
   Perdendo a paciência 46
   Primeiro as rãs 48
   Eletricidade animal 48
   Juntando as peças 49
Em direção a uma ciência da mente 51
   Trabalho medíocre ou nova ciência? 51
Psicofísica 52
   Localizando a diferença 52
   Além do limiar 53
Medindo a velocidade do pensamento 56
   Indo além 57

3. Mente e método: como e por que nós pensamos? 59
A extraordinária invenção de Wundt 60
   Alcançando o limite 62
O estruturalismo 62
Funcionalismo 63
   Funcionalismo e evolução 63
   Nascimento da psicologia americana 65
   Ascensão do pragmatismo 67
Maturidade do funcionalismo 68
   Ato adaptativo 70
Psicanálise e abordagem psicodinâmica 70
O todo indivisível 71
   Enxergando a luz 72
   O círculo e a melodia 72
   Como funciona 73
   Lei da precisão 74
Comportando-se como você mesmo 77
   Psicologia comparada 80
   Fazendo de propósito 80
   Um pouco mais de behaviorismo 82
   Temível retorno da cognição 83
   Redução do impulso 83
   Aprendizagem latente 84
   Retorno ao comportamento 84
Defendendo o ser humano 85
Abordagens cognitivas 86
   Problemas das experiências cognitivas 86
Psicologia social 87
Selecionar e Misturar 88

4. Como nós sabemos: o conhecimento é inato ou adquirido? 91
Maneiras de adquirir conhecimento 92
    Conhecimento demonstrativo e empírico 92
    Racionalismo *versus* empirismo 92
    A percepção é real, mas e o objeto percebido 93
    Bom senso 94
Sensação e percepção 95
    Mais uma vez o fantasma e a máquina 95
    Compreensão do ser humano 97
    Percepção e apercepção 97
    Criação do mundo por meio da percepção 98
    Trabalho experimental sobre o tema da percepção 99
Início do conhecimento 99
    Associação 100
    Desenvolvimento do associacionismo 100
    A psicologia em sua plenitude 102
Os racionalistas elaboraram suas doutrinas 103
    Percepção e ação 105

5. Formação da mente: as estruturas da psique 107
Qual é a extensão do conhecimento dos bebês? 108
Conhecimento inerente ao ser humano 108
    Revelação do conhecimento 109
    Conhecimento de experiências passadas 109
Tábula rasa 111
Mente organizadora 113
    Aprendizado cognitivo 113
    Estruturas mentais inatas 115
    Desenvolvimento em estágios 116
    Linguagem: um caso especial? 118
Começando dos rabiscos 120
    Comportamento inato: reflexos e instintos 120
    Instintos: comportamentos que não precisam ser aprendidos 122
Condicionamento clássico 122
    Surpresa! Ou não 123
    Aprendizado = programação 124
    Medo condicionado 124
    Condicionamento como terapia 125
Condicionamento operante 125
    Gato na caixa 126
    Escolha difícil 126
De volta à mente 129
    A experiência de cores com galinhas 129

SUMÁRIO

    Percepção intuitiva.. 129
    Algumas teorias do aprendizado... 130
    A memória do computador e a memória do ser humano.............................. 132
Explicação da psicobiologia 133

6. O que define as nossas características pessoais? 137
Natureza *versus* educação... 138
    Livre-arbítrio e determinismo... 138
Astrologia... 138
    Ascensão, declínio e retorno da astrologia... 139
O humor oscilante... 139
Conhecimento do caráter a partir das feições de uma pessoa 141
    A frenologia.. 142
    Criminosos natos 145
    Darwinismo social... 145
Loteria genética... 146
    Estudos de gêmeos.. 147
    Inteligência como um fator hereditário 148
Construção do "self".. 149
    Primórdios da psicologia ambiental 150
    Partes do "eu" 151
    Círculos do ego e do *self*... 152
O ambiente que cerca o ser humano.. 154
    Formação da individualidade... 154
    Educação infantil – Visto e não ouvido.. 156
A defesa do amor dos pais.. 156
    Privação e depressão.. 158
    Orfanatos romenos 160
Tornar-se pessoa... 161
    A força do passado pode ser eliminada 161
    Sentimentos e tendências conflitantes.. 162
    Comporte-se de acordo com o que você quer ser 163
    Torne-se quem você quer ser 163
O fim do *self*? 165

7. O que o torna "um de nós"?: o *self* e a sociedade............................ 167
A educação suprimindo natureza 168
Nossos recursos mentais... 168
    Estruturas comuns 169
    Traços comuns da infância 169
Somos bons ou maus?.. 170
    O legado dos nazistas... 170
    Liberdade para cometer atos desumanos 171

Crueldades cometidas na prisão de Abu Ghraib	172
Uma possibilidade mais feliz	174
Siga a multidão	175
Obedeça às ordens	176
O experimento de Milgram	176
Submissão inata	179
Motivação humana	182
Pirâmide de necessidades	182
Dentro e fora do grupo	183

8. Fora do comum: abordagem à Psicopatologia 185

O que há de errado com você?	186
Influências externas	186
Biologia e cérebro	188
Desequilíbrio da mente	190
Trabalhando com humores	191
Cérebro revelado	192
Tudo na mente	193
Importância do sexo	193
Vozes dissidentes	194
Desdobramentos das experiências na infância	195
As diversas manifestações dos transtornos mentais	195
De sintomas a síndromes	196
Tratamento, cura e controle	198
Como lidar com demônios	198
Tratamentos físicos	199
Reequilíbrio dos humores	199
Hospitais psiquiátricos	201
Primeiras instituições para abrigar doentes mentais na Europa	202
Bethlem Royal Hospital	202
Um negócio próspero	203
Tratamentos mais humanizados	203
A época dos asilos psiquiátricos	204
Novos tratamentos invasivos	205
Psicoterapia	206
Contribuição de Freud	206

Conclusão: Complexidade da Mente 208

Um olhar para o futuro	208
As diversas escolas de psicologia	209

Índice Remissivo 210

O Estudo da Humanidade

A forma mais apropriada para se estudar a humanidade é estudando o homem.

Alexander Pope, *Ensaio sobre o homem* (1732-34)

"Psicologia" significa "estudo da alma". Os psicólogos atuais tendem a dizer "mente", mas nos dois casos é o estudo do princípio anímico e vital, apesar de inefável e nebuloso, que inspira o pensamento, o sentimento, a criatividade, a dúvida, o conflito e muitas outras atividades mentais. A atual definição de psicologia é "o estudo do comportamento e dos processos mentais". A inclusão do comportamento na definição é importante, porque a conduta das pessoas diante dos estímulos e em relação ao ambiente que as cerca é um fato concreto e indiscutível, ao contrário da mente.

Quadro *O reencontro da alma com o corpo*, de William Blake (1808).

Ciência da natureza humana

No século XVIII, o filósofo escocês David Hume (1711-1776) formulou o conceito de "ciência da natureza humana", que seria tão lógico e empírico como as teorias da física propostas pelo astrônomo Galileu Galilei (1564-1642) e pelo físico Isaac Newton (1643-1727). Em sua visão, essa ciência seria experimental, embora não do mesmo modo que a física, com variações de acordo com determinadas situações e com a observação dos resultados. A experimentação se basearia na observação de experiências, e como estas se relacionavam entre si e com o comportamento. Seu projeto só se realizou cem anos mais tarde.

O estudo da psicologia no sentido atual começou em 1879, quando o físico e filósofo alemão Wilhelm Wundt (1832-1920) criou o primeiro laboratório de psicologia em Leipzig, na Alemanha. Wundt também foi a primeira pessoa a se descrever como um "psicólogo".

Seria um erro pressupor que por não existir a profissão de psicólogo antes de 1879, não havia o estudo da psicologia. O interesse acadêmico sério pela natureza e o funcionamento da mente começou na Antiguidade. O tema foi abordado

Wilhelm Wundt em 1898.

pelos gregos da Grécia Antiga, ou antes, por estudiosos chineses. O texto mais antigo sobre psicologia é do filósofo grego Aristóteles (384-322 a.C.) intitulado *De Anima*. Durante mais de dois mil anos, a psicologia fez parte do estudo da filosofia.

Este livro descreve a evolução da psicologia desde sua origem no campo da filosofia até hoje, quando se fundiu com diversas disciplinas.

Objeto de estudo da psicologia

O estudo da psicologia não se resume à análise da mente e do processo mental, porque o cérebro e o sistema nervoso também estão envolvidos na atividade mental. Além disso, a psicologia está preocupada com o comportamento e a percepção, com ações reflexas e necessidades físicas e em como se dá a interação dos estados mentais e físicos. A psicologia também se preocupa com a evolução e com as adaptações mentais, que ajudam os seres humanos a sobreviver e prosperar. Diz respeito ao que nos torna indivíduos e, ao mesmo tempo, ao que temos em comum como seres humanos. Pode envolver o estudo com animais (psicologia comparada). Pode ser realizado em um laboratório, no mundo externo, ou dentro da cabeça do indivíduo. De certo modo, a psicologia abrange tudo da vida humana. Ela trata da condição humana e do que significa ser humano.

A psicologia é uma ciência?

Hume decidiu criar uma nova "ciência", mas é difícil afirmar até que ponto a psicologia pode ser considerada uma ciência no sentido estrito do termo. Não existe um consenso universal do que é a ciência e de como evolui. Por sua vez, alguns aspectos da psicologia são mais passíveis de serem pesquisados com a abordagem científica do que outros.

O modelo tradicional de ciência começa com a observação empírica (algo que observamos sobre o mundo) e evolui para um raciocínio indutivo, para explicar e propor regras (a construção de uma teoria), que nos permitirá fazer previsões. As previsões, por outro lado, são testadas de maneira experimental. Se forem corretas, a teoria se fortalece. Caso contrário, terá de ser modificada ou eliminada. Em determinado momento, uma nova observação poderá subverter os argumentos da teoria.

Contudo, essa visão tradicional foi contestada. O filósofo austro-húngaro Karl

---

BEM-VINDO AO CÉREBRO

O papiro de Edwin Smith, o texto de medicina mais antigo que se conhece, foi o primeiro a mencionar a palavra "cérebro". Embora escrito no Egito em torno de 1500 a.C., o papiro é provavelmente cópia de um texto bem mais antigo. O texto descreve 48 casos de trauma e de como tratá-los. A maioria era causada por queda ou ferimento no campo de batalha. Em muitos dos 27 relatos de casos de ferimentos na cabeça há referências ao cérebro, às meninges (as três membranas superpostas que envolvem o cérebro) e ao fluido cerebrospinal.

Na descrição do texto, a superfície irregular do cérebro "assemelha-se às ondulações de uma peça de cobre fundido" (sexto caso). Embora o papiro não abordasse o tema da psicologia *per se*, o texto reconhece a importância do impacto no resto do corpo de um trauma no cérebro e na coluna vertebral.

Popper (1902-1994) disse que, em vez de observações iniciais, a investigação científica deveria tentar solucionar um problema e, a partir dessa solução, faria uma observação empírica. Ainda mais importante, uma teoria poderia ser "falível", ou seja, sujeita a erro, falha ou engano. Qualquer teoria científica deve ser capaz de afirmar antecipadamente quais resultados ou observações poderiam provar sua falsidade. Vamos supor que temos uma teoria de que todos os cisnes são brancos (como antes se acreditava). Esse pressuposto provaria ser falso no momento em que surgisse um cisne de cor diferente.

O físico e filósofo norte-americano Thomas Kuhn (1922-1996) contestou esse modelo tradicional. Em sua opinião, a ciência é movida por "paradigmas". Um paradigma é um modelo, um padrão, aceito de maneira ampla ou universal. A pesquisa realiza-se no âmbito desse paradigma. Mas nem sempre ele é adequado a um determinado tipo de pesquisa. Então, ocorre uma "mudança revolucionária de paradigma".

Por exemplo, durante muitos séculos a astronomia evoluiu com base no modelo geocêntrico, segundo o qual a Terra era o centro do universo. Por fim, cada vez mais esse paradigma ficou distante de uma comprovação científica. O novo modelo revolucionário proposto por Copérnico, com o Sol no centro do sistema solar, significou uma mudança de padrão.

A psicologia se adapta a esses modelos da ciência? Até certo ponto sim. Mas haverá sempre um problema em relação à objetividade e à comprovação, quando se lida com o comportamento ou o pensamento de outras pessoas (ou mesmo o nosso). As pessoas podem mentir ou agir de modo deliberado para distorcer os resultados experimentais; os pesquisadores com frequência precisam confiar em julgamentos subjetivos; é raro que se possa reproduzir com exatidão os resultados; alguns tipos de experiência ou observação não são éticos e, portanto, não podem ser realizados. A psicologia não é uma ciência precisa e objetiva, ao contrário, por exemplo, da química.

Muito a se fazer

A psicologia é uma disciplina nascente. Apesar de um enorme universo ainda a descobrir em todas as ciências, a psicologia tem um longo caminho a percorrer em sua pesquisa sobre os estados e processos mentais, o comportamento do ser humano e suas interações com o ambiente físico e social. O funcionamento da mente é tão complexo, que os psicólogos ainda estão estudando e experimentando novos métodos de pesquisa. Nos últimos anos, a psicologia trabalhou em conjunto com outras disciplinas. Por um lado, essa colaboração estimulou um progresso potencial, mas, por outro, dificultou ainda mais delimitar o campo da psicologia.

O "paradigma da mudança": na concepção do sistema solar de Copérnico (c.1600) o Sol era o centro do universo.

No Capítulo 1 deste livro, iremos descrever como os filósofos e os psicólogos viram a mente (ou a alma) ao longo dos séculos e, em seguida, nos capítulos 2 e 3 examinaremos como as ideias e as teorias do estudo da psicologia consolidaram-se. Os capítulos 4 e 5 abordam a história das ideias, a construção do conhecimento e o processo de aprendizado. Os capítulos 6 e 7 referem-se à visão dos psicólogos sobre o que nos torna indivíduos e o que nos une. O último capítulo analisa o campo da psicologia que trata de transtornos mentais e como tem sido abordado.

TIPOS DE PSICOLOGIA

A história da psicologia de 1879 até o final do século XX foi dominada por uma série de abordagens, como descrito resumidamente a seguir:

Voluntarismo – a primeira forma de psicologia experimental criada por Wilhelm Wundt na Alemanha, em 1879.

Estruturalismo – o psicólogo inglês Edward Titchener (1867-1927), líder da abordagem estruturalista, um movimento inspirado nas teorias de Wundt, tentou dividir o processo mental em elementos menores indivisíveis.

Funcionalismo – nos Estados Unidos, William James (1842-1910) [ver retrato ao lado], foi o precursor do estudo da função cerebral.

Psicodinâmica – desenvolvida pelo neurologista austríaco Sigmund Freud (1856-1939) em Viena na década de 1890, a psicanálise foi o primeiro método psicodinâmico de terapia. O método atribuía as neuroses às experiências reprimidas e tentava suavizar os sintomas decorrentes do transtorno psíquico através da "terapia da fala" (pela interpretação, por um psicanalista, de palavras, ações e sonhos do paciente durante a terapia).

Psicologia da Gestalt – como uma reação aos métodos que fragmentaram o processo mental, o psicólogo tcheco Max Wertheimer (1880-1943) tentou ter uma visão "holística" dos eventos mentais no contexto do corpo como um todo.

Behaviorismo – o movimento iniciado por John Broadus Watson (1878-1958) em 1913, concentrou-se nos comportamentos observáveis, sem a preocupação com o processo mental.

Psicologia humanista – a teoria formulada pelo psicólogo americano Abraham Maslow (1908-1970), em oposição às abordagens negativas e parciais da mente humana, tentou valorizar e melhorar a condição humana.

Psicologia cognitiva – o retorno às teorias da década de 1950 referentes aos processos mentais do aprendizado, do conhecimento e do processamento das informações, foi o trabalho pioneiro de George A. Miller (1920-2012) e de Ulric Neisser (1928-2012).

Psicologia social – nas décadas de 1960 e 1970, Stanley Milgram (1933-1984) e Philip Zimbardo (1933) foram os primeiros a analisar o comportamento de uma pessoa em relação às outras e em situações sociais.

No final do século XX, a psicologia fragmentou-se em diversas correntes de pensamento aliadas a outras disciplinas, como neurofisiologia, biologia evolucionária, computação, linguística e antropologia.

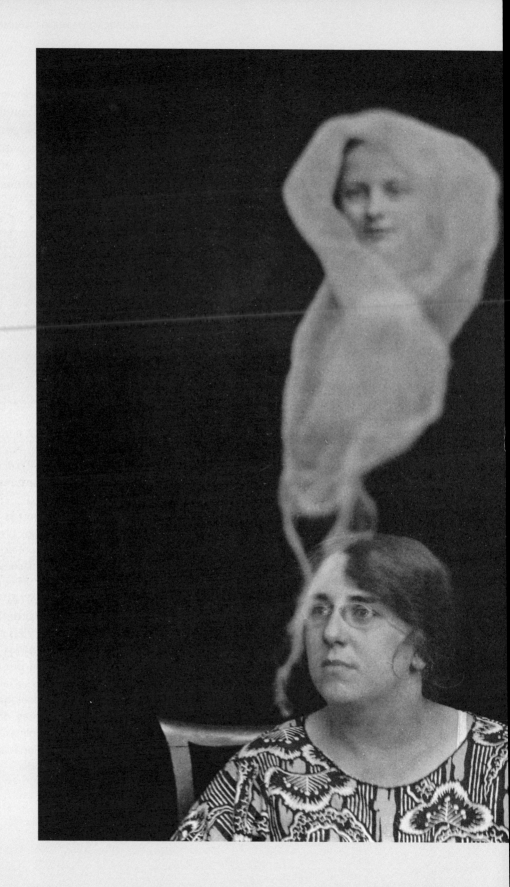

CAPÍTULO 1

O fantasma na MÁQUINA: o que é a mente e onde ela está?

"Não há diferença entre pensar e ser."

Parmênides (530-460 a.C.)

Durante milhares de anos, as pessoas fizeram a pergunta: O que é o nosso "eu"? É apenas um corpo físico? Caso seja, o que diferencia uma pessoa viva de um cadáver? Por que as pessoas têm personalidades e características tão diferentes umas das outras? A resposta seria que a mente, ou talvez a alma, constitui nossa essência. Por sua vez, muitas pessoas dizem que só existe o corpo físico e que só os processos bioquímicos básicos diferenciam a morte da vida, ou fazem a distinção entre as pessoas. Essa pergunta é tão antiga como a cultura e constitui o cerne da psicologia.

É possível tocar na mente, na "alma", ou em qualquer parte incorpórea que existe além de nosso corpo físico?

A mente e a matéria

A maneira como usamos a linguagem sugere que a mente, ou outro lócus do "eu", é diferente do nosso corpo físico. Frases como "Eu sinto que..." ou "Não consigo imaginar que" indicam uma divisão entre a mente e o corpo. É uma posição "dualista", um pressuposto no qual uma pessoa é constituída por dois tipos de substância. Uma delas é a matéria física – a carne, os ossos e o cérebro. A outra é o espírito inspirador, a energia, a consciência, a alma ou algo semelhante.

Se existe uma divisão entre a mente e o corpo, como eles se relacionam e interagem? Essa pergunta fundamental permeia muitos temas discutidos na psicologia e em suas aplicações terapêuticas na psiquiatria e na psicoterapia, assim como em outros aspectos da medicina.

Alguns filósofos adotaram a visão "monista", segundo a qual tudo pode ser explicado em termos de uma única realidade ou substância. Existem duas posições "monistas"; a "materialista", na qual só existe física e química em nosso corpo e que o conjunto de manifestações da mente é um produto dos fatores físicos. Não existe nada de "irreal" que distinga o pensamento humano de uma rocha, de uma escova de dente ou de um computador.

De acordo com os psicólogos da corrente behaviorista radical, como o americano Burrhus Frederick ("B.F.") Skinner (1904-1990), a mente não existe. Somos apenas um corpo e todas as nossas ações podem ser descritas em termos do comportamento.

Na concepção "monista", o ser humano é a expressão das manifestações mentais e a parte física não tem importância (é possível que nem exista). Essa é a posição idealista. Um psicólogo que adotar essa posição explica o ser humano

---

A NEGAÇÃO DO FANTASMA

A expressão "o fantasma na máquina" foi criada pelo filósofo inglês Gilbert Ryle (1900-1976). Ele a usou com uma conotação depreciativa da ideia da mente ou alma (o fantasma) em um corpo mecânico (a máquina) ao rejeitar a visão dualista de Descartes de mente e corpo como "entidades" diferentes. Segundo Ryle, a distinção entre mente e corpo é um "erro de categoria", um erro básico que resultou em outros equívocos, em razão da maneira como foi estruturado.

A alma de um aborígene vaga pelo mundo dos espíritos.

O FANTASMA NA MÁQUINA: O QUE É A MENTE E ONDE ELA ESTÁ?

> ### A MENTE LUDIBRIANDO O CORPO
>
> Os efeitos de placebo e nocebo são bem conhecidos na medicina e evidenciam o poder da mente em influenciar o corpo. O placebo aplicado em um tratamento é uma substância sem efeito fisiológico, como um comprimido de açúcar, mas o paciente acredita que é eficaz. O efeito do nocebo é oposto e o paciente sente-se mal, apesar de ser uma substância inócua. Um exemplo excelente do efeito de um nocebo foi registrado em 2007. Um jovem tomou uma dose excessiva de um remédio em um experimento clínico, certo de que era um antidepressivo. O efeito do remédio em seu organismo foi terrível, até que lhe disseram que fazia parte de um grupo de controle e que, na verdade, lhe haviam dado um placebo. Nesse momento, os sintomas desapareceram rapidamente. O efeito do nocebo é também responsável pelo fenômeno de as pessoas adoecerem ou até mesmo morrerem, quando sabem que foram amaldiçoadas, e pela eficácia do método de execução dos aborígenes australianos de "apontar um osso" na direção de uma pessoa para que ela adoeça.

em termos de consciência e atos mentais. No século XVIII, o bispo e filósofo anglo-irlandês George Berkeley (1685-1753) seguiu essa doutrina monista e, em sua opinião, o mundo externo não existia, exceto se fosse percebido pela consciência humana.

Na Grécia Antiga, antes de Sócrates (ver página seguinte), a alma era o princípio vital que distinguia uma pessoa viva de um cadáver. A alma era o "espírito da vida", mas se limitava a essa função. Não era responsável pelo comportamento, pensamento, sentimentos, intelecto ou outros atributos da mente. No início, só os seres humanos tinham alma. A alma não se desprendia do corpo após a morte, nem tinha conotação sobrenatural; era apenas o estado de uma pessoa com "alma" e um cadáver desprovido de alma. Aos poucos, o significado de "alma" mudou e passou a ser atribuído a qualquer ser vivo. No século V a.C., o conceito de alma associou-se a virtudes como coragem e com algumas ações da mente, em especial com motivos elevados como o amor ao conhecimento. Na visão do filósofo grego Sócrates (c.470-399 a.C.), o corpo era responsável pelos desejos, medos, crenças e prazeres (como revelado nas obras de seu aluno Platão). A alma era responsável pelo controle dos instintos básicos do corpo. Neste sentido, a alma tinha uma função semelhante à do exercício da razão.

Três em um

Platão (c.425-c.348 a.C.) propôs a teoria da alma tripartite. A alma do "apetite" relaciona-se à satisfação dos desejos físicos, como comida, bebida, sexo, sensação. A alma "corajosa" refere-se às emoções, como amor, ódio, coragem, covardia, medo, raiva, entre outras. Por sua vez, a alma "racional" buscava o conhecimento e controlava as outras duas almas, com graus variados de sucesso.

Em *Fédon*, Platão usou a alegoria do cocheiro para explicar a relação entre os três aspectos da alma. A alma racional era o cocheiro tentando conduzir uma carruagem, o corpo e a alma, puxada por dois cavalos, um branco e o outro preto. O cavalo preto simbolizava a alma do apetite e o branco, a alma corajosa. O cavalo preto tentava puxar a carruagem em direção a lugares onde estavam servindo jantares elegantes e a prostíbulos, enquanto o cavalo branco seguia em direção a atos de heroísmo e nobreza, como se alistar no exército. A alma racional tentava controlar as duas almas, enquanto negociava o melhor caminho a seguir.

Aristóteles sugeriu uma alma tripartite diferente. Ele acreditava que todos os seres vivos, desde uma planta ao ser humano, tinham uma alma com funções, aptidões e deveres específicos para cada organismo. Essas características poderiam ser a capacidade de crescimento (na planta), de locomoção (no animal) e de raciocínio abstrato (no ser humano). Em sua concepção, Aristóteles aproximou-se dos conceitos modernos da função do cérebro e da mente. O cérebro controla as atividades voluntárias e involuntárias, como respirar e se mover, além de exercer um papel em atividades contemplativas, na manifestação do desejo, do raciocínio e do

> *"O que é que, quando presente em um corpo, torna-o vivo? – Uma alma."*
> *Fédon*, Platão ("Sobre a alma")

O CORAÇÃO E A ALMA

É óbvio que o cérebro é a parte do corpo responsável pelo pensamento, sentimento, sonhos, crenças e outras atividades mentais. Mas até há pouco tempo não havia indícios de que o cérebro tivesse essas funções e, portanto, para as gerações anteriores ele não era responsável pelo pensamento. Para os antigos egípcios, o coração era o centro das emoções, do raciocínio e do pensamento. Os egípcios não incluíam o cérebro quando embalsamavam os cadáveres, embora preservassem outros órgãos em jarras coptas para serem enterrados junto com a múmia. O filósofo grego Platão sugeriu que o cérebro era o centro do pensamento, mas para seu aluno Aristóteles (384-322 a.C.) o cerne do pensamento, assim como para os egípcios, era o coração.

A alegoria de Platão do cocheiro conduzindo um cavalo preto e um branco explica a teoria da alma tripartite.

pensamento. Aristóteles, ao contrário de Platão, não acreditava que a alma sobrevive ao corpo nem que tem uma existência independente. Nesse contexto, a alma aristotélica é mais próxima da visão atual da mente e não de um espírito semimístico.

Em duas mentes

Na tradição epicurista, baseada na doutrina do filósofo grego Epicuro (341-270 a.C.), a mente tem duas partes: a racional e a irracional. A parte racional, a *animus* (mente), produz emoções e impulsos, aplica conceitos, forma crenças, avalia as evidências, interpreta percepções sensoriais, entre outros atributos referentes à razão. A parte irracional é responsável pela recepção precisa das impressões sensoriais (o que se apresenta ao olhar, som, cheiro etc.), o que ela faz com precisão. Os erros podem surgir depois, quando a parte racional interpreta essas sensações. A parte irracional também transmite impulsos originários da parte racional inclusive para tarefas irracionais.

A mente não era considerada responsável pela visão ou pela respiração. Essas são tarefas triviais comandadas pelo cérebro, comuns também aos animais que não têm alma nem processo consciente de pensamento, como ouriços e camarões (embora possa ser uma opinião equivocada).

Os estoicos (ver quadro na página seguinte), membros de uma escola de filosofia na antiga Atenas, sugeriram um conceito bem próximo ao da visão atual da mente. Segundo a doutrina estoica, há três tipos de *pneuma*, ou espírito, o sopro vivificante. (A tradução literal de *pneuma* é "respiração".) O *pneuma* mais básico está presente até em rochas. Ele une a matéria sólida, uma função que os cientistas atuais atribuem às leis da física e ao comportamento dos átomos e das moléculas. O segundo *pneuma* proporciona as funções vitais da vida de uma planta (crescimento, respiração etc.). Por fim, a alma é responsável pelas funções mentais e psicológicas dos animais e dos seres humanos, que variam de acordo com o animal. Nos seres humanos, abrangem a razão, a crença, o intelecto e o desejo, além dos processos mentais básicos como a percepção sensorial.

A visão da alma na doutrina estoica não se baseava em um espírito vital, o sopro da vida, ou a diferença entre vida e morte. É uma união de processos mentais que proporcionam percepção, compreensão, pensamento, consciência e interação com o mundo.

Os captores de almas

Com a ascensão das religiões monoteístas, a alma passou a servir a Deus. A alma transformou-se em um fragmento da divindade que habita o corpo dos fiéis, um reflexo ou uma luta em direção a Deus.

Os neoplatônicos, como o filósofo judeu Filo de Alexandria (20/25 a.C.-50 d.C.) e o filósofo romano Plotino (204-270 d.C.), adotaram os aspectos mais místicos do pensamento de Platão e os adaptaram à religião. Filo mesclou a divisão de Platão entre os aspectos sensoriais e racionais do ser humano, com os ensinamentos da religião judaica. Como ponto de partida, ele usou o modelo judaico do corpo físico, que abriga a alma com o fragmento divino.

No entanto, ao contrário de Platão, ele não pensa que a introspecção e a razão resultariam em conhecimento, que só se originaria pela divina inspiração de Deus. A fim de preparar a alma para receber o dom do conhecimento, Filo, acha que, com a meditação e o distanciamento dos desejos básicos, é possível evitar os impulsos físicos. Na visão de Filo, a inspiração resultaria em sonhos e transes, com o distanciamento da alma do mundo físico. Plotino vê a alma como um reflexo do espírito, como imagem do "Uno". Em consequência haveria uma hierarquia tripartite, com o Uno no topo, e a imagem imperfeita do espírito e a imagem imperfeita da alma. Em sua visão, ao entrar em um corpo, o espírito se funde com algo inferior.

As teorias platônicas e neoplatônicas da alma ao tentar dominar os impulsos físicos foram adotadas pela teologia cristã.

ESTOICOS

O estoicismo é uma doutrina fundada pelo filósofo grego Zenão de Cício (334-262 a.C.) em Atenas no início do século III a.C. Os estoicos acreditam que as emoções destrutivas, como ódio e inveja originam-se de erros de julgamento e que só um homem sábio pode ser feliz. Mais tarde, o filósofo romano Sêneca, o Jovem (4 a.C.-65 d.C.) e o filósofo grego Epiteto (c.55-135 d.C.) aderem ao estoicismo.

Só foi preciso fazer pequenas adaptações para que a alma nobre se esforçasse em alcançar Deus, enquanto o corpo tentava puxá-la para que se divertisse com prazeres perversos e imprevisíveis. Essa adaptação à teologia cristã foi realizada pelo filósofo cristão Agostinho de Hipona (345-430). Oitocentos anos mais tarde, o padre italiano Tomás de Aquino (1225-1274) fez a mesma adaptação com a doutrina de Aristóteles. Mas o período após a queda do Império Romano foi árido para o desenvolvimento do pensamento psicológico na Europa. A alma e a mente eram escravas de Deus e qualquer interpretação de sua essência baseava-se na teologia cristã. Por esse motivo, coube ao mundo árabe manter acesa a chama do conhecimento.

Nas pegadas do profeta

Depois da morte de Maomé em 632, o islamismo disseminou-se com rapidez pelo mundo árabe e persa. Os filósofos do Oriente Médio leem obras dos antigos gregos, sobretudo de Aristóteles, além de traduzir e comentar essas obras. A cultura árabe e bizantina divulgou os tratados de Aristóteles na Europa durante a Idade Média. Por um período de cerca de 400 anos, a cultura do Oriente Médio fez progressos em todos os campos da ciência, até o islamismo assumir uma tendência mais conservadora do ponto de vista intelectual no século XII.

O persa Ibn Sina (980-1037), também conhecido no Ocidente por seu nome latinizado Avicena, é um dos mais importantes polímatas islâmicos. Sua obra tem forte inspiração nos trabalhos de Aristóteles.

No campo da psicologia, Avicena notabiliza-se por sua teoria da "levitação". Nesse fenômeno psíquico, uma pessoa ergue-se no ar sem motivo visível, apenas em razão da força mental. Segundo Avicena, como é possível pensar e ficar consciente nesse estado, sem nenhuma dúvida

Filo de Alexandria lê para seus alunos.

a respeito da existência, é evidente que a mente e o corpo são entidades separadas.

"Portanto, a palavra árabe nafs (eu, ego, alma) significa uma característica diferente do corpo e dos membros... [Assim], a afirmação da existência dos nafs é distinta do corpo e incorpórea."

Neste sentido, para Avicena a alma tem uma conexão com o corpo, mas mantém a individualidade (não é apenas um fragmento da alma universal) e, portanto, sobrevive à morte do corpo. Avicena seguiu a teoria do médico e filósofo grego, Gale-

O FANTASMA NA MÁQUINA: O QUE É A MENTE E ONDE ELA ESTÁ?

OS DOIS ESPÍRITOS

"Deus criou o homem para governar o mundo e indicou dois espíritos, o da verdade e o da perversidade, que ele deveria seguir até o final da Inquisição.

A verdade origina-se da Fonte de Luz e a perversidade da Fonte da Escuridão. As pessoas virtuosas e honestas são dominadas pelo Príncipe da Luz e caminham em meio à luz; os que praticam a perversidade estão sob domínio do Anjo das Trevas. Mas, mesmo as pessoas virtuosas e honestas estão sujeitas a cometer erros. Todos os seus pecados e iniquidades, culpas e atos de transgressão são resultado do domínio do Anjo das Trevas.

Os seres humanos são originados desses dois espíritos e são eles que os abrigam e aos seus herdeiros ao longo de gerações. É nesse sentido que um homem precisa caminhar e é nessa divisão, de acordo com a herança que recebe, que os atos dos seres humanos dividem-se durante toda a eternidade."

Do Manual de disciplina, *texto dos* Manuscritos do Mar Morto.

no de Pérgamo (130-200 d.C.), segundo a qual partes da alma localizam-se em diferentes membros do corpo:

"Em geral, existem quatro tipos de espírito. Um deles é o espírito brutal que vive no coração e é a origem de todos os espíritos; o outro, ao qual os médicos referem-se como espírito sensual, localiza-se no cérebro. O terceiro, chamado pelos médicos de espírito natural, situa-se no fígado. O quarto, o espírito reprodutor [ou procriador], localiza-se nas glândulas sexuais reprodutoras. Esses quatro espíritos intervêm na alma de absoluta pureza e no corpo totalmente impuro." Avicena, *Cânone de Medicina* (1025)

O drama interno entre o bem e o mal

Enquanto o mundo árabe desenvolve as ideias de Aristóteles, suas teorias não são estudadas na maior parte da Europa até o século XII. Mas, para uma pessoa comum, o acesso às suas obras não teve grande significado. Na realidade diária, a luta interna na mente e na alma das pessoas entre os impulsos do comportamento virtuoso, ou da pressão dos instintos básicos do corpo, insere-se em um contexto essencialmente religioso. Por um lado, a alma segue em direção a Deus; por outro, o corpo quer usufruir dos prazeres da vida. A luta interna entre o bem e o mal na mente e no corpo é um conceito formulado por Aristóteles há mais de 1.500 anos, e mais tarde foi interpretado em linguagem religiosa.

Libertando o espírito

Com o florescimento do pensamento intelectual no século XIV durante o Renascimento, a Europa por fim retomou suas atividades intelectuais. Embora as pessoas não tivessem liberdade de pensamento, com os hereges ainda sendo mortos na fogueira, havia mais liberdade de expressão e de exploração do conhecimento, desde que se seguissem os princípios que a Igreja não considerava provocação.

O novo progresso na ciência tornou-a mais objetiva. As leis da física explicavam a trajetória de uma flecha e de uma bala de canhão, e a órbita dos planetas (agora ao redor do Sol e não mais da Terra). A matemática e as leis científicas explicavam os fenômenos naturais e podiam ser descobertas por meio da observação e do raciocínio. A noção que o mundo, na verdade, o universo, tem explicação é uma ideia revolucionária. E se a órbita dos planetas e a trajetória de uma bala de canhão podem ser pesquisadas e explicadas de maneira lógica, por que não os seres humanos?

Um ou dois?

O matemático e filósofo francês René Descartes (1596-1650) sofreu grande influência da abordagem mecânica da ciência e do mundo, que caracterizou o Iluminismo. Descartes havia formulado a geometria cartesiana para demonstrar a relação matemática entre objetos no espaço tridimensional. Em 1628, o médico inglês William Harvey (1578-1657) expli-

> **IBN SINA [AVICENA] (980-1037)**
> Uma criança prodígio, Avicena decora o texto do Alcorão aos 10 anos e começa a exercer a medicina aos 20 anos. Sua inteligência e erudição estendem-se a muitas disciplinas e ele escreveu cerca de 450 livros, dos quais em torno de 240 foram preservados. Avicena aborda temas de medicina em quarenta livros, como aspectos da saúde mental e a natureza da mente. O *Cânone de medicina* com 14 volumes foi adotado pelas universidades europeias até 1650, o equivalente ao uso por uma universidade atual de um livro escrito na época da Peste Negra.

Uma página do Cânone de medicina, *de Avicena.*

O FANTASMA NA MÁQUINA: O QUE É A MENTE E ONDE ELA ESTÁ?

ca como o sangue circula pelo corpo, com base na teoria que o corpo é um tipo de máquina. Descartes adota essa imagem metafórica do corpo como máquina, mas, nessa visão, onde estará a alma e a mente?

Descartes conclui, então, que embora o corpo fosse um objeto material, controlado por leis mecânicas, o espírito é imaterial. Ele atribui o máximo de atividade mental ao corpo. Assim, a percepção, a memória, a imaginação e o bom senso podem ser explicados em termos de órgãos sensoriais e nervos. Só restaria, portanto, as funções do espírito da consciência e da linguagem.

Duvido, logo existo

Descartes procurou basear suas indagações filosóficas em alguma certeza na qual ele pudesse confiar. Como só tinha certeza de sua própria existência, cunhou sua famosa frase *cogito ergo sum* ("penso, logo

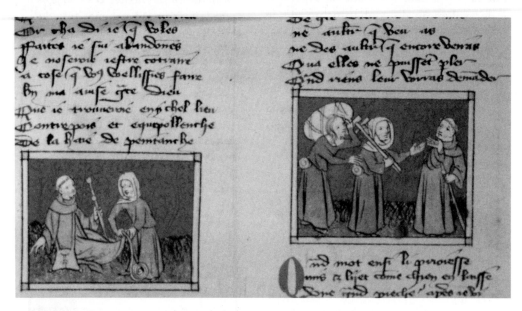

As poesias e peças teatrais alegóricas medievais descrevem a vida íntima por meio das personificações dos pecados, das virtudes e de noções abstratas como o Mundo e a Morte. Assim, a pessoa não tem responsabilidade em relação ao seu estado íntimo. O impulso de cometer um pecado, como uma agressão à alma indefesa transforma-se em um simples campo de batalha, um troféu ou um refém.

"O homem é um ser pensante com consciência, compreensão e sentimentos. Mas não é possível ter sensações sem um corpo e, por esse motivo, o corpo é uma parte intrínseca do homem."

Tomás de Aquino, *Suma Teológica* (1265-1274)

existo"). Ele chegou a essa conclusão ao perceber que tudo que via ou vivenciava poderia ser apenas um sonho, porém o fato de ter dúvidas a respeito de sua veracidade e de pensar sobre o assunto era uma prova de sua existência. Esse raciocínio lembrava a experiência da força espiritual da teoria da "levitação" proposta por Avicena há cerca de 600 anos.

Como mais tarde alguns críticos mencionaram, Descartes não havia provado sua existência e, sim, a existência do pensamento. No entanto, sua premissa é interessante para nossa discussão, porque estabelece uma distinção entre as identidades físicas e espirituais (mentais).

A ideia de que o pensamento é um processo mental, que não precisa de um estímulo sensorial do corpo, sugere um grau de separação entre a mente (ou alma) e o corpo. Descartes elaborou a teoria do dualismo entre corpo e alma que, bem mais tarde, o filósofo inglês Gilbert Ryle (1900-1976) denominou de "fantasma na máquina". Mas onde estaria o espírito? Segundo Descartes, o espírito se localizaria na

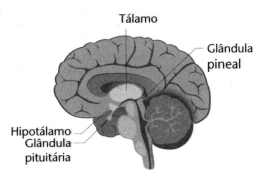

O ILUMINISMO

O Iluminismo é um movimento intelectual que se iniciou no século XVII na Europa, em especial na Grã-Bretanha e na França. Caracteriza-se pela ênfase no pensamento racional e na ciência empírica, pela crítica às superstições, além da contestação às ideias tradicionais e rejeição às que não resistem a um exame minucioso de seus fundamentos.

Os cientistas Francis Bacon (1561-1626) e Isaac Newton (1643-1727), e os filósofos René Descartes, Baruch Spinoza e David Hume são os principais pensadores do Iluminismo. Logo mais, iremos abordar as teorias desses três filósofos. O Iluminismo tem uma relação bem próxima com a revolução científica e marca o início do período moderno.

Experimento com um Pássaro numa bomba de ar, *de autoria de Joseph Wright, 1768.*

A teoria da circulação do sangue de William Harvey inspirou a doutrina de Descartes, na qual o corpo funciona como máquina.

> "A exploração do mundo resultou em descobertas que destruíram muitos conceitos da antiga filosofia e, por isso, era inevitável que surgisse uma nova concepção do universo físico e mental."
>
> Tommaso Campanella (1568-1639), frade italiano e filósofo

glândula pineal, situada perto do centro do cérebro. No entanto, se o espírito era imaterial como poderia estar em algum lugar? Como poderia ter um efeito no corpo material? E como seria afetado pelo corpo material?

É evidente que para Descartes há uma influência em ambas as direções, que uma lesão física ou um prazer físico tem um efeito na mente e que os estados mentais são expressos pelo corpo. Essas manifestações físicas poderiam ser muito intensas; a angústia poderia causar um problema físico, como tremores, náusea, dores no estômago e enxaquecas.

O pressuposto de Descartes de que há um duplo movimento entre corpo e alma é um pensamento pioneiro em sua época. Contudo, ele não conseguiu obter uma resposta adequada em relação à interação entre a alma imaterial e o corpo físico. Na verdade, essa pergunta permanece sem resposta.

Gottfried Leibniz (ver quadro na página seguinte) abordou o tema da interação da mente/alma e corpo com o argumento que essa interação era desnecessária. Eles seguiam caminhos determinísticos independentes, porém paralelos. Deus criara esses dois caminhos e, assim como dois relógios em perfeita sintonia de tempo, a mente/alma e o corpo estão sempre sincronizados. Em consequência, os estados mentais e as ações têm sintonia com as sensações físicas e ações.

O mecanismo da mente

Apesar da visão de Descartes do corpo humano como uma máquina, em sua concepção a alma e a mente têm uma substância diferente. O filósofo inglês Thomas Hobbes (1588-1679) e o padre e matemático francês Pierre Gassendi (1592-1655) foram mais além na adoção do modelo mecânico.

Gassendi discordava da teoria de Descartes de que o corpo obedecia às regras físicas, mas não à mente. Para Gassendi, não havia uma distinção entre a mente e o cérebro e, por esse motivo, ele adotou a concepção filosófica do monismo materialista, que atribui à matéria o caráter de realidade fundamental do universo. Ele suspeitava que Descartes também pensasse do mesmo modo, mas que havia decidido não expressar sua opinião por medo da reprovação da Igreja.

Hobbes também foi um filósofo materialista. Não havia nada no universo além da matéria corpórea governada pelas leis mecânicas da natureza e, em sua visão, a metafísica era uma tolice. Segundo Hobbes, as ações dos seres humanos, como as dos animais, são determinadas pelas leis naturais, o que inclui o comportamento, o pensamento, além de atividades físicas básicas, como andar e respirar. Na opinião de Hobbes, o pensamento segue um processo de regras, com a elaboração das ideias e do conhecimento a partir da experiência sensorial.

No "monismo material" não existe o problema que os dualistas, como Descartes, enfrentaram quanto à interação do espírito imaterial com o corpo físico. Se a mente e o corpo são feitos de matéria, não há distinção entre eles e, em consequência, não existe um problema de comunicação.

Tudo é uma só coisa

O filósofo holandês de origem judaica Baruch Spinoza (1632-1677) também nega a existência de uma substância espiritual específica, que constitui a mente. Spinoza nega muitas coisas, entre elas que Deus é um ser especial. Em razão de suas teorias, Spinoza foi excluído da fé judaica, e os cristãos o re-

MÔNADAS

O filósofo alemão Gottfried Leibniz (1646-1716) tem uma visão original do mundo. Em sua concepção, o universo é formado por unidades orgânicas diminutas e infinitas, ou "mônadas". As mônadas estão presentes na matéria, até mesmo na matéria inerte. As mônadas, em certo grau, têm vida e consciência. Em uma hierarquia de seres vivos dos micróbios aos seres humanos e até mesmo a Deus, a qualidade das mônadas melhora. Os seres humanos têm mônadas anímicas superiores, mas também uma mistura de mônadas inferiores e, por isso, nosso pensamento nem sempre é lúcido ou preciso. A matéria inerte e os micróbios contêm mônadas bem inferiores e, por isso, seu pensamento é limitado. Mesmo as mônadas superiores têm ideias apenas potenciais, que se materializam por meio da experiência e da percepção sensorial.

pudiaram. Como previsível em alguém que não faz exceção nem mesmo a Deus, na opinião de Spinoza o corpo, a mente e a alma são aspectos de uma única substância.

Em sua posição de "monismo neutro", para Spinoza o universo é constituído pela mesma substância, porém se manifesta de diferentes maneiras. Assim, a natureza, que equivale a Deus, tem consciência. (Essa é uma posição panteísta e pampsiquista.) Por esse motivo, a mente e o corpo comunicam-se; embora tenham uma aparência diferente, são, na verdade, dois lados da mesma moeda.

Outra opção monista

Enquanto o dualismo pressupõe dois tipos de entidades, no monismo material só existe a matéria física, e no monismo neutro a mente e o corpo são constituídos pela mesma substância. No entanto, ainda há espaço para outro tipo de monismo, segundo o qual só existe uma "substância" espiritual e mental. A teoria da existência apenas do pensamento e do espírito, e que o universo material não existe, foi adotada por alguns filósofos, entre eles o bispo George Berkeley. No imaterialismo, ou idealismo subjetivo, a reali-

O LOCAL DA ALMA

Descartes teve dois motivos para supor que a alma se localizava na glândula pineal. Na época, essa glândula era considerada uma das poucas partes do cérebro que não tinha dois lóbulos; hoje, nos estudos de anatomia a glândula pineal tem dois hemisférios. Se só havia uma glândula pineal, só existia uma alma. A glândula pineal situava-se perto dos ventrículos do cérebro, que continham o fluido cerebrospinal.

De acordo com Descartes, o corpo é controlado pelo fluido cerebrospinal, que afeta os nervos e as sensações são transmitidas pelos nervos e pelo fluido cerebrospinal até a glândula pineal. As sensações provocam vibrações na glândula pineal, que, por sua vez, causam emoções. As ações físicas, portanto, são resultado de mensagens enviadas pela glândula pineal, o local perfeito de comando para que a alma controlasse o corpo. O interessante é que em diversas tradições místicas a glândula pineal é chamada de "terceiro olho", um elemento importante na experiência espiritual.

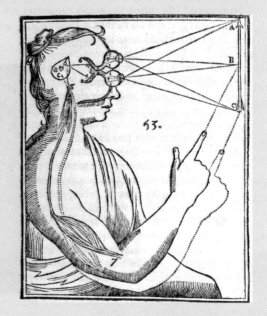

dade material é criada pelo observador e sem esse observador não tem sentido.

Em meados do século XVIII, as principais teorias referentes ao corpo e à mente já haviam sido definidas. Existiam duas entidades diferentes, com problemas de comunicação; eram constituídas pela mesma substância física; eram compostas pela mesma substância imaterial; e eram aspectos diferentes da mesma substância global.

SE... ENTÃO... As consequências dos modelos mecanicistas

Spinoza tem uma visão determinista. Em sua teoria, tudo acontece de acordo com as leis imutáveis que controlam o universo, inclusive o pensamento e as ações dos seres humanos. No determinismo não existe o livre-arbítrio, mesmo se os homens pensassem que agiam com liberdade. Ou seja, "os seres humanos têm consciência de seus desejos, porém desconhecem as causas que provocam [esses desejos]". Todas as teorias mecânicas têm uma tendência determinista, porque se o corpo e a mente seguem as leis naturais, tudo o que acontece está ligado a uma cadeia ininterrupta de consequências inevitáveis ao longo do tempo.

O determinismo pode ter implicações sérias. Se todos os processos mentais e atividades são determinados e, por conseguinte, o ser humano não é livre, como responsabilizar alguém por seus atos? Spinoza não nega essa premissa e, em sua teoria, as palavras "culpa" e "elogio" são inadequadas, porque as pessoas agem segundo o que é predeterminado pela natureza. Só existe um tipo de liberdade, a que permite ver como somos coagidos a agir de certa forma e entender a razão de nossos atos.

> "[O universo] é corpóreo, ou seja, é físico... Todas as partes do corpo são físicas e, em consequência, todas as partes do universo são também físicas e as que não são físicas não pertencem a ele. E como o universo é o todo, o que não lhe pertence não existe, é o nada."
>
> Thomas Hobbes (1651)

Na visão de Spinoza, os conceitos morais como o bem e o mal se baseiam na psicologia. Muitos psicólogos posteriores, sobretudo os materialistas e behavioristas, acreditam que o homem não tem livre-arbítrio, mas por outras razões. As ações determinadas por experiências passadas ou por compulsões inatas eliminam, ou na melhor das hipóteses comprometem, o livre-arbítrio e a responsabilidade.

A mente mecanicista funcionando como um computador

O problema da responsabilidade e do livre-arbítrio também foi motivo de preocupação do matemático francês Blaise Pas-

O FANTASMA NA MÁQUINA: O QUE É A MENTE E ONDE ELA ESTÁ?

cal (1623-1662). Em sua opinião, a mente assemelhava-se a uma máquina parecida com um computador (Pascal inventou uma das primeiras calculadoras mecânicas), capaz de fazer cálculos e operações de extrema complexidade, mas limitada à lógica e ao processamento das leis da informação. Portanto, a mente humana não era diferente da mente de um animal,

A calculadora mecânica de Pascal.

uma conclusão que desagradou a Pascal. Assim, para evitar esse pressuposto, ele propôs que o livre-arbítrio e não a razão seria a característica específica da humanidade.

Infelizmente, essa teoria do livre-arbítrio não era compatível com suas ideias a respeito da eficácia da graça de Deus e, por fim, viu-se em uma posição em que as pessoas eram salvas ou castigadas às penas do inferno, de acordo com o estímulo de Deus. Então, o ser humano não era livre.

O conceito da mente como um tipo de computador, ou uma máquina de processamento de dados, tornou-se muito popular na década de 1960 com a criação do computador. O tema da mente igual a um computador, e vice-versa, foi o principal objeto de estudos e discussões no campo da ciência cognitiva. Em um contexto mais amplo do que a psicologia, a ciência cognitiva associa elementos da ciência da computação, em especial da inteligência artificial (IA), da linguística, da psicologia, da neurologia, da antropologia, da filosofia e de outras disciplinas que envolvem a elaboração de métodos úteis ou intuitivos. A ciência cognitiva engloba estudos sobre a natureza do proces-

O SURGIMENTO DA NEUROLOGIA

Thomas Willis (1621-1675) foi um anatomista inglês e um dos fundadores da Royal Society. Sua visão a respeito da mente e do corpo baseia-se em suas dissecções e em estudos neurológicos, o que o levou a conclusões, hoje, triviais nos campos da neuropsiquiatria e da filosofia da mente.

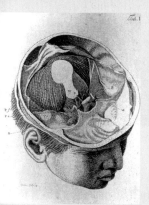

Agora intitulada de "supervenção", a teoria de Willis descreve os aspectos psicológicos da mente que "dependem" do aspecto neurológico equivalente. Assim, cada estado mental ou ação é resultado (em termos modernos) de um estímulo específico, da conexão dos neurônios no cérebro ou de uma reação química específica. A mente não é uma entidade isolada, e sim o produto do funcionamento neurológico do cérebro. Essa teoria assemelha-se de maneira notável à visão atual do filósofo americano John Searle (1932), de que a consciência é uma propriedade dos neurônios.

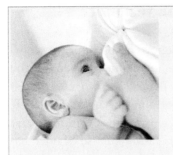

"Um bebê pensa que tem livre-arbítrio ao procurar o seio da mãe; um menino zangado acha que tem liberdade de escolha quando pensa em se vingar; um homem tímido acha que tem livre-arbítrio quando decide esquivar-se de uma situação difícil; e o bêbado pensa que por um estímulo mental sem coerção ele disse coisas, que jamais falaria se estivesse sóbrio... Todos acreditam que agem por uma livre iniciativa da mente, mas, na verdade, não têm condições de reprimir o impulso que motivou suas ações."

Baruch Spinoza (1677)

so cognitivo da mente dos seres humanos e dos animais, e do funcionamento dos computadores. Suas teorias abrangem ideias a respeito da representação da informação na mente (percepção), o processamento (compreensão e retenção da informação) e a transformação (por exemplo, repetição de ações retidas na memória ou criativas).

Definitivamente, nada de especial

Os filósofos contemporâneos que se dedicam ao estudo da mente humana não têm escrúpulos em diminuir o *status* dos seres humanos. O filósofo americano Daniel Dennett (1942), que acredita que todas as funções mentais e atividades são resultado da fisiologia do cérebro, ousa ir mais além em suas ideias, ao dizer que não existe diferença entre a mente humana e a "mente" de um computador extremamente sofisticado. Segundo Dennett, se é possível fabricar um computador com uma inteligência comparável à de um ser humano, por analogia ele seria tão inteligente como o homem. Nessa linha de raciocínio não haveria uma diferença significativa

Daniel Dennett em seu escritório na Universidade Tufts, onde dirige o Center for Cognitive Studies.

entre a inteligência humana e a artificial e, em consequência, seríamos uma máquina sem fantasma.

Perdendo-se a mente

O filósofo escocês do século XVIII David Hume (1711-1776) concorda com Berkeley que o ser humano é incapaz de vivenciar o mundo físico de uma maneira direta e, por isso, essa experiência só seria possível por meio dos sentidos. Hume não nega a existência do mundo físico, apenas diz que não deveríamos confiar em sua existência, porque não temos condições de testar a realidade. Em sua opinião, como tudo que "conhecemos" baseia-se em nossas percepções, o ser humano reduz-se a um conjunto de percepções. A mente não existe, só existe a soma total de nossas experiências pessoais e os vínculos que formamos com elas:

"O que chamamos de mente é nada mais do que um conjunto de percepções diferentes, unidas por determinadas relações supostamente falsas e, por conseguinte, a mente não é dotada de uma simplicidade perfeita e de identidade."

Não só a mente é apenas um conjunto de percepções, como também o "eu" está ligado a essas percepções. O pensamento de Hume teve enorme influência nos séculos seguintes, quando a percepção foi considerada uma interface entre mundo, corpo e mente. Além disso, os behavioristas também rejeitavam a ideia de uma mente "dotada de... identidade".

Hume observou, "Não há um instante em que eu não pense" e quando os pensamentos desaparecem durante o sono, "a insensibilidade causa uma sensação de não existência". Na morte, quando os pensamentos terminarem, "serei um homem destruído".

O fantasma tripartite revisitado

Cem anos depois que Hume desconstruiu a mente, reduzindo-a apenas a um "conjunto de percepções", o neurologista austríaco Sigmund Freud (1856-1939), o fundador da psicanálise, retomou essa ideia. Sua teoria assemelha-se de uma maneira extraordinária à metáfora de Platão do cocheiro e os dois cavalos.

Id, ego e superego

Para Freud a psique é constituída de três partes: "id", "ego" e "superego". O id é a parte mais primitiva, impulsiva, e sua energia, a libido, fornece o ímpeto para a satisfação imediata das suas necessidades. O ego é a voz do realismo prático, que percebe os impulsos do id e tenta adaptá-los à realidade, satisfazendo-os tanto quanto possível de acordo com as limitações do mundo físico. Sem a interferência do ego, o id arrancaria o sanduíche das mãos de uma pessoa na rua para comê-lo. O ego percebe que esse comportamento pode causar problemas, como ser agredido ou preso, e induz a pessoa a comprar o sanduíche.

O superego representa o conjunto das forças morais inibidoras, que se desenvolvem sob a influência da educação. Assim, em vez de não roubar o sanduíche por causa das consequências, a pessoa teria consciência do erro. Sem o superego, o ser humano se comportaria como um animal (com o pressuposto que os animais não têm uma ideia de moral). O ego tem de negociar com os impulsos do id, a realidade do mundo externo e as exigências morais do superego.

Enquanto o id e o ego são características inatas do sistema psíquico, o superego está presente de forma potencial em um bebê e incorpora valores no processo de socialização da criança. Como uma criança é recompensada por um bom comportamento e punida quando age de maneira errada, o superego constrói um conjunto interno de valores. Um processo de socialização bem-sucedido significa que a pessoa se sentirá bem ao se comportar, ou pensar, de acordo com os padrões morais da sociedade em que vive. Por outro lado, se sentirá culpada, envergonhada, constrangida, com ações que fogem a esses padrões.

Existe uma tensão inevitável entre o id, o ego e o superego em razão de seus objetivos diferentes. A repressão é um dos mecanismos que o ego usa para enfrentar essa tensão. Se o desejo do id ao ser satisfeito pode causar problemas ou ansiedade, ele poderá ser excluído da mente consciente, isto é, reprimido. Segundo Freud, os desejos ou lembranças reprimidos constituem o cerne de todas as neuroses, pelo fato de a memória pôr de lado um problema que não foi confrontado ou reconhecido.

Os conceitos do "eu" na psicologia de William James

Enquanto Freud desenvolvia suas ideias em Viena, do outro lado do Atlântico, o pioneiro da psicologia norte-americana, William James (1842-1910), elaborava sua teoria do "eu" dividido em dois: o "eu" puro e o "eu" empírico. Em seguida, o "eu" empírico subdividia-se em material, social e espiritual.

O "eu" material correspondia à realidade tangível, aos elementos que pertenciam à materialidade do "eu", como família, corpo, roupas e bens. O "eu" social refere-se à relação da pessoa com seu meio e com suas diversas funções sociais. Cada um de nós tem

PESANDO O FANTASMA

Em 1907, o médico americano Duncan MacDougall (1866-1920) decidiu pesar a alma humana. Ele inventou uma cama especial que tinha a função também de balança para monitorar o peso dos pacientes. Em seguida, escolheu seis pacientes em estado terminal e os manteve deitados na cama nos últimos dias de vida. MacDougall pesou os pacientes em intervalos regulares até o momento da morte deles. A partir dos dados obtidos, ele calculou que a alma pesava 21 gramas, a média da perda de peso de quatro pacientes no momento da morte.

Mas essa experiência além de inconsistente não tem valor científico, por causa da dúvida em relação à existência da alma e, caso exista, se tem massa, uma hipótese improvável.

A alma é uma "coisa"?

muitos aspectos do "eu" social, pelo fato de agirmos de maneiras distintas em contextos sociais diferentes – no trabalho, na família, com amigos e assim por diante. O "eu" espiritual é o "eu" íntimo, formado pela essência dos nossos valores, crenças, consciência e personalidade. É o mais estável dos três e sofre poucas modificações na vida adulta.

James definia o "eu" de uma pessoa "não só por seu corpo e seus poderes psíquicos, mas também por suas roupas, sua casa, sua esposa e filhos, os antepassados e amigos, sua reputação e trabalho, suas terras e cavalos, seu iate e sua conta bancária" (1980). Ao dizer "meu" no sentido de posse não só de objetos externos, como também se referindo a pessoas ("minha mãe" e "meu inimigo"), o "eu" estendia seus limites, tornava-se mais difuso, uma visão oposta à do "eu" fechado de René Descartes, que se distinguia não só dos outros, mas também de seu próprio corpo.

O "eu" puro, o ego puro, era o fluxo da consciência que proporcionava um fio condutor ininterrupto entre o presente e o futuro. Esse "eu" também propiciava um sentimento de singularidade (ao contrário do eu empírico) e de poder de escolha dos pensamentos que deveriam ser acolhidos ou rejeitados e, assim, processava a experiência. O "eu" puro poderia, por analogia, ser o que chamamos de mente ou alma e, segundo James, não é uma substância e, por conseguinte, não é passível de ser examinado do ponto de vista científico.

Mais uma vez o fantasma desaparece

Durante a maior parte do século XX, a psicologia foi dominada pelo behaviorismo, uma teoria que enfatizava o comportamento observável. A maioria dos behavioristas seguia a corrente do monismo físico, com a atenção concentrada apenas no corpo. Alguns admitiam que a mente existia, porém como não tinham acesso a ela, nem poderiam analisá-la, em seu objeto de estudo a mente não existia.

Quando o tema da mente ressurgiu na segunda metade do século XX, a neurologia já se apoderara de parte do seu território tradicional e o transferira para o corpo.

Ainda não é possível localizar ou definir a consciência, e o trabalho dos psicólogos nos últimos 150 anos não chegou a um consenso no que se refere à natureza da mente e do corpo. No final do Iluminismo, as teorias a respeito da divisão ou da união da mente e do corpo haviam sido definidas. As divisões da mente nas teorias de Freud e James refletem as da Grécia Antiga. No final do século XVIII, a base intelectual da psicologia já tinha sido criada.

De acordo com William James, todos nós temos diversos "eus" sociais.

SIGISMUND SCHLOMO FREUD (1856-1939)

Freud nasceu em Freiberg, no Império Austríaco, atual Príbor, Morávia, República Tcheca, de pais judeus pobres. Ele nasceu envolto no âmnio, ainda coberto pela membrana amniótica que forma a cavidade na qual o feto se desenvolve. Sua mãe achou que era um bom presságio.

Freud estudou medicina na Universidade de Viena e, em seguida, fez pesquisas no Hospital Geral de Viena. Começou a lecionar neuropatologia em 1885 e foi para Paris estudar com Jean-Martin Charcot (1825-1893), um neurologista que fazia pesquisas com hipnose. Essa experiência foi decisiva na vida de Freud. No ano seguinte, abandonou a carreira de professor e abriu um consultório onde, no início, hipnotizava os pacientes para que revelassem lembranças traumáticas passadas.

Logo desistiu da hipnose e desenvolveu a técnica da "associação livre", na qual os pacientes falavam sobre qualquer assunto que quisessem. Começou também a analisar os sonhos, que lhe davam uma percepção do inconsciente dos pacientes. Em sua opinião, os sonhos eram um conjunto de imagens, pensamentos ou fantasias que surgiam à mente durante o sono, passíveis de serem censurados, mas que revelavam a natureza íntima e os desejos mais secretos de uma pessoa.

Assim que Freud começou a publicar suas teorias e estudos de caso, um grupo de discípulos passou a se reunir com ele uma vez por semana. Com o nome de "Sociedade Psicológica das Quartas-feiras", esse grupo marcou o início do movimento da psicanálise. O crítico de música austríaco Max Graf (1873-1958), um dos primeiros membros do grupo, mencionou que "respirávamos o ar de uma nova religião na sala, com Freud como o profeta".

Mas Freud era um judeu que vivia em Viena. Em razão de sua fama e proeminência, depois que os nazistas assumiram o poder na Alemanha em 1933, ele se sentiu cada vez mais ameaçado. Quando queimaram suas obras em uma fogueira, Freud comentou, "Que progresso estamos fazendo. Na Idade Média teriam me condenado a morrer na fogueira. Agora contentam-se em queimar meus livros". Por fim, convenceu-se que teria de partir da Áustria e ajudado por amigos foi para Londres em 1939, onde morreu no mesmo ano de câncer na mandíbula, ou talvez, de uma overdose de morfina administrada pelo amigo e médico Max Schur.

CAPÍTULO 2

Um conjunto de EVIDÊNCIAS: a avaliação da mente

Como criar uma ciência em que os elementos são por definição privados e incomunicáveis?

Edward Tolman (1922), psicólogo americano

Pensamento, sentimento, conhecimento, raciocínio, memória e imaginação são atividades da mente. São interessantes como objetos de estudo, embora de extrema complexidade para quem queira estudá-los. As atividades da mente são individuais e íntimas e, portanto, não podem ser avaliadas nem compartilhadas diretamente. O próprio estudo da mente muitas vezes induz ao erro, porque a mente está estudando a si mesma. Como Hume disse, "Não há um instante em que eu não pense". Então como a mente poderia estudar a si mesma? O uso dos métodos da ciência e da razão para lidar com um tema tão evasivo representou um grande desafio para os psicólogos.

Meditação, *de Henri Martin (1896)*.

UM CONJUNTO DE EVIDÊNCIAS: A AVALIAÇÃO DA MENTE

Então, a psicologia é uma ciência?

Essas dificuldades específicas levaram alguns estudiosos a dizer que a psicologia nunca poderia ser uma ciência no sentido "preciso" do termo. O filósofo alemão Immanuel Kant (1724-1804) acreditava que jamais iria existir uma "ciência da mente humana". Em sua linha de raciocínio, seria provavelmente impossível, porque seu objeto de estudo era subjetivo, íntimo, pessoal, incapaz de observação externa, de testagem ou passível de inquérito.

Um século mais tarde, o positivista francês August Comte (1798-1875) rejeitou o conhecimento que não podia ser observado pela abordagem científica. Neste sentido, também para Comte a psicologia não poderia ser uma ciência:

"A fim de ser capaz de observar, é preciso que o intelecto cesse qualquer atividade mental; no entanto, é essa atividade que queremos observar. Assim, surge um impasse. Sem a pausa não é possível observar, mas sem atividade mental não há nada a examinar. Os resultados desse método são proporcionais ao seu absurdo. Depois de 2 mil anos de estudos e pesquisas no campo da psicologia, não se chegou a nenhuma premissa que satisfaça seus seguidores. Eles estão divididos entre várias correntes de pensamento, e ainda discutem os fundamentos de sua doutrina... Pedimos em vão por qualquer descoberta, grande ou pequena, que tenham feito com esse método."

Popper e a popularização da psicologia

O questionamento de Karl Popper em relação à definição de ciência que prevalecia, levou-o a comparar as teorias do físico Albert Einstein com as dos psicana-

Como é possível diagnosticar algo que é subjetivo e intangível?

UM CONJUNTO DE EVIDÊNCIAS: A AVALIAÇÃO DA MENTE

Segundo Karl Popper, para ser científica, uma teoria como a da órbita dos planetas de Newton, poderia ser refutada por meio de observações alternativas.

listas austríacos Sigmund Freud e Alfred Adler (1870-1973). Popper concluiu que a diferença significativa entre essas teorias reside no fato de a teoria da relatividade de Einstein poder ser analisada com o objetivo de provar ou não sua veracidade, enquanto as ideias de Freud e Adler não. Qualquer novo caso poderia ser interpretado de acordo com as teorias psicodinâmicas. Qualquer novo caso poderia ser enquadrado e adaptado para se encaixar e apoiar suas teorias.

Para ser qualificada como científica, uma teoria precisa ser capaz de indicar que observações poderiam desqualificá-la. Por exemplo, a teoria de Newton referente às órbitas dos planetas não seria mais válida se alguém descobrisse um planeta com uma trajetória quadrada e não elíptica em torno do Sol. Mas como seria possível provar que a teoria da psicanálise de Freud estava errada? Era impossível e, por conseguinte, não era uma teoria científica.

"Uma teoria que não possa ser refutada por uma observação ou experiência não é científica. A irrefutabilidade não é uma virtude de uma teoria (como as pessoas pensam com frequência) e sim um vício."

No entanto, com a evolução de outras ciências, alguns aspectos da atividade mental foram avaliados e observados. A psicologia fundamentou-se como a "ciência da mente humana", cuja existência Kant duvidara, que procurava respostas definitivas para algumas perguntas sobre a mente e o cérebro dos seres humanos.

UM CONJUNTO DE EVIDÊNCIAS: A AVALIAÇÃO DA MENTE

Um conceito semicientífico

Alguns aspectos da psicologia têm base científica, enquanto outros não podem ser considerados ciência. Certas ideias do início do estudo da psicologia não foram testadas, como as teorias a respeito das partes do cérebro que eram usadas em diferentes atividades mentais. Mas, hoje, podem ser examinadas com o uso de métodos científicos como a ressonância magnética nuclear (RMN). Outras ideias, como a teoria de que um trauma na infância poderia ser a causa de um comportamento criminoso ou neurótico na idade adulta, ainda não podem ser testadas com precisão.

Neste capítulo e no próximo examinaremos como os métodos de experimentação foram aplicados à psicologia. Como previsível, muitas pesquisas, sobretudo nos primeiros anos do estudo da psicologia, concentraram-se no corpo, porque a mente estava, e em certo grau ainda está, fora do alcance da observação empírica.

Diferentes visões

As atividades da mente têm sido tema de reflexão durante milhares de anos. O primeiro tipo de pensamento crítico a respeito da mente teve caráter filosófico, uma abordagem ainda atual. A filosofia é uma disciplina rigorosa que usa a lógica e o argumento estruturado para propor, refutar, modificar e apoiar uma teoria. A filosofia, apesar de contribuir para o desenvolvimento de uma ampla gama de áreas do saber, sem ferramentas além do cérebro e da linguagem, não é uma ciência. Os princípios da filosofia não podem ser submetidos a uma prova empírica ou, como Popper considerava mais importante, serem rejeitados como falsos.

Quando em torno do século XVI os anatomistas começaram a descobrir mais detalhes sobre o corpo humano e seu funcionamento, alguns cientistas dedicaram-se a pesquisar o cérebro e o sistema nervoso central. A fisiologia, o estudo das funções e do funcionamento dos seres vivos, proporcionou uma nova abordagem à mente e sua interação com o corpo, que, por sua vez, propiciou novas informações e ideias para os filósofos.

Uma mudança de paradigma ocorreu em meados do século XIX, quando o natu-

A ressonância magnética elucida muitos aspectos do funcionamento da mente humana.

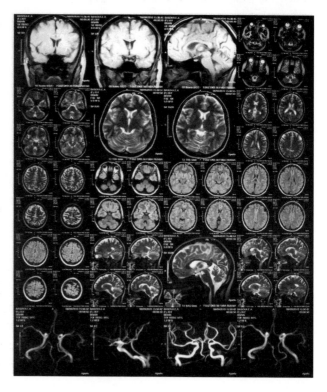

ralista inglês Charles Darwin (1809-1882) propôs a teoria da evolução por meio da seleção natural em sua obra seminal *A origem das espécies* (1859). Essa teoria mudou, não só a concepção do lugar da humanidade no mundo, como também a visão em relação à ciência e ao conhecimento. A teoria de Darwin da evolução do ser humano, por meio da seleção natural a partir de um ancestral comum, eliminou a diferença nítida entre os seres humanos e os animais: agora eram apenas características que os distinguiam, uma ideia inquietante para muitas pessoas. Mas se homens e animais não eram tão diferentes, talvez fosse interessante estudar o sistema cognitivo e o desenvolvimento dos animais. Esse tema constituiu objeto de estudo da psicologia comparada, um campo da psicologia que estuda as diferenças de comportamento entre os diversos seres vivos. Além disso, as experiências com animais abriram caminho para a exploração da mente do ser humano. Ao mesmo tempo, os progressos da tecnologia permitiram avaliar, observar e registrar alguns processos mentais. A psicologia se firmou como uma disciplina independente, e os psicólogos começaram a estudar a mente por meio da experimentação. Vinte anos depois da publicação de *A origem das espécies*, de Darwin, foi inaugurado o primeiro laboratório de psicologia experimental.

Crianças como cobaias em experimentos

Segundo o historiador grego Heródoto (*c*.484-425 a.C.), o faraó Psamtik I reinou no Egito de 664 a 610 a.C. A história atribui ao faraó a autoria da primeira experiência no campo da psicologia. Com o objetivo de descobrir a linguagem original e inata dos seres humanos, ele deu ordens para que dois bebês recém-nascidos fossem criados por um pastor, com instruções rígidas de que ninguém poderia falar com as crianças ou conversar perto delas. Psamtik queria testar se as crianças usariam o conhecimento inato da linguagem para se comunicar. Quando um dos bebês gritou a palavra "bèkos" com os braços estendidos, Psamtik supôs que fosse a palavra frígia para "pão", o que provaria que o frígio era a língua original dos seres humanos.

Experimento proibido

A ideia de criar crianças sem comunicação verbal ou qualquer contato com um

Uma charge de 1861 ridicularizando a teoria da seleção natural de Charles Darwin.

UM CONJUNTO DE EVIDÊNCIAS: A AVALIAÇÃO DA MENTE

TIPOS DE EXPERIÊNCIA

Os métodos experimentais têm o objetivo de examinar a relação entre variáveis. Existem dois tipos principais de variáveis. A variável independente é uma condição manipulada por um pesquisador. Por sua vez, a variável dependente muda de acordo com o estado das variáveis independentes. Se quisermos descobrir a temperatura em que o sorvete derrete, teremos de examiná-lo em diferentes temperaturas. A temperatura é a variável independente, que o pesquisador controla. O estado sólido e o líquido do sorvete é uma variável dependente, que se altera quando a temperatura muda.

Estes são os três tipos de experiências mais comuns usados em estudos psicológicos:

- Experiências em laboratório, ou controladas: o pesquisador tem pleno controle das condições e do local da experiência. Pode ser realizada em seres humanos, animais e tecidos biológicos, como células nervosas.
- Experiências de campo: são realizadas no mundo cotidiano. O pesquisador tem controle sobre as variáveis independentes importantes, mas existem variáveis que fogem ao controle (como o tempo), e dificultam refazê-la mais tarde.
- Experiências naturais: trata-se da observação do que acontece no mundo real. O pesquisador não tem controle sobre as variáveis. As experiências naturais são realizadas quando o pesquisador percebe o potencial de uma situação que pode ser estudada. Os estudos do desenvolvimento de crianças criadas em orfanatos são experiências naturais.

ser humano foi chamada de "experimento proibido", uma expressão óbvia de um procedimento antiético, apesar de ser uma experiência com grande potencial científico. Segundo informações disponíveis, esse experimento foi realizado em diversas ocasiões.

No século XIII, o imperador do Sacro Império Romano Germânico, Frederico II, criou crianças privando-as de ouvir a voz humana. A experiência foi relatada pelo frade e cronista italiano Salimbene di Adam (1221-1290):

"Mães adotivas e enfermeiras [recebiam ordens] amamentavam e davam banho nas crianças, mas eram proibidas de falar com elas, para satisfazer a curiosidade do imperador se falariam hebraico (a primeira língua), grego, latim, árabe ou a língua de seus pais. Mas foi uma experiência inútil, porque as crianças não conseguiam viver sem ouvir o barulho de palmas, de ver gestos e de receber estímulos e carinho."

O rei Jaime IV da Escócia (reinou de 1488 a 1513) enviou duas crianças para a ilha distante de Inchkeith, a fim de serem criadas por uma mulher muda. Segundo informações, as crianças começaram a falar em hebraico, mas a verdade nunca foi provada.

O imperador mogol Akbar, o Grande, (reinou de 1556 a 1605), acreditava que a fala não era um dom inato e que as crianças aprendiam a falar, ao ouvirem a voz de

O imperador Frederico II supostamente fez "experiências proibidas" para descobrir que língua Deus destinara a Adão e Eva.

UM CONJUNTO DE EVIDÊNCIAS: A AVALIAÇÃO DA MENTE

outras pessoas. Então, colocou bebês em um local isolado para descobrir se crianças criadas sem ouvir o som de vozes ficariam mudas. As crianças desenvolveram um sistema de comunicação baseado em gestos, que ainda é observado em casos de isolamentos.

O imperador mogol fora o único a fazer a experiência por pura curiosidade psicológica e não por uma questão religiosa ou política.

Crianças selvagens

É claro, uma experiência só era proibida se fosse um experimento concreto realizado por um pesquisador. Houve várias "experiências naturais", que envolveram crianças criadas fora dos padrões normais da sociedade, seja por terem sido abandonadas pelos pais ou parentes, mantidas isoladas do convívio social por pais que as molestavam, ou que haviam se perdido e foram criadas por animais.

Histórias de crianças criadas por animais remontam a milhares de anos. Segundo a lenda, Rômulo foi criado por uma loba e mais tarde fez o feito glorioso de fundar Roma e ser seu governante. Mas a maioria das crianças selvagens não tem a mesma sorte, como o irmão de Rômulo, Remo.

Embora muitas histórias antigas não possam ser comprovadas, existem relatos dos séculos XX e XXI de crianças criadas por cães, lobos, macacos, cabras e até mesmo por avestruzes. Um menino, encontrado na Índia em 1979, tinha um tipo de vida anfíbio perto de um rio. Em geral, as

---

"GENIE" (1957)

"Genie" foi vítima de maus-tratos extremos e ficou trancada sozinha em um quarto desde a idade de um ano e meio até os 13 anos, quando assistentes sociais a descobriram em Los Angeles. O pai a mantinha amarrada, incapaz de mover além dos dedos dos pés e das mãos. Ele a alimentava apenas com líquidos e a impedia de ter qualquer contato social. Se ela fizesse barulho, o pai a espancava.

Ao ser descoberta, "Genie" não conseguia andar, falar, comer alimentos sólidos e tinha incontinência fecal e urinária. A menina aprendeu a falar de uma forma rudimentar e a andar, embora com uma postura estranha. Os médicos e psicólogos estudaram seu caso no período de reabilitação até 1977 quando a mãe, cega e incapaz de cuidar da filha, proibiu a continuidade dos estudos científicos. O pai se suicidou antes do julgamento por maus-tratos. "Genie" vive em uma casa de repouso na Califórnia e perdeu a aptidão da fala adquirida após sua descoberta.

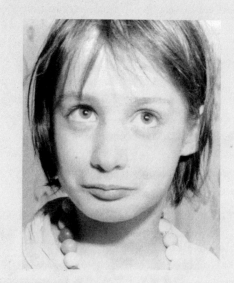

crianças criadas longe da sociedade têm hábitos e comportamentos semelhantes aos dos animais com quem conviveram, comem comidas cruas, evitam o contato com seres humanos, andam com frequência apoiadas nas pernas e nos braços, e não sabem falar (o que refuta os resultados de algumas experiências proibidas).

Crianças mantidas reclusas com animais comportam-se de maneira semelhante. Um menino de 7 anos descoberto na Rússia em 2008, que vivera toda a sua vida em um cômodo cheio de pássaros e cujo único contato humano era a mãe que o tratava como se fosse uma ave, comunicava-se com trinados e movimentos dos braços como se fossem asas. Todos esses casos são úteis para dimensionar a influência da hereditariedade e do meio ambiente na atividade humana mental e física.

Nos últimos anos, crianças reclusas ou criadas por animais e que, ao serem descobertas, começaram a conviver em sociedade, têm sido observadas com cuidado durante o processo de readaptação. O sofrimento terrível a que foram submetidas tem proporcionado um material de estudo muito interessante para os psicólogos.

Experiências não relatadas
Por ser fácil fazer "experiências" com crianças ou com empregados e escravos

O latim foi a primeira língua falada por Montaigne.

(ou mulheres), é provável que existam muitos experimentos não documentados e antiéticos originados não de um interesse científico genuíno, mas sim de uma curiosidade inútil ou lasciva. Por exemplo, o pai do ensaísta francês Michel de Montaigne (1533-1592) o submeteu à experiência de aprender latim como a primeira língua quando criança e nos três primeiros anos de vida ele foi criado por camponeses e não no castelo da família. Mas, em geral, as pesquisas registradas sobre a mente humana antes do século XIX foram feitas com base em investigações filosóficas.

UM CONJUNTO DE EVIDÊNCIAS: A AVALIAÇÃO DA MENTE

No caminho da ruptura

A lacuna entre a filosofia e a psicologia científica só foi preenchida com conhecimentos da fisiologia. Isso começou no século XVII com a Revolução Científica.

> **VITALISMO *VERSUS* MATERIALISMO**
>
> Assim como a filosofia discute o problema da mente e do corpo, a fisiologia debate a questão de haver ou não algo além das estruturas e processos físicos. Os vitalistas afirmavam que existe um "impulso vital" de natureza imaterial. Portanto, se não fosse de natureza física, esse impulso não poderia ser investigado. Os materialistas, por sua vez, pensavam que a vida não tem nada de especial e que os seres humanos, assim como outros organismos, podem ser explicados em termos de processos físicos e químicos.

> "Os nervos são apenas resultado da substância viscosa do cérebro, por meio da qual os espíritos emitem raios de luz. E essa substância era mais apropriada a irradiar luz do que uma cavidade evidente ou aberta, que teria provocado movimentos e sensações mais bruscas, agitadas, violentas e perturbadas, enquanto os membros que recebem uma iluminação suave e constante são controlados por nossa vontade e equilibrados pela razão."
>
> Helkiah Crooke (1576-1648), *Microcosmografia, uma descrição do corpo do homem* (1631)

Perdendo a paciência

A teoria segundo a qual o sistema nervoso transmite informações do cérebro para outras partes do corpo fora mencionada nos textos do médico e filósofo grego Galeno no século II d.C. Como nem Galeno nem seus sucessores souberam explicar com clareza como o cérebro se comunicava com o corpo, durante 1.400 anos acreditou-se que a comunicação resultava de "espíritos" que se moviam pelos nervos ocos.

Por volta de 1630, René Descartes sugeriu uma explicação mecânica, em que os "espíritos" eram substituídos por um fluido – um líquido, um gás ou uma "chama delicada" de algum tipo. Descartes ainda

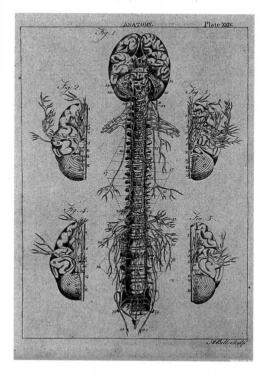

Ilustração de um diagrama do sistema nervoso central datado do século XVIII.

46

acreditava que os nervos eram ocos, apesar de o estudante de medicina escocês John Moir ter escrito, em 1620, em suas anotações que: "(...) os nervos não têm uma cavidade interna perceptível, como as veias e as artérias."

Descartes foi o primeiro a dar uma explicação precisa do funcionamento de uma reação sensorial ou motora em resposta a um estímulo externo. "Qualquer estímulo a um órgão dos sentidos", dizia, "tensionava o nervo que, por sua vez, abria um canal na parte correspondente do cérebro, o que permitia o restabelecimento do movimento pelos tubos até a área afetada, e por reflexo os músculos intumescidos moviam-se."

Embora os detalhes de sua teoria estivessem errados, o princípio geral tinha fundamentos; um sinal era transmitido pelos nervos sensoriais até o sistema nervoso central, o que provocava uma reação de outro sinal, que se transmitia para os nervos motores e moviam os músculos quando necessário. Descartes também usou a palavra "estímulo", porque causava uma reação nos nervos.

O livro escrito por Descartes sobre o corpo humano foi publicado após sua morte, em 1662. Sua teoria foi o único progresso referente ao sistema nervoso central em 1.500 anos. No entanto, sua explicação foi refutada três anos depois

Ilustração da reação em resposta a um estímulo de Descartes.

ESTÁTUAS NO JARDIM

Descartes se inspirou em uma série de estátuas nos jardins de St. Germain, na França, para descrever sua teoria do sistema nervoso. Essas estátuas eram movidas por meio do fluxo de água ativado por pessoas que pressionavam pedais. Ao observar o movimento das estátuas, Descartes concluiu que um mecanismo semelhante era responsável pelo movimento do corpo humano.

UM CONJUNTO DE EVIDÊNCIAS: A AVALIAÇÃO DA MENTE

por um fisiologista que fazia experiências concretas, em vez de desenvolver um pensamento teórico.

Primeiro as rãs

No século XVII, um jovem fisiologista holandês, Jan Swammerdam (1637-1680), realizou experiências com rãs, revelando que o cérebro e não o coração era responsável pelo movimento. Mas, em seguida, em uma visão radical demonstrou que o movimento poderia ser induzido sem a presença do cérebro. Para comprovar sua teoria, Swammerdam retirou o cérebro de uma rã, que, por reação motora, conseguiu nadar. Mostrou também que se estimulasse um nervo com o escalpelo, o músculo da perna se contraía. Ele estendeu ainda mais sua pesquisa ao contrair o músculo depois de remover a perna da rã. Assim, a teoria de Descartes de que os espíritos se moviam do cérebro até o músculo de maneira mecânica, sem que o cérebro ocupasse o mesmo espaço, foi eliminada.

O experimento de Swammerdam foi um dos mais importantes na história da neurofisiologia e da psicologia. A conexão que ele fez entre um estímulo e uma reação por meio da ação dos nervos, constituiu a base da psicologia behaviorista: a crença que o comportamento de um ser vivo, humano ou não, era resultado do total dos estímulos recebidos.

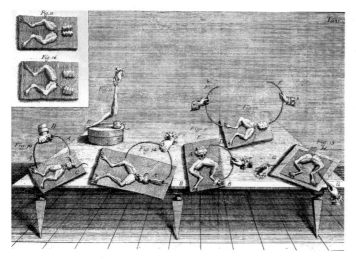

As experiências de Luigi Galvani em eletrofisiologia.

Eletricidade animal

Embora Swammerdam tivesse certeza de que os espíritos dos animais não existiam, ele não explicou com precisão como os nervos transmitiam informações. Em sua concepção, a transmissão assemelhava-se a vibrações por meio de algo sólido, como através de uma tábua de madeira. Coube ao cientista italiano Luigi Galvani (1737-1798) avançar mais na pesqui-

> "A partir dessas experiências, concluí que um movimento simples e natural ou uma irritação do nervo produz um movimento muscular, caso tenha se originado no cérebro, na medula ou em outra parte do corpo."
>
> Jan Swammerdam (1678)

sa do funcionamento do sistema nervoso central.

Segundo as histórias que o cercam, Galvani estava removendo a pele de uma rã morta em uma bancada, onde havia feito uma experiência com eletricidade estática, quando um assistente tocou em um dos nervos da rã com um escalpelo de metal. A perna contraiu-se como se o animal estivesse vivo.

Galvani continuou a pesquisar o resultado surpreendente, com a passagem de correntes elétricas pelos músculos da rã enquanto observava os movimentos. Concluiu então que a "eletricidade animal" era responsável pelo movimento muscular em seres vivos e se realizava por meio da ionização dos fluidos no corpo. Ainda havia muito a pesquisar para associar essa conclusão ao sistema nervoso central, mas Galvani fez uma descoberta de grande impacto, a primeira no campo da neurologia.

Juntando as peças

Ainda era preciso descobrir o funcionamento da "eletricidade animal" nos nervos sensoriais, nos nervos motores e no cérebro. Essa descoberta ocorreu em 1811, quando o fisiologista inglês Charles Bell (1774-1842) escreveu um texto, no qual descreve suas experiências anatômicas com coelhos. Com uma compaixão pouco usual, Bell absteve-se de fazer experimentos por algum tempo, preocupado em causar sofrimento em suas cobaias com cortes nos nervos. Por fim, realizou uma experiência com um coelho inconsciente.

Bell descreveu os sistemas de nervos sensoriais e motores conectados em diferentes lugares à medula espinhal. Os nervos sensoriais transmitiam informações para os órgãos dos sentidos, inclusive aos órgãos receptores na pele, e conectavam-se na coluna vertebral pela parte dorsal.

ELETRICIDADE NÃO ANIMAL

Ao repetir as experiências de Galvani, o físico italiano Alessandro Volta (1745-1827) percebeu que o cabo de metal usado por Galvani para conectar os músculos e os nervos transmitia corrente elétrica entre os dois. Quando constatou que a fonte da eletricidade era bioquímica, decidiu reproduzir o efeito em outro espaço físico e inventou a primeira bateria. As experiências com eletricidade em rãs deram início a duas disciplinas: a neurologia e a engenharia elétrica.

"Dei um golpe atrás da orelha de um coelho para que perdesse a sensibilidade e, em seguida, dissequei a medula espinhal. Com a irritação da raiz posterior do nervo, não notei um movimento no músculo; mas ao irritar a raiz anterior do nervo, a cada toque do fórceps havia um movimento correspondente nos músculos nos quais o nervo se distribuía. A partir dessa experiência, concluí que as diferentes raízes e colunas das quais essas raízes originavam-se exercem funções distintas e que as observações extraídas da anatomia eram corretas."

Charles Bell (1811)

Os nervos motores ligavam-se à parte da frente e transmitiam informações para os músculos.

Essa descrição confirmou que havia um movimento de ir e vir dos sinais cerebrais por caminhos distintos. Infelizmente, Bell só divulgou sua descoberta no folheto que distribuiu para os amigos. Quando o fisiologista francês François Magendie (1783-1855) fez a mesma descoberta e a publicou 11 anos depois, a disputa pela autoria começou.

Bell sugerira haver cinco tipos de nervos, que correspondiam aos cinco sentidos, mas foi o fisiologista alemão Johannes Müller (1801-1858) quem demonstrou essa teoria. Em 1835, Müller descobriu que os nervos sensoriais proporcionavam tipos específicos de estímulo (por exemplo, os olhos tinham um estímulo maior quando expostos à luz), porém esses nervos também provocavam outros estímulos (uma pessoa poderia ter alucinações visuais ao sofrer um golpe na cabeça). Ele concluiu que a especificidade fazia parte da natureza da transmissão do nervo, e não era a fonte do estímulo ou a área do cérebro que processava o sinal. Sua conclusão estava errada, como demonstrou lorde Edgar Adrian em 1912, a energia transmitida pelos nervos era a mesma, o que variava era o local onde se originava o sinal e como o cérebro o processava. Ainda mais importante, seu trabalho mostrou que nossas percepções sensoriais se processavam internamente pelo corpo e pelos

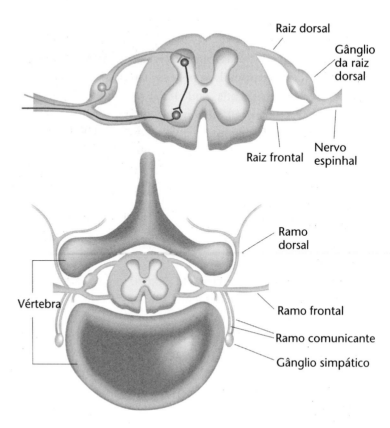

Corte transversal dos nervos sensoriais e motores que se conectam à medula espinhal.

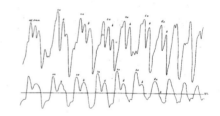

Avaliação da reação sensorial de Johannes Müller.

nervos, e não pela natureza do ambiente externo.

Em direção a uma ciência da mente

Em meados do século XIX, as noções básicas da neurociência já haviam sido descobertas. No campo da filosofia houve uma tendência a confiar nas realizações dos seres humanos e na ciência, além da crença que o mundo poderia ser melhor com a ajuda da engenhosidade e do conhecimento dos homens. Mas estamos nos precipitando. Na verdade, uma pesquisa de astronomia é que estimularia as primeiras experiências na psicologia dos seres humanos.

Os tubarões usam o sentido de eletrorrecepção, que os seres humanos não têm, para localizar sua presa.

Trabalho medíocre ou nova ciência?

Em 1795, o astrônomo britânico Nevil Maskelyne (1732-1811) e seu assistente David Kinnebrooke estavam fazendo cálculos de astronomia por meio da observação do ponto em que uma estrela cruzava uma linha muito fina no céu, com um telescópio e cronometrando o tempo dessa passagem. Maskelyne criticou a lentidão do trabalho de Kinnebrooke, que estava sempre meio segundo atrás de sua cronometragem. Por fim, o assistente não conseguiu concluir sua tarefa com sucesso e Maskelyne o despediu. Kinnebrooke retomou sua atividade de professor em um colégio. Vinte anos mais tarde o astrônomo alemão, Friedrich Bessel (1784-1846), examinou os resultados do estudo de Maskelyne e questionou se de fato Kinnebrooke fora incompetente ou se existia uma diferença pessoal na reação ao tempo. Essa dúvida levou-o a fazer o primeiro estudo de reação ao tempo e de cálculos de equações pessoais, que lhe permitiu corrigir a diferença da cronometragem do tempo entre observadores diferentes.

Retrato do astrônomo alemão Friedrich Bessel.

UM CONJUNTO DE EVIDÊNCIAS: A AVALIAÇÃO DA MENTE

O estudo de Bessel mostrou que o espectador influenciava as observações, e essa influência precisava ser avaliada nas investigações científicas de todos os tipos. Ele também realizou a primeira experiência psicológica no campo das diferenças interpessoais. Essa área de estudo não atraiu muita atenção no início, porém mais tarde foi muito importante na pesquisa psicológica.

Psicofísica

A mensuração da velocidade das reações foi uma etapa inicial em uma abordagem nova e quantitativa dos aspectos físicos da psicologia, a psicofísica – a relação entre estímulos físicos e a psicologia. Esse campo da psicologia estuda as propriedades físicas dos estímulos e como elas relacionam-se com a percepção. A psicofísica tem muitas aplicações na tecnologia moderna; determinando o número de cores que nós podemos distinguir, por exemplo, nos permitindo o desenvolvimento ótimo dos algoritmos de compressão por imagens.

mos a atenção em dois tipos de estímulos ligeiramente diferentes, em determinado ponto é possível perceber a diferença, o que não ocorre com estímulos muito parecidos.

O médico alemão e um dos fundadores da psicologia experimental, Ernst Heinrich Weber (1795-1878), que vivia em Leipzig, Alemanha, na década de 1830, foi o primeiro estudioso a tentar quantificar os níveis de percepção.

Weber explorou os graus de diferença que as pessoas conseguem detectar em um estímulo, com o uso inicial de pesos. Em seu experimento, pedia que as pessoas segurassem e comparassem pesos diferentes, mostrando qual era o mais pesado.

Localizando a diferença

Se um som começar no limite inferior da audição humana e for crescendo de volume, em dado momento ouviremos o som. Antes disso, o som pode ter apenas um efeito subconsciente em uma pessoa. Ao mesmo tempo, se concentrar-

Em que momento a audição humana detecta um barulho, como o som de um helicóptero?

Ele descobriu que havia uma diferença de 3% entre os pesos distinguidos pelas pessoas. Weber denominou essa percepção da mudança de estímulo de "diferença apenas perceptível (DAP)". Assim, se um dos pesos pesava 100 gramas, o segundo teria de ser 3 gramas mais leve ou mais pesado, para que pudesse ser detectado. Em um peso de 1 quilo, o segundo precisaria ser 30 gramas mais leve ou mais pesado e assim por diante.

Em seus experimentos Weber descobriu que existiam graus diferentes no que se referia a sentidos distintos para a percepção de diferenças de estímulos e, assim, ao comparar o comprimento de duas linhas, por exemplo, havia uma diferença de pelo menos 1%; por sua vez, na comparação da altura do som de uma música, havia uma diferença de pelo menos 0,6%.

A lei de Weber afirma que:

$\Delta R/R = k$ sendo,

ΔR = diferença apenas perceptível (DAP)

R = quantidade de estímulo existente (de *Reiz* em alemão)

K = uma constante (diferente para cada sentido)

Weber também estudou outros aspectos dos níveis de percepção. Com o uso das pontas de um compasso, ele avaliou a distância entre dois toques na pele, que podiam ser sentidos em dois momentos distintos, e um ponto onde a sensação tátil não era detectada. As pesquisas de Weber foram um marco na história da psicologia, porque mostraram que pelo menos alguns aspectos da psicologia podiam ser estudados com métodos científicos quantitativos. Suas pesquisas também constituíram a base do estudo da psicologia experimental.

Gustav Fechner, c.1870.

Além do limiar

Gustav Fechner (1801-1887), um médico que abandonou a profissão após ter um problema nos olhos causado pela investigação da cor e da visão, continuou o trabalho de Weber, mas com o foco no processo psicológico da percepção. Um adepto do monismo neutro, em sua opinião as ações corporais e os atos conscientes eram aspectos diferentes de uma mesma realidade. Decidiu então descobrir uma relação matemática entre eles. Seus estudos tinham o objetivo de solucionar o problema entre a mente e o corpo de modo que satisfizesse os materialistas, mas também apoiasse sua concepção da onipresença da consciência no universo.

Ernst Heinrich Weber.

Fechner definiu o ponto no qual um estímulo era perceptível como o "limiar absoluto". Abaixo desse ponto, um estímulo poderia ter efeito, mas seria um efeito inconsciente. No entanto, como esse estímulo não poderia ser mensurado, começou a elaborar sua teoria a partir do limiar absoluto. A pesquisa resultou na lei Weber-Fechner, uma versão aperfeiçoada da conclusão de Weber:

"A fim de que a intensidade de uma sensação possa aumentar em uma progressão aritmética, o estímulo precisa aumentar em progressão geométrica."

Essa proposição significa que existe uma relação algorítmica entre a intensidade do estímulo e a intensidade da sensação resultante. (As escalas de algoritmos são usadas para medir grandes variações em um fenômeno, tais como a escala Richter para terremotos ou a medida de decibéis do som.)

S é a sensação e R o estímulo:

$$S = k \log R$$

Suponhamos que triplicar da intensidade de um estímulo duplique a intensidade de uma sensação. Em seguida, obtém-se o mesmo efeito triplicando de novo a intensidade do estímulo, com a consequente reação do aumento da sensação (embora agora a intensidade do estímulo fosse nove vezes maior do que a original). Se triplicássemos de novo o estímulo, a sensação teria um aumento quatro vezes maior e assim por diante.

Fechner percebeu que havia atingido seu objetivo; mostrara com seus estudos que existia uma conexão mensurável entre o estímulo físico e a reação da mente. Contudo, as descobertas modernas não são inteiramente compatíveis com a "lei" de Fechner.

Seu livro, *Elements of Psychophysics* publicado em 1860, foi uma tentativa de usar os métodos científicos quantitativos para pesquisar fenômenos psicológicos. Alguns críticos viram o trabalho de Fechner como o marco do início do estudo da psicologia como ciência. Outros atribuem esse início a Wilhelm Wundt, que criou o primeiro laboratório de psicologia experimental.

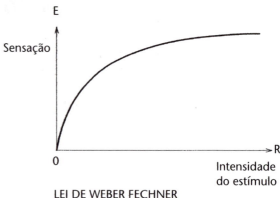
LEI DE WEBER FECHNER

UM CONJUNTO DE EVIDÊNCIAS: A AVALIAÇÃO DA MENTE

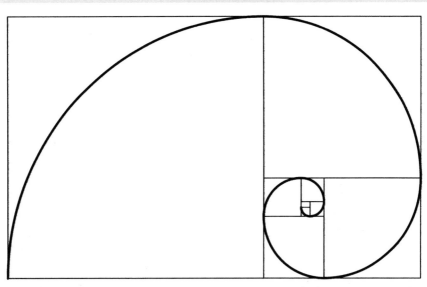
Uma "espiral dourada" criada pelo desenho de círculos em um retângulo.

RETÂNGULOS DOURADOS E CONSCIÊNCIA DIVIDIDA

Em meio a outros trabalhos, Fechner fez um estudo sobre formas esteticamente agradáveis à visão e descobriu que as pessoas sentiam prazer em olhar um retângulo com as laterais na proporção de 0,62. Essa conclusão correspondia à proporção áurea e à sequência de Fibonnaci encontradas na natureza, como nas sementes do girassol e na forma do náutilo, um molusco com concha externa em espiral. Fechner também propôs que se o cérebro pudesse ser dividido ao longo do corpo caloso – a estrutura cerebral que conecta os hemisférios cerebrais direito e esquerdo –, seria possível ter dois fluxos independentes de consciência.

Fechner sempre duvidou que essa experiência poderia ser realizada em termos concretos, mas o neuropsicólogo Roger Sperry (1913-1994) e o psicólogo Michael Gazzaniga (1939) mostraram que a teoria de Fechner estava correta, ao trabalharem na década de 1960 com pacientes epilépticos submetidos a um corte no corpo caloso para o tratamento da doença.

UM CONJUNTO DE EVIDÊNCIAS: A AVALIAÇÃO DA MENTE

TAMBÉM CONHECIDO COMO DR. MISES

Fechner publicou diversos textos e artigos nos quais apresentou suas teorias referentes ao pampsiquismo e comentários irônicos a respeito de alguns aspectos da ortodoxia predominante. Como essas teorias iriam prejudicar sua reputação de cientista sério, ele os publicou com o pseudônimo de Dr. Mises. Esses trabalhos incluem os textos "The Comparative Anatomy of Angels" (1825) e "A Little Book of Life After Death" (1836).

Medindo a velocidade do pensamento

O médico e físico Hermann von Helmholtz (1821-1894) foi o primeiro estudioso a medir a velocidade dos impulsos nervosos. Começou suas experiências com rãs como cobaias e, em seguida, testou suas ideias em seres humanos até descobrir que a reação ao tempo dependia da distância que o impulso tinha de percorrer.

Em 1849, Helmholtz realizou experimentos em que estimulava a perna de uma pessoa e pedia que pressionasse um botão no momento em que sentisse o estímulo. A reação demorava mais tempo quando estimulava o dedo do pé, em vez da coxa. Com isso, concluiu que a velocidade nos seres humanos era de 27 metros por segundo. Na verdade, a transmissão mais rápida dos impulsos nervosos nos seres humanos era mais veloz do que um carro de corrida, a uma velocidade de 430 quilômetros por hora (ou 110 metros por segundo), enquanto outros impulsos eram bem mais lentos, em torno de 50 metros por segundo. Ainda mais importante do que as variáveis de velocidade que descobriu foi o fato de ter

O pêndulo de Hermann von Helmholtz usado para medir a velocidade de um impulso nervoso. A oscilação do pêndulo estimulava um nervo em um músculo.

UM CONJUNTO DE EVIDÊNCIAS: A AVALIAÇÃO DA MENTE

demonstrado que havia uma velocidade. Muitas pessoas acreditavam que a transmissão era instantânea, sobretudo, as que atribuíam a Deus a tarefa de transformar a intenção em ação.

Helmholtz também se interessou pelas descobertas de Müller de que cada órgão dos sentidos só produzia "seu" tipo de percepção e, assim, por exemplo, com um soco no olho "veríamos" estrelas. As imagens visuais, mesmo que não fossem a resposta mais apropriada, eram resultado da conexão entre os olhos e o cérebro. Helmholtz queria explicar por que e como isso acontecia e decidiu fazer um estudo ambicioso para descobrir o processo fisiológico, desde o momento em que um nervo sensorial era estimulado até o ponto no qual a sensação era perceptível. Essa tarefa ambiciosa ainda não foi realizada.

Indo além

Quinze anos mais tarde, o fisiologista holandês Franciscus Donders (1818-1889) decidiu fazer avaliações mais complexas dos tempos de reação. Além de medir o tempo em que uma pessoa respondia a um estímulo, ele acrescentou elementos mais complicados à sua pesquisa. Primeiro, fez uma seleção de estímulos e pediu que a pessoa reagisse apenas a um deles e ignorasse os outros. Em seguida, escolheu alguns estímulos que exigiam uma reação diferente para cada um deles. Concluiu então que a tarefa simples de estímulo/resposta era a mais rápida; e a que exigia a discriminação e a escolha dos estímulos era mais lenta. Donders calculou o tempo que uma pessoa demorava para discriminar e o tempo gasto em escolher e reagir, com o objetivo de avaliar a atividade cerebral.

Com a experiência de Donders foi possível deduzir a atividade cerebral (ou da mente) a partir de um dado experimental. Além disso, suas pesquisas foram incorporadas aos estudos da psicologia experimental. Wilhelm Wundt foi a primeira pessoa a estudar esse campo da psicologia.

Retrato de Franciscus Donders.

CAPÍTULO 3

Mente e MÉTODO: como e por que nós pensamos?

A consciência, que não se origina das qualidades físicas das moléculas ou dos átomos, contradiz a psicologia materialista.

Wilhelm Wundt (1912)

Hoje o que surge na mente de muitas pessoas ao pensar na psicologia é, em geral, a imagem de um paciente num divã sendo escutado por um psicoterapeuta, ou uma pesquisa sobre o comportamento de pessoas ou ratos. Desde o início, as experiências no campo da psicologia eram consideradas estranhas e até mesmo áridas ou estéreis. Mas constituíram a base das experiências psicológicas mais notáveis do século XX, algumas das quais contestaram e reescreveram a percepção que o ser humano tinha de si mesmo.

Ilustração do diagrama da consciência datado do século XV.

MENTE E MÉTODO: COMO E POR QUE NÓS PENSAMOS?

A extraordinária invenção de Wundt

Wundt procurou compreender a consciência e as leis mentais que a governam. No cerne de sua abordagem, está o conceito da vontade, a escolha individual do que fazer e observar. Ele denominou este campo da psicologia de "voluntarismo", porque em sua visão o aspecto voluntário era essencial, embora mais tarde sua abordagem tenha se aproximado mais do estruturalismo que, na verdade, foi uma extensão de seus métodos. Wundt fazia experimentos com seres humanos e criou o primeiro laboratório de psicologia experimental no mundo, para realizar seu trabalho.

Investigando a consciência, Wundt tinha como objetivo descobrir os elementos básicos do pensamento e, em seguida, explorar as leis que governam suas combinações. Sua abordagem por meio da introspecção, exigia que os sujeitos de suas pesquisas observassem e relatassem seus estados internos. As experiências envolviam diversos tipos de equipamentos destinados a provocar estímulos e avaliar o tempo de reação. Exigia também que os sujeitos refletissem com atenção e relatassem suas reações em resposta a um estímulo como a luz ou o tique-taque de um metrônomo. A partir dos relatos, ele tentava descobrir os elementos da consciência. Seu entendimento e exigências em relação aos sujeitos de seus experimentos pareciam extremamente técnicos e complexos. Quando uma pessoa experimenta um estímulo há uma sensação correspondente. Segundo Wundt, a sensação pode ser dividida em modalidade (como a visão ou o gosto) e intensidade. As sensações são acompanhadas por sentimentos, que podem ser descritos em termos de três eixos:

WILHELM WUNDT (1832-1920)

Wundt nasceu em uma família de intelectuais de classe média em Mannheim, Alemanha. Quando o único irmão foi para o colégio interno, Wundt cresceu sem amigos de sua idade (exceto por um menino com problemas mentais, que quase não falava). Embora não fosse um bom aluno na escola, ele foi um estudante brilhante de medicina. A partir de 1855, sua área de interesse concentrou-se na psicologia. No ano seguinte, voltou para Heidelberg onde começou a trabalhar como assistente de Hermann Helmholtz e iniciou um curso de psicologia. Apesar do interesse em lecionar psicologia experimental, a universidade só lhe deu um laboratório para trabalhar em 1879. Assim que instalou o laboratório, começou a atrair alunos de diversos países da Europa. Suas aulas eram as mais frequentadas na universidade, mas, mesmo assim, seu trabalho não era reconhecido como merecia pelo corpo docente e seu Instituto de Psicologia Experimental só foi listado no catálogo de departamentos da universidade em 1883. Ainda assim, o instituto cresceu, ocupou vários espaços diferentes até construírem um prédio específico para abrigá-lo em 1897.

Wundt terminou de escrever sua autobiografia poucos dias antes de morrer.

- Agradável/desagradável
- Excitação/calma
- Tensão/relaxamento

Essas sensações não são experimentadas de forma isolada. A combinação de sentimentos experimentados juntos produz a percepção. É um processo passivo produzido pela combinação de estímulos, que atuam em uma pessoa para produzir sensações e sentimentos variados de acordo com sua história pessoal anterior, sua fisiologia, entre outros fatores. No entanto, as pessoas não são controladas inteiramente por esse processo passivo. Em meio a sensações e sentimentos, é possível escolher os elementos que merecem atenção e os que constituem "apercepção".

O modelo de Wundt funciona do seguinte modo. Suponha que você vá a um café com dois amigos. O cheiro do *croissant* o faz lembrar momentos agradáveis em suas férias na França. Por sua vez, o mesmo cheiro poderá despertar reflexões pessoais diferentes em um dos amigos, talvez ele tenha recebido más notícias enquanto comia um *croissant* e agora associa o cheiro a lembranças tristes. Já para o outro amigo é apenas um cheiro como qualquer outro. Os três estão expostos ao mesmo estímulo físico. A sensação é a mesma, mas não os sentimentos produzidos. As

Wundt mudava a velocidade do metrônomo e pedia aos participantes de suas experiências que relatassem a reação provocada pelo barulho.

percepções e apercepções são diferentes. As lembranças, como a reação a um estímulo, podem ser agradáveis ou não, ou só causarem indiferença como no caso de um dos três amigos.

Alcançando o limite

Embora pensasse que a introspecção esclarecesse os elementos básicos do pensamento, ajudando a entender a consciência e as reflexões mentais em determinados momentos, para Wundt o processo mental mais elevado estava além desse tipo de análise. Em sua opinião, o processo psicológico assim como os processos físicos estão sujeitos a leis específicas, porém essas leis são tão complexas e dependem de tantos fatores que não podem ser avaliadas nem observadas e, portanto, a previsão é impossível.

No entanto, apesar de Wundt pensar que não poderia prever o que se passava na mente de alguém, ele achava que depois de um acontecimento às vezes era possível perceber o que havia acontecido e explicá-lo, ou talvez notar sua inevitabilidade. Essa abordagem de regressão se transformaria mais tarde em um elemento fundamental na psicanálise.

O trabalho de Wundt foi importante, sobretudo, por mostrar que a psicologia experimental era um campo de pesquisa factível. Mais tarde, os críticos objetaram que embora tivesse usado rigor científico em seus métodos de experimentação, a introspecção nunca seria um instrumento com valor científico, por não ser possível mensurá-la ou observá-la de maneira objetiva. Os behavioristas posteriores esquivaram-se desse problema trabalhando com comportamentos mensuráveis e rejeitando os atos mentais que os produzem.

Mas, ainda assim, o interesse de Wundt pelo pensamento e a consciência criou a base da psicologia cognitiva, que surgiu na segunda metade do século XX.

O estruturalismo

O grande número de alunos que estudou com Wundt no laboratório não se limitou à Europa e logo apareceram estudantes de lugares tão distantes como os Estados Unidos. Muitos fundaram departamentos de psicologia em outras universidades, como o da Universidade de Cornell em Nova York, dirigido por Edward Titchener (1867-1927), um ex-aluno de Wundt recém-graduado com o título de doutor.

Enquanto Wundt se dedicou a explicar a mente e o processo mental, Titchener concentrou-se em descrevê-los com precisão científica. Em sua opinião, a explicação de Wundt não tinha fundamento científico e, por isso, suas teorias sobre psicologia experimental eram basicamente científicas. Ele denominou sua abordagem de "estruturalismo", porque queria investigar a estrutura da mente. Seus interesses limitavam-se à consciência, sem relação com o inconsciente ou os instintos.

Titchener desenvolveu as ideias de Wundt a respeito da introspecção e dos elementos mentais, mas sua versão foi bem diferente. Em vez de só observar a reação a estímulos de suas cobaias, ele pedia que observassem a reação e a descrevessem em termos de elementos, dividindo-os o máximo possível. Em vez de dar um nome ao objeto que lhes fora apresentado, os participantes das experiências de Titchener descreviam as sensações que o objeto havia provocado como, por exemplo: quente, pesado, vermelho e assim por diante.

Em sua teoria, os elementos da consciência eram "sensações" (elementos de percepção), "imagens" (elementos de ideias) e "afetos" (elementos de emoções). Titchener diferenciou mais de 40 mil sensações, a maioria referente à visão. O estudo das sensações ocupou grande parte do seu tempo. Ele as avaliou em termos de qualidade, duração, intensidade, clareza e "extensão" (o grau da extensão de uma sensação em uma área ou espaço). As mesmas qualidades foram atribuídas às ideias. Quanto às emoções, o único atributo significativo referia-se à sensação de agradável ou desagradável.

Titchener acreditava que as experiências anteriores tinham influência quando alguém dava sentido a uma situação já vivenciada. Esse raciocínio baseou-se na associação, a ação da mente que fazia associações entre experiências que aconteciam bem próximas, ou que estavam com frequência juntas. Por outro lado, Titchener rejeitou a teoria de apercepção de Wundt.

Dada a estrutura detalhada e o enfoque no rigor científico, a abordagem de Titchener não sobreviveu à sua morte. Ele não estudou vários temas que seriam importantes na psicologia e seu foco na introspecção era problemático. Alguns críticos disseram que, na verdade, era um conceito de retrospecção, de análise de um acontecimento descrito posteriormente. O relato da introspecção estava não só comprometido ou distorcido pela lembrança, como também pelo ato de examiná-la. O tipo de método científico usado por Titchener para estudar a psicologia não foi bem-sucedido, pelo menos quando aplicado dessa forma.

Funcionalismo

Ao mesmo tempo em que Titchener desenvolvia sua abordagem estrutural, um dos mais importantes psicólogos americanos, William James (1842-1910), elaborou uma teoria diferente. O "funcionalismo" concentrou-se não na estrutura estática da mente, e sim na função ou objetivo do processo mental. Essa teoria relacionou a atividade da mente à evolução das espécies de Darwin e fez uma abordagem mais holística e integrada. Ou seja, como a mente funciona para ajudar o ser humano a sobreviver.

Funcionalismo e evolução

A escola da psicologia funcionalista desenvolveu-se a partir da teoria da evolução darwinista. Segundo o princípio básico do funcionalismo, as ações da mente têm função de adaptar o organismo a viver melhor em seu meio ambiente.

Edward Titchener, c.1917.

WILLIAM JAMES (1842-1910)

Nascido em uma família rica e importante de Nova York, James teve contato com as ideias de muitos dos grandes pensadores da época. James estudou nos Estados Unidos e na Europa e falava fluentemente francês e alemão. No início queria ser artista, mas seu pai se opôs à ideia e, então, James decidiu estudar ciências e matriculou-se na Universidade de Harvard em 1861. Em 1864, começou seus estudos de medicina na universidade. Embora tenha se formado como médico em Harvard nunca exerceu a profissão.

Na juventude, James teve diversos problemas de saúde (interrompeu sua viagem com o naturalista suíço Louis Agassiz à Amazônia por causa da varíola e por se sentir nauseado em barcos), assim como sintomas psicológicos, inclusive depressão. Por fim, conseguiu amenizar as crises de depressão ao encontrar uma teoria filosófica que fez sentido em sua vida.

William James foi professor de psicologia durante toda a sua vida e criou o primeiro laboratório para o ensino dessa disciplina no mundo, em Harvard. Foi professor do presidente dos Estados Unidos Theodore Roosevelt, do filósofo espanhol George Santayana e da escritora americana Gertrude Stein, entre muitos outros de seus alunos.

Depois de publicar seu livro seminal, *Princípios da Psicologia* (1890), James afastou-se do campo da psicologia experimental e concentrou-se no estudo da filosofia e dos fenômenos psíquicos. William James foi um dos fundadores da American Society for Psychical Research em 1884.

Autorretrato de William James desenhado em sua agenda durante a fracassada expedição à Amazônia.

MENTE E MÉTODO: COMO E POR QUE NÓS PENSAMOS?

Como o nome indica, o funcionalismo refere-se ao funcionamento da mente. Não estuda a mente como um objeto estático, e sim a mente em ação e o objetivo dessa ação. Em vez de se deter na psicologia do homem adulto, o funcionalismo estuda o comportamento animal, a psicologia infantil e a psicopatologia. Como as pessoas vivem em ambientes diferentes, os motivos que as levam a se adaptar a um ambiente específico são distintos, como a paciência de um professor de autoescola ou a competitividade de um corretor de ações na bolsa de valores. Portanto, o funcionalismo estuda as diferenças entre as pessoas, assim como a base comum que compartilham.

Nascimento da psicologia americana

A publicação de *Princípios da Psicologia* (1890), de William James, marcou o momento da ruptura da psicologia nos Estados Unidos com a filosofia e as tradições europeias no campo da psicologia. Irmão do escritor Henry James, William lecionou em Harvard onde criou um laboratório para o ensino de psicologia em 1875.

A mente desenvolve-se para adaptar uma pessoa ao seu ambiente e às suas necessidades.

O laboratório de Wundt, apesar de ter sido criado quatro anos mais tarde, em geral é considerado o primeiro laborató-

---

COLOCANDO EM USO

Em razão do interesse do funcionalismo na atividade da mente, seu campo de estudo estendeu-se aos processos mentais e ao comportamento. Os funcionalistas interessavam-se pela psicologia como uma ciência prática, com aplicações úteis e não como ciência pura do conhecimento em si. No funcionalismo, encontramos as origens das tentativas de usar a psicologia com o objetivo de melhorar a vida das pessoas, por meio do aprimoramento da educação e do tratamento de doentes. O teste de inteligência foi um instrumento importante na psicologia aplicada no início do século XX. O funcionalismo é uma doutrina pragmática, diferente da teoria estruturalista, que evita a aplicação prática do conhecimento psicológico.

MENTE E MÉTODO: COMO E POR QUE NÓS PENSAMOS?

rio por ser experimental, enquanto o de James foi usado exclusivamente para fazer demonstrações. Com quase 1.400 páginas, *Princípios da Psicologia* apresentou uma visão oposta à de Wundt.

James popularizou a expressão "fluxo de consciência". Ele acreditava que a consciência era contínua, do nascimento à morte, em constante mutação e, por esse motivo, não podia ser dividida, nem imobilizada para que os psicólogos a examinassem. Portanto, na concepção de James, a abordagem dos "elementos da consciência" de Wundt não fazia sentido. Além disso, a consciência tinha importância para uma pessoa pelo fato de ajudá-la a sobreviver e a fazer escolhas úteis.

Segundo James, os instintos e os hábitos eram comportamentos úteis para o organismo, seja de animais ou de seres humanos. Os hábitos, dizia, eram comportamentos que haviam se fortalecido ao longo da vida de uma pessoa. E os costumes, pela ação ou o uso repetido, gravavam-se na memória e na cultura de uma pessoa, sem que representasse um esforço consciente.

No início, James questionou o conceito de livre-arbítrio. Na juventude, o determinismo o exasperou por ser a conse-

A consciência não é um sentido ou uma percepção fragmentada. Palavras como "conexão" ou "vagão" não a descrevem com precisão no momento em que surge pela primeira vez. Não é um encadeamento e sim um fluxo. Um "rio" e um "riacho" são metáforas adequadas para descrevê-la. Seria então fluxo de pensamentos, de consciência ou de vida subjetiva.
William James (1890)

quência inevitável da aceitação da teoria da evolução. Caso a visão materialista da psicologia que aprendera na Alemanha estivesse correta, então todas as ações dos seres humanos seriam a consequência inevitável da neurofisiologia desenvolvida no decorrer da evolução. Neste sentido, não haveria liberdade nas ações dos seres humanos, nem esperança ou escolha na vida. James amenizou suas crises de depressão ao ler um ensaio do filósofo francês Charles Renouvier (1815-1903), que o convenceu de que era possível escolher um pensamento em meio aos muitos que surgissem na mente.

A inspiração teve um impacto significativo em suas teorias psicológicas posteriores. De acordo com James, se fosse possível escolher um pensamento específico entre diversas ideias, definiríamos nossa personalidade e ações. Por sua vez, as ações determinariam como iríamos nos sentir, uma visão oposta ao conceito de que as ações se originam de nossos sentimentos.

Suponha que ao ver um urso se aproximando em uma floresta, você tenha fugido. Uma explicação plausível é ter fugido por medo do urso. Mas para James a fuga é que provoca o medo. O corpo reage instintivamente à visão do urso perigoso, enquanto o cérebro interpreta a fuga como um sinal de medo. Seu conselho para que as pessoas agissem segundo sua escolha, originava-se na crença de que as emoções se inspiram no comportamento. Em consequência, as pessoas deveriam sorrir ao se sentir infelizes, porque essa reação provocaria uma sensação de alegria.

As experiências realizadas no século XX pelos psicólogos sociais Leon Festinger e James Merrill Carlsmith, com o objetivo de examinar a dissonância cognitiva, apoiaram as teorias de James.

James teve grande influência no campo da psicologia, mas seu desinteresse pela psicologia experimental não contribuiu para o desenvolvimento de uma metodologia.

Ascensão do pragmatismo

Em seus últimos anos de vida, James sentiu um interesse crescente pela parapsicologia e procurou um substituto que pudesse prosseguir seu trabalho em Harvard, liberando-o para concentrar suas pesquisas nos fenômenos psíquicos. Ele foi substituído por Hugo Münsterberg (1863-1916), um psicólogo alemão que não se impressionou com o interesse de James pelo misticismo, parapsicologia e as novas teorias da psicanálise. Em sua opinião, não eram temas que pudessem ser inseridos na psicologia, por ser uma ciência predominantemente prática. Na verdade, Münsterberg ignorou a noção do inconsciente, uma questão essencial para a psicanálise, como também os interesses de James pela parapsicologia. O trabalho de Münsterberg focou aspectos práticos da psicologia, como a psicologia forense aplicada à criminalidade e a psicologia nas empresas voltada para o local de trabalho.

Münsterberg foi o primeiro psicólogo a pensar como a psicologia poderia ser aplicada a casos jurídicos, com o argumento de que os interrogatórios de criminosos brutais não tinham um resultado produtivo, porque os suspeitos tenderiam a fazer relatos não confiáveis. Por exemplo, o sus-

MENTE E MÉTODO: COMO E POR QUE NÓS PENSAMOS?

peito poderia dizer o que o interrogador gostaria de ouvir, em vez da verdade, a fim de encerrar o interrogatório. Ou poderia ser inocente e mentiria porque, em seu estado depressivo, queria ser punido. Ele projetou um dispositivo que descobriria a mentira por meio da avaliação de alterações fisiológicas, como batimentos do pulso ou o ritmo da respiração, um projeto que resultou na invenção do detector de mentiras.

Maturidade do funcionalismo

O filósofo e psicólogo americano John Dewey (1859-1952) desenvolveu as teorias do funcionalismo e do pragmatismo em novas direções, a que chamou de psicologia "instrumentalista". Dewey iniciou sua carreira como professor e, em seguida, dedicou-se à filosofia. Seu interesse pela pedagogia o levou a acrescentar os métodos pedagógicos à prática da psicologia.

Retrato de Hugo Münsterberg.

Influenciado pelas ideias de William James, Dewey também defendia a não fragmentação da consciência, mas estendeu esse conceito a um comportamento que não poderia ser dividido em elementos.

Dewey opôs-se à ideia de dividir a ação em três partes – processo sensorial, cerebral e motor –, em resposta a um estímulo externo porque não tinha a visão integrada da experiência. Ao usar o exemplo de uma criança que toca no fogo e recua ao sentir dor, Dewey mostrou que a parte mais importante da sequência era o apren-

Um suspeito de assassinato é submetido ao detector de mentiras, c.1954.

MENTE E MÉTODO: COMO E POR QUE NÓS PENSAMOS?

> "A história do subconsciente pode ser descrita em três palavras: ela não existe."
> Hugo Münsterberg (1909)

dizado causado pela dor e, a partir dessa experiência, o comportamento da criança seria diferente. Nesse contexto, a adaptação a um novo acontecimento ou cenário proporcionada pela experiência era fundamental na vida de uma pessoa. Por sua vez, o comportamento seria a função que ajuda as pessoas a se adaptarem e sobreviverem no ambiente em que vivem.

Liberal que acreditava que a filosofia e a psicologia deviam ter aplicações práticas, Dewey apoiou o direito de voto das mulheres, a democracia liberal, os direitos civis dos negros, a liberdade intelectual e a educação progressista. Ele chefiou a Dewey Commission realizada no México em 1937, que inocentou Léon Trotski dos crimes que lhe foram atribuídos por Stálin.

Em 1906, James Rowland Angell (1869-1949) substituiu Dewey como presidente da American Psychological Association. Em suas palavras, o psicólogo funcional interessava-se pela "atividade mental como parte de um fluxo maior de forças biológicas". Assim, os psicólogos funcionais tinham pontos em comum com a biologia evolucionária, em sua teoria o processo mental ajudava o ser humano a se adaptar e a sobreviver no ambiente em que vive.

A mente e o corpo são unidades indissolúveis, que trabalham juntas para a sobrevivência do organismo. Em razão do vínculo for-

Fotografia de John Dewey ao lado da enfermeira e ativista na luta pelo controle da natalidade, Margaret Sanger, na cerimônia em que a condecorou com a medalha da American Women's Association, em 1932.

te com a teoria evolucionária, os funcionalistas consideravam o comportamento animal e a psicologia infantil instrumentos úteis para seu estudo. Eles conservaram a noção de introspecção e acrescentaram diversas técnicas experimentais ao conhecimento da psicologia.

Ato adaptativo

Na teoria do psicólogo americano Harvey Carr (1873-1954), a "função da adaptação" constituía a essência da abordagem funcionalista ao comportamento. Esse conceito tinha três componentes: primeiro, uma necessidade age como estímulo ao ato (como sede ou o instinto de fugir do perigo); em segundo lugar, há um ambiente específico; e terceiro, uma resposta satisfaz a necessidade. O ambiente é importante pelo efeito que causa: ver um urso no zoológico é diferente de se deparar com um na floresta. O organismo aprende que o comportamento satisfez a necessidade e recorrerá ao mesmo comportamento em uma situação semelhante, uma vez que a ação foi adaptativa, ajudando o organismo a sobreviver com um mínimo de esforço. Esta é a última peça do quebra-cabeça da criança que se queima com fogo.

Psicanálise e abordagem psicodinâmica

Ao mesmo tempo que o funcionalismo surgia nos Estados Unidos, um novo movimento na Europa rejeitava a abordagem objetiva. Em seu consultório em Viena, Sigmund Freud desenvolvia suas teorias referentes à psicanálise, ao inconsciente e às experiências que influenciavam a mente e o caráter do ser humano. A abordagem de Freud começou como um projeto terapêutico para ajudar pacientes com problemas psíquicos, mas logo ele desenvolveu uma teoria a respeito da estrutura e do funcionamento da mente. Seu método terapêutico era subjetivo e consistia em análises profundas ou em conversas com pacientes. Suas teorias baseavam-se em estudos de caso. Essa abordagem tinha deficiências em razão de Freud fundamentar suas ideias em relação à mente, não só em um pequeno grupo de pessoas se-

Na teoria funcionalista, o ambiente é vital na definição de nossa resposta comportamental.

melhantes (cidadãos de classe média de Viena no século XIX), como também em pessoas que sofriam de problemas psíquicos.

A psicanálise não era o único método psicodinâmico na época. Alfred Adler (1870-1937) desenvolveu um método denominado "psicologia individual". Assim como Freud, Adler acreditava que as ações e os estados mentais são determinados por experiências na infância. Enquanto Freud vê a sexualidade e a pulsão sexual como vitais, para Adler o "complexo de inferioridade" é o elemento mais importante na formação do caráter, dos problemas e do comportamento na vida adulta. Todas as abordagens psicodinâmicas são deterministas: os acontecimentos e as experiências precoces da infância são responsáveis pelo conjunto das peculiaridades psíquicas de uma pessoa na vida adulta, o que exclui a ideia do livre-arbítrio.

Ilustração da III Conferência Internacional de Psicanálise realizada em Weimar, em 1911. A conferência contou com a participação de Freud, Carl Jung e Otto Rank retratados nesta fotografia.

O todo indivisível

Durante a década de 1890 e início dos anos 1900, a psicologia foi dominada por duas abordagens opostas – as escolas psicodinâmica e funcionalista – na Europa e nos Estados Unidos. Mas quase ao mesmo tempo surgiram dois novos movimentos. Ambos usaram os questionamentos do estruturalismo e do funcionalismo como ponto de partida. Um deles foi a psicologia da Gestalt, da palavra alemã *Gestalt* (forma), teoria que considerava os fenômenos psicológicos como totalidades indivisíveis. O outro movimento foi o behaviorismo.

O gestaltismo rejeitou a ideia de dividir a consciência, ou estímulo e resposta, em elementos constitutivos bem como a inevitável fragmentação da experiência que resultaria dessa divisão. Os adeptos dessa teoria dizem que não é assim que vivenciávamos o mundo; sentimos a experiência consciente e ela deve ser estudada como um todo indivisível. Nós não vemos partes de um cachorro e as unimos para entender o que é um cachorro, nós o reconhecemos vendo-o e ouvindo-o. O gestaltismo concentrou-se em fenômenos indivisíveis, vivenciados, eventos externos e internos, e comportamentos; usando métodos experimentais para comprovar suas teorias.

MENTE E MÉTODO: COMO E POR QUE NÓS PENSAMOS?

Enxergando a luz

A origem do gestaltismo em geral é atribuída ao psicólogo austro-húngaro, Max Wertheimer (1880-1943), que teve uma inspiração durante uma viagem de trem de Viena à Renânia em 1910. Ao pensar na natureza da percepção, desembarcou do trem em Frankfurt e comprou um estroboscópio, um aparelho que iluminava uma sequência de imagens imóveis em uma rápida sucessão, para dar impressão de imagem em movimento. No quarto do hotel em Frankfurt, Wertheimer fez a experiência de como a velocidade de uma sequência de imagens podia produzir a ilusão de movimento, apesar de sua inexistência (isto é, o movimento provocado pelo estroboscópio).

Mais tarde, no laboratório, Wertheimer fez outra experiência com um equipamento que iluminava de modo intermitente um objeto em diferentes velocidades. Descobriu então que variando a velocidade de duas luzes alternadamente, poderia produzir a percepção de existir apenas uma luz permanentemente acesa, ou então um brilho intermitente, ou ainda a impressão de movimento entre dois pontos (este último foi chamado de "fenômeno phi"). Os olhos podiam se enganar diante de uma imagem. A psicologia da Gestalt parte do evento percebido ou experiência e, em um movimento descendente, procura determinar o que e como foi produzido o evento; sem partir da base, reunindo componentes da percepção ou experiência.

Wertheimer trabalhou em estreita cooperação com os psicólogos alemães Kurt Koffka (1886-1941) e Wolfgang Köhler (1887-1967), que foram suas cobaias nas experiências do fenômeno phi. Os três são citados com frequência como criadores do gestaltismo.

O círculo e a melodia

O filósofo austríaco Christian von Ehrenfels (1859-1932) discutiu a relação entre os elementos de uma percepção sensorial e a compreensão que o espectador tinha da experiência. Por exemplo, ele descreveu a maneira como ouvimos uma música inteira, sem observar nota por nota. Se a melodia fosse tocada em uma nota musical diferente, a música continuava a mesma, apesar da escala musical diferente. (As mesmas notas podiam também ser reutilizadas em outra música.) Ehrenfels denominou essa teoria de *Gestalt-qualität*, ou "atributo do todo", usado no ato da percepção.

O fenacistiscópio usa um disco giratório para criar a ilusão de movimento.

MENTE E MÉTODO: COMO E POR QUE NÓS PENSAMOS?

Wertheimer, um aluno de Ehrenfels, foi mais além nas pesquisas do professor. "A sensação da música não desperta... um processo secundário a partir da soma das partes. Ao contrário, cada parte depende do conjunto." Assim, primeiro ouvia-se a música e só depois o ouvinte a dividia em escalas musicais. Em sua teoria, o espectador via primeiro um círculo e só depois enxergava seus componentes. Ou seja, o espectador tinha uma visão "imediata" do círculo, sem a intermediação de um acréscimo de partes.

Como funciona

Wertheimer e os gestaltistas sugeriram um mecanismo pelo qual as impressões sensoriais são transformadas em percepções pela mente. A mente, diziam, tem campos eletroquímicos pré-existentes, que

A pesquisa de Wolfgang Köhler sobre a capacidade dos macacos de solucionar problemas representou um momento crítico decisivo no estudo da psicologia do pensamento.

ESPIÃO GESTALT: A PESQUISA COM CHIMPANZÉS

Em 1913, o psicólogo alemão Wolfgang Köhler (1887-1967) foi para Tenerife, uma das ilhas do arquipélago das Canárias, com a finalidade de estudar chimpanzés. Köhler viveu sete anos lá. Segundo alguns boatos, reforçados por relatos de dois de seus filhos e do homem que cuidava de suas cobaias, Köhler foi espião alemão durante a Primeira Guerra Mundial. Com um rádio escondido, ele informava à Marinha da Alemanha sobre as atividades da Marinha Real Britânica na área. Quando não havia navios das forças aliadas na costa, os navios alemães entravam para reabastecer no porto de Tenerife. Mas, independentemente das especulações sobre suas atividades, Köhler realizou a pesquisa com os chimpanzés como havia sido sua intenção ao ir para o arquipélago. Por outro lado, sua dedicação à Alemanha não sobreviveu à ascensão do nazismo. Depois de criticar a perseguição aos judeus, Köhler partiu da Alemanha e fixou residência nos Estados Unidos.

MENTE E MÉTODO: COMO E POR QUE NÓS PENSAMOS?

atuam sobre as percepções sensoriais de uma maneira semelhante à ação de um campo magnético sobre partículas de ferro. A partir da interação dos dados sensoriais com os campos de força no cérebro, os campos da atividade mental formam configurações que são experimentadas como percepções.

Lei da precisão

Segundo a psicologia da Gestalt, o cérebro tem a tendência a interpretar fatos ou sensações de maneira simples, simétrica e organizada de acordo com as circunstâncias. Essa tendência pode ser demonstrada experimentalmente ao apresentar diversas imagens a uma pessoa, perguntando-lhe o que vê. Os gestaltistas descobriram que, quando uma pessoa olha uma figura, ocorre uma tentativa de reconhecê-la segundo uma determinada ordem. Na figura a seguir, o espectador vê um triângulo e um quadrado superpostos, e não uma confusão de linhas e ângulos. Os gestaltistas chamaram esse fenômeno de Lei de Prägnanz ("precisão"). Essa teoria deu origem a diversas leis do gestaltismo, que explicam como as pessoas organizam a percepção visual para criar uma ordem em meio a um aparente caos.

A lei da proximidade faz as pessoas verem objetos próximos como grupos. Portanto, os círculos a seguir são vistos como três grupos de 12, em vez de 36 círculos.

A lei da semelhança faz as pessoas agruparem objetos semelhantes. Na imagem a seguir, são vistas três linhas de círculos cinzas e três de círculos pretos, em vez de apenas um bloco de 36 círculos.

A lei da simetria nos induz a agrupar objetos de acordo com a semelhança física. Assim na imagem a seguir, são vistos três

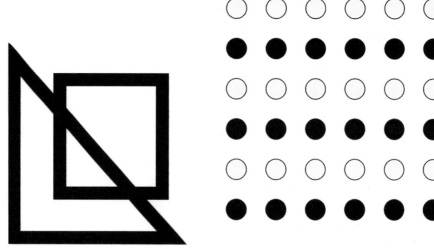

conjuntos de colchetes simétricos e não dois colchetes iguais e um diferente.

[ ] { } [ ]

A lei da experiência anterior domina as outras leis. As pessoas interpretam as imagens que veem com base no conhecimento adquirido. Se estivessem lendo um texto interpretariam o "OO" como letras, um duplo "o", mas se fosse uma página de números veriam um duplo zero.

Na lei do fechamento, as pessoas tendem a ver formas completas. Então, a

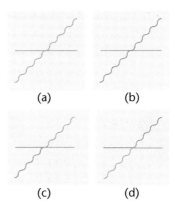

imagem a seguir é vista como um círculo tracejado, e não como uma série de linhas curvas.

A lei da "boa Gestalt" afirma que as pessoas percebem formas e linhas juntas se elas formam um objeto simples, regular e conciso. A imagem da página anterior parece como um quadrado e um triângulo superpostos, não uma forma irregular com oito lados.

A lei da regularidade dos objetos nos leva a agrupar objetos que se movem juntos ou na mesma direção, como os pássaros acima.

A lei da continuidade influencia as pessoas a verem as imagens a seguir como duas linhas que se cruzam, em vez de quatro linhas que se encontram.

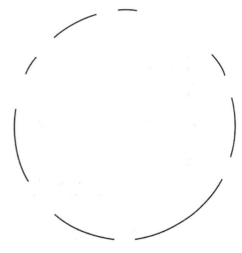

MENTE E MÉTODO: COMO E POR QUE NÓS PENSAMOS?

No gestaltismo, os princípios subjacentes que permitem ao cérebro criar significado para uma imagem chamam-se reificação, emergência, multiestabilidade e invariabilidade.

da frente. A mente do ser humano tenta identificar as duas partes, como no famoso vaso de Rubin a seguir. Um vaso ou duas faces?

• A invariabilidade é a capacidade do ser humano de reconhecer um objeto mesmo em uma posição diferente da habitual, ou se é visto a distância, encoberto pela sombra ou modificado de algum modo.

• A reificação é a tendência de transformar um conceito abstrato em realidade concreta. Na imagem acima as pessoas veriam uma única forma – um triângulo branco – em vez de três círculos pretos com um corte.

• A emergência é a tendência de ver uma imagem conhecida em um padrão de linhas ou formas abstratas. Assim, é possível ver um cachorro dálmata na ilustração ao lado. Logo que a pessoa reconhece o cachorro é difícil não "vê-lo". É o mesmo fenômeno das nuvens e da espuma leite com café que dão a impressão de mostrar a imagem de Cristo ou o nome de Alá.

• A multiestabilidade origina-se da confusão entre o fundo da imagem e a parte

76

A psicologia da Gestalt não está preocupada em explicar as características da percepção, apenas reconhece que elas existem e que isso controla como nós percebemos o mundo.

Em 1935, com a ascensão do nazismo muitos psicólogos gestaltistas partiram para os Estados Unidos. Apesar de esse campo da psicologia não ter mais a antiga influência, muitas das suas teorias foram incorporadas a outras escolas de psicologia.

Comportando-se como você mesmo

Em 1913, um ano depois de Wertheimer iniciar os estudos do gestaltismo, o americano John B. Watson (1878-1958) apresentou suas teorias behavioristas. Na palestra "A Psicologia como os Behavioristas a Veem", ele divulgou em público suas teorias e métodos de investigação psicológica. Antes, suas ideias haviam sido criticadas e diante das críticas Watson assumiu uma posição mais discreta. Contudo, depois da palestra em 1913 não havia como negar o sucesso do behaviorismo. Em suas palavras iniciais, Watson expôs seus argumentos:

"A psicologia na visão behaviorista é um campo experimental objetivo da ciência natural. Seu alvo teórico é a previsão e o controle do comportamento. A introspecção não faz parte de seus métodos, nem o valor científico de seus dados dependem da facilidade com que se prestam à interpretação em termos da consciência. O behaviorista, em seus esforços para obter um esquema unitário de resposta animal, não aceita a ideia de uma linha divisória entre o ser humano e o animal. O comportamento do homem, em toda a sua sofisticação e complexidade, constitui apenas uma parte da pesquisa behaviorista."

O behaviorismo não se preocupa com os eventos internos inacessíveis da mente. Na verdade, muitos behavioristas negaram a validade do conceito de "mente", porque para eles a mente não existe. Watson tem uma visão epifenomenalista (os eventos mentais são subprodutos de processos físicos, mas não podem afetar o corpo). Mais tarde, ele assumiu uma posição monista como descrita a seguir:

"*Nunca ninguém viu, tocou, sentiu o cheiro ou viu [a consciência] se mexer. É uma premissa banal, tão improvável como o antigo conceito da alma.*"

Neste sentido, o behaviorismo abordou a experiência e a natureza do ser humano apenas no que podia ser observado e avaliado – o comportamento.

John Broadus Watson fotografado em 1929.

JOHN BROADUS WATSON (1878-1958)

Watson nasceu na Carolina do Sul de uma mãe profundamente religiosa e de um pai alcoólatra. Seu incomum segundo nome era uma homenagem a um pastor da Igreja Batista. O fervor religioso da mãe, com o correspondente horror ao fumo, à bebida e a festas com danças, incutiu-lhe um permanente ódio à religião. Quando Watson tinha 13 anos, o pai abandonou a família e foi viver com duas índias cherokees.

Watson não foi um bom aluno na escola. Os diretores e professores o descreviam como preguiçoso e indisciplinado, e foi preso duas vezes por ter brigado e atirado em local público. Ele usou os contatos da mãe para ingressar na Furman University, onde se formou com sucesso.

Depois de trabalhar um ano como zelador em um colégio, Watson foi estudar filosofia na Universidade de Chicago com John Dewey. Obteve o título de doutor com sua pesquisa sobre o processo de aprendizado em ratos brancos. Em 1909, começou a trabalhar como editor da revista *Psychological Review*, em substituição a James Baldwin, que fora despedido após ter sido visto em um prostíbulo.

Watson usou seu cargo de editor da revista para divulgar suas teorias behavioristas. Por ironia, foi demitido do cargo de professor da Universidade John Hopkins em 1920 por causa da relação com sua aluna de graduação e assistente de pesquisa, Rosalie Rayner. Depois de se divorciar da esposa, Watson casou-se com Rosalie, mas o convívio feliz foi interrompido prematuramente com a morte dela, aos 36 anos.

Após abandonar a carreira acadêmica, Watson começou a trabalhar em publicidade, no início com um cargo modesto que conseguira por intermédio de um contato de Titchener, mas obteve um sucesso espetacular na nova profissão, com o uso de seu conhecimento do comportamento humano e da psicologia. Essa foi a primeira experiência da psicologia no campo da publicidade. Dois anos depois, ele foi nomeado vice-presidente da agência J. Walter Thompson (atual JWT). Ele continuou a publicar artigos em revistas mais populares e em livros para leigos, em especial na área infantil. Sua experiência com o pequeno "Albert" e sua abordagem à educação de crianças, na qual aconselhou os pais a educarem os filhos como se administrassem uma empresa, sem a interferência prejudicial do afeto filial, tiveram grande repercussão.

Watson usou seu conhecimento de psicologia comportamental para criar o anúncio do Maxwell House Coffee.

O behaviorismo não teve sucesso imediato. Representava uma mudança significativa nas teorias e métodos da psicologia e, portanto, sua aceitação foi mais lenta. Mas depois dominou a psicologia em quase todo o século XX. Durante cerca de quarenta anos o behaviorismo foi a mais importante escola no campo da psicologia. Algumas das experiências mais célebres e inovadoras no século XX resultaram de projetos behavioristas.

Watson interessou-se pelas descobertas de Pavlov referentes ao condicionamento clássico com o uso de cães como cobaias. Watson escolheu como ponto de partida para suas pesquisas os instintos, reflexos e o condicionamento, como modelos para explicar o comportamento dos seres humanos. Ele trabalhou por muito tempo com crianças pequenas pelo fato de ser mais fácil perceber os instintos, sem a barreira da experiência e do aprendizado. Watson e outros behavioristas, como Edward Thorndike, Edward Tolman e B.F. Skinner, também trabalharam com animais como cobaias.

ENGANAR E SALIVAR

O condicionamento clássico foi descoberto pelo cientista russo Ivan Pavlov (1849-1936) a partir de suas experiências com cachorros em torno de 1903. No início, Pavlov pesquisou o reflexo que produzia a saliva e os sucos estomacais como reação ao cheiro ou ao gosto de carne. Em seguida, treinou cachorros para esperar receber comida, quando estivessem expostos a determinados estímulos como o som de um sino, o tique-taque do metrômano ou um assobio. Assim que os cachorros associavam o som à comida, eles começavam a salivar mesmo sem ver o alimento. Pavlov denominou sua experiência de reflexo condicionado (hoje, chamada de resposta condicionada).

Pavlov também fez experiências semelhantes com crianças, o que, atualmente, seria considerado antiético.

Psicologia comparada

Os behavioristas foram os primeiros a usar animais em seus estudos. Com métodos que dependiam da introspecção, como os das escolas estruturalista e funcionalista, os animais não podiam ser objeto de estudo. Mas para os behavioristas eram cobaias ideais. Não havia possibilidade de as cobaias mudarem seu comportamento para agradar ou frustrar o pesquisador, nem a hipótese de o pesquisador influenciar o comportamento da cobaia, ou de ter interesse em investigar acontecimentos mentais subjacentes ao comportamento. Muitos behavioristas, entre eles Watson, trabalharam com ratos brancos (cobaia preferida em pesquisas de laboratório por ser esperta, pequena, fácil de cuidar e atingir a maturidade com rapidez). Edward Thorndike trabalhou com gatos como cobaias; Edward Tolman com ratos; B.F. Skinner com ratos e pombos).

> "Os ratos vivem em jaulas; eles não saem à noite para se divertir no dia anterior à experiência; eles não se matam em guerras... não têm conflitos de classe ou raciais; evitam a política, a economia e os artigos sobre psicologia. Os ratos são maravilhosos, puros e agradáveis."
> Edward Tolman (1945)

Fazendo de propósito

Mais tarde, Watson encontrou um forte opositor às suas ideias. William McDougall (1871-1938), um psicólogo inglês, que assumiu a cátedra de psicologia em Harvard em 1920, concentrou sua atenção no comportamento intencional. Watson, ao se dedicar ao estudo do comportamento reflexo, não teve dificuldade em ignorar ou negar o estudo da mente. No entanto, um comportamento deliberado e não uma simples reação a um determinado estímulo exige a ação da mente. McDougall definiu o comportamento intencional do seguinte modo:

- Tem uma meta.
- Não é reação a um estímulo do ambiente.
- É diversificado – usa meios diferentes para atingir a meta.
- É persistente – demonstra constância, a menos que surja um obstáculo ou seja alcançado seu objetivo.
- Tem constante aperfeiçoamento – melhora quando atinge as metas por meio de tentativas, erros e práticas.

Em vez do estímulo externo que provoca o comportamento reflexo, McDougall citou os motivos instintivos que estimulam o comportamento intencional. Em sua forma mais simples é o instinto de alguém procurar comida ao sentir fome. Um instinto produz mudanças na percepção (perceber a comida quando faminto), no comportamento (fazer coisas para obter ou encontrar comida) e na emoção (ter uma sensação positiva em relação a fatos referentes à comida, como a sugestão de ir a um restaurante). Na maioria das vezes, os instintos não agem sozinhos, e sim em configurações. Dois ou mais instintos associados a uma ideia formam um sentimento. Sua lista de instintos inclui a fuga, a repulsa, o acasalamento, a curiosidade, a procura por comida, a afirmação, o riso, a proteção aos filhos e a luta.

Watson rejeitou a ideia de instintos como uma parte da psicologia do ser humano e acreditava que todo o aprendizado se baseia em associações, que constituem a essência do condicionamento clássico de Pavlov. Sua teoria opunha-se à tese de McDougall, cujo modelo centrava-se nos instintos e acreditava que todo aprendizado era baseado no reforço, ou seja, o comportamento se repetia quando bem-sucedido na realização de metas. Os dois tiveram um debate célebre em Washington D.C. em 1929, em que ambos defenderam suas teorias com firmeza. McDougall, que dissera que o modelo de Watson excluía o prazer de ouvir o som de um violino, venceu a discussão por uma pequena diferença de argumentos convincentes.

MENTE E MÉTODO: COMO E POR QUE NÓS PENSAMOS?

> *Entro no salão e vejo um homem em pé em uma plataforma removendo as vísceras de um gato com pelos da crina de um cavalo; e as mil pessoas sentadas em silêncio seduzidas pela cena começam a aplaudir com entusiasmo. Como os behavioristas explicariam esses incidentes estranhos?... O bom senso e a psicologia diriam que o público ouvira a música com muito prazer... Mas os behavioristas desconhecem o que possa ser prazer e dor, admiração e gratidão. Eles desprezam essas "entidades metafísicas" como se fossem um monte de poeira e, portanto, precisam encontrar outra explicação. Mas que seja. A busca os manterão ocupados sem causar nenhum dano durante alguns séculos.*
>
> William McDougall (1929)

Um pouco mais de behaviorismo

Watson foi um adepto do positivismo. Segundo suas teorias, dados objetivos são a única meta válida e confiável da ciência. Watson também queria que a psicologia ajudasse a fazer previsões quanto ao comportamento e sugeriu formas de controlá-lo (sua carreira de publicitário bem-sucedido foi uma prova da aplicação de suas ideias no campo da psicologia). Mas os dois objetivos eram incompatíveis, porque sem uma explicação para os comportamentos observados, como fazer previsões? Para Watson a única possibilidade seria o condicionamento clássico.

Outra reação ao behaviorismo surgiu do positivismo lógico. De acordo com behavioristas americanos, como Edward Tolman (1886-1959), Clark Leonard Hull (1884-1952) e, por fim, B.F. Skinner (1904-1990), o behaviorismo afastava-se dos estudos atomistas em relação ao comportamento dos estudos de Watson para abranger, nas palavras de Tolman, comportamentos indivisíveis como:

"Um homem que vai para casa jantar ou uma criança que se esconde de um estranho."

MENTE E MÉTODO: COMO E POR QUE NÓS PENSAMOS?

> **POSITIVISMO LÓGICO**
>
> Segundo o positivismo, devemos confiar na evidência empírica. Essa premissa constituiu o cerne da ciência por muitos séculos, mas foi contestada no início do século XX. Não era mais possível atribuir todos os fenômenos a fatos observáveis. A evolução científica exigia, por exemplo, uma explicação da estrutura do átomo ou do magnetismo e, portanto, teria de usar algumas teorias que não podiam, na época nem agora, ser demonstradas diretamente. Alguns filósofos que participaram de uma conferência em Viena em meados da década de 1920 sugeriram uma solução para o impasse denominado "positivismo lógico" pelo filósofo austríaco Herbert Feigl (1902-1988), que permitia o uso de termos teóricos desde que tivessem ligação com a evidência empírica baseada em uma lógica rigorosa.

nição em seu modelo teórico, Tolman afastou-se das teorias behavioristas propostas por Watson e seguiu a linha adotada mais tarde pela escola cognitiva no século XX. Infelizmente, sua teoria era tão complexa em razão das inúmeras variáveis intervenientes, que não foi possível processar todas as informações em uma época anterior à invenção dos computadores. Mas as ideias de Tolman influenciaram as teorias da terapia cognitivo-comportamental (TCC) desenvolvida em parte com base em seu modelo de comportamento intencional e construção mental.

Redução do impulso

Clark Leonard Hull também seguiu a teoria do behaviorismo cognitivo. Hull acreditava que o reforço era essencial para o aprendizado. Em seu modelo teórico, uma necessidade biológica cria um impulso e qualquer comportamento que diminua essa pulsão é reforçado. Então, se alguém sente muito calor, o instinto biológico o

Temível retorno da cognição

Por fim, Tolman incorporou as noções de objetivo e cognição às teorias behavioristas rotulando-as de "variáveis intervenientes", que se processam entre os acontecimentos do ambiente e o comportamento. Um acontecimento no ambiente (variável independente) provocaria um pensamento (variável interveniente) que, por sua vez, resultaria em um comportamento observável (variável dependente). Os pensamentos são definidos segundo uma lógica vinculada ao comportamento observável.

Ao incluir as noções de objetivo e cog-

MENTE E MÉTODO: COMO E POR QUE NÓS PENSAMOS?

fará tirar o casaco e, assim, esse impulso se repetirá sempre que sentir calor. As ações repetitivas criam hábitos. Essa teoria assemelha-se à ideia de Tolman de uma variável interveniente entre o estímulo e o comportamento, mas nesse caso a variável era fisiológica (um impulso biológico), em vez de mental.

Aprendizagem latente

Na visão de Tolman nem sempre um impulso era necessário para iniciar um aprendizado. A partir de suas experiências comportamentais com ratos, ele concluiu que o ser humano tem um aprendizado contínuo, mas o processo de aprender só se manifesta quando necessário. Os ratos aprendiam com rapidez a andar em labirintos por instinto, independentemente de necessitarem. Se fossem colocados no labirinto quando estivessem sem fome eles saberiam onde estava a comida, mas não se aproximariam. Se voltassem mais tarde com fome para o labirinto, iriam direto para o local onde estava a comida, já que eles haviam aprendido onde estaria.

Tolman sugeriu que os ratos construíam um mapa cognitivo do mundo ao redor deles, a partir de um padrão de hipóteses, tentativas mentais e erros. Quando uma hipótese era confirmada, os ratos a incorporavam. Em seus estudos, Tolman destacou a teoria do aprendizado de conexões entre estímulos e, assim, em vez da teoria E-R (estímulo-resposta), o seu princípio teórico baseava-se E1-E2.

Retorno ao comportamento

B.F. Skinner foi o mais célebre behaviorista e um dos mais importantes psicólogos do século XX. Assim como Watson, Skinner não se interessou pela atividade mental, nem mesmo como um tipo de variável interveniente. Em sua opinião, a observação da análise funcional do ambiente e do comportamento era suficiente; segundo Skinner, como os acontecimentos mentais

> "A ciência da experiência subjetiva nada acrescenta à teoria do comportamento, assim como uma ciência que estuda a reação dos seres humanos diante do fogo não contribui para a ciência da combustão."
> B.F. Skinner (1974)

são inacessíveis, não há motivo para pensar a respeito deles. Ele não via um lugar na ciência para o "eu" nem para os pensamentos que esse "eu" poderia ter.

Skinner também fez experiências com ratos e usou-os para estudar o aprendizado como resposta ao estímulo. Em suas experiências usou um tipo especial de caixa, que lhe permitia aplicar uma variedade

MENTE E MÉTODO: COMO E POR QUE NÓS PENSAMOS?

de estímulos aos ratos e observar como aprendiam melhor. Na teoria de Skinner, o behaviorismo deveria ter usos práticos para beneficiar a sociedade. Suas opiniões no campo da educação baseavam-se nas evidências dos experimentos com ratos. Mais tarde defendeu o uso da modificação comportamental como forma de terapia para pessoas que tinham comportamentos indesejáveis, como vícios, fobias e perturbações mentais. Em sua opinião esses comportamentos haviam sido reforçados no passado e, portanto, para modificá-los era necessário reforçar tipos alternativos de conduta.

Defendendo o ser humano

Grande parte dos trabalhos dos behavioristas foi realizada em experiências com animais. De acordo com o princípio central do behaviorismo, o aprendizado dos animais e dos seres humanos é comparável do ponto de vista biológico. Em razão da indiferença dos behavioristas em relação à atividade mental e à afirmação de sua inexistência, com frequência é mais fácil e válido fazer experiências com animais que seriam tão válidas quanto aquelas com seres humanos. Essa teoria da corrente behaviorista não foi adotada pelas duas escolas de psicologia, que surgiram na segunda metade do século XX. Ambas se concentraram nos aspectos da cognição humana e nas estruturas mentais.

Retrato de Abraham Maslow, o precursor da teoria humanista da capacidade de autorrealização do ser humano.

MENTE E MÉTODO: COMO E POR QUE NÓS PENSAMOS?

A primeira escola humanista de psicologia explorou temas como a formação da personalidade, como os seres humanos encontravam sentido na vida, o que os estimulava, e o que significava ser humano. Abordou os estudos da motivação, do crescimento pessoal, das metas e do ego. Nesse contexto, as experiências com gatos, ratos e pombos em labirintos e caixas não faziam parte de suas pesquisas.

A abordagem humanista à psicologia originou-se do trabalho de Abraham Maslow (1908-1970). Nascido em Nova York de uma mãe a quem detestava e o mais novo de sete filhos, ele não teve um início de vida fácil. Foi uma criança emocionalmente instável e sofreu perseguições antissemitas. Maslow trabalhou durante algum tempo com Alfred Adler (1870-1937), um dos primeiros colegas de Freud, e essa experiência o convenceu que queria estudar a psicologia de uma mente saudável, um caminho mais feliz do que a análise de distúrbios psicológicos. No entanto, apesar dessa opção, não se opôs totalmente à abordagem de Adler e, assim como Freud e Adler, concentrou suas experiências em relatos pessoais de pacientes. A elaboração da "hierarquia das necessidades", aspecto mais conhecido de seu trabalho, ainda é frequentemente citada no campo da psicologia aplicada à administração, assim como seu conceito de "autorrealização", e "experiências de pico", momentos de felicidade arrebatadora.

Maslow e o cofundador da escola humanista, o americano Carl Rogers (1902-1987), rejeitaram a abordagem científica empírica. Ambos usaram métodos qualitativos e subjetivos como relatos biográficos ou autobiográficos, aplicaram questionários, fizeram entrevistas desestruturadas e observações, além de estudos de caso. O objetivo deles era descobrir como algumas pessoas tinham sido bem-sucedidas na vida. Maslow e Rogers concentraram seu trabalho nas experiências individuais e fizeram descobertas muito interessantes no campo da subjetividade, que não teriam sido possíveis com uma abordagem científica mais rigorosa. Examinaremos mais o trabalho desses dois psicólogos no Capítulo 6.

Abordagens cognitivas

A psicologia cognitiva foi o segundo método no século XX que rejeitou as experiências com animais. É um campo de estudo amplo, uma vez que a psicologia por definição se refere à cognição e à atividade mental, embora o behaviorismo tenha negligenciado esses aspectos durante alguns anos. A psicologia cognitiva atual tem uma série de abordagens, como processamento da informação, cibernética, linguística, neurologia, além das principais tradições da psicologia. Apesar de a pesquisa em psicologia cognitiva ser realizada em experiências em laboratório ou com cobaias humanas, algumas também usam a tecnologia computacional.

Problemas das experiências cognitivas

As experiências com seres humanos, a menos que estejam direcionadas apenas ao comportamento sem antecedentes cognitivos, invariavelmente têm um elemento caótico e subjetivo. Antes era comum enganar uma pessoa quanto ao objetivo do teste a que estava sendo submetida. Esse método fazia a pessoa dar atenção especial ao aspecto que acreditava estar sendo observado, e como reação intencional ou não poderia alterar seu comportamento. Mas, ao mesmo tempo, agiria com mais naturalidade em outros aspectos, inclusive, naquele que estava sendo analisado pelo pesquisador.

Por exemplo, um grupo de voluntários se sentaria em uma sala para responder por escrito a um teste de inteligência. Enquanto estavam concentrados no teste alguém roubava a carteira de dinheiro do paletó de um deles. Os voluntários pensavam estar apenas fazendo o teste. Porém, na verdade, os pesquisadores queriam ver como reagiriam ao roubo.

A psicologia cognitiva é um campo de estudo muito diversificado e pode ser mais bem compreendido pelos diversos estudos que discutiremos em outras passagens deste livro.

Psicologia social

A psicologia social, um movimento que surgiu no século XX, analisou o comportamento das pessoas em um grupo e as relações que estabelecem com os demais membros do grupo. A psicologia social teve uma influência maior depois da Segunda Guerra Mundial, quando os psicólogos começaram a se interessar pelo estudo do comportamento de uma pessoa perante alguém com mais ou menos poder. Alguns dos mais importantes estudos no campo da psicologia são atribuídos aos psicólogos dessa escola, como o estudo referente à obediência de Stanley Milgram e a pesquisa a respeito do comportamento de prisioneiros e guardas, quando não sofriam coerção, de Phil Zimbardo.

Muitos psicólogos da escola social realizaram experiências de campo, mas nem todas as situações pesquisadas apresentavam-se no mundo real. A experiência de Zimbardo, por exemplo, não poderia ter sido realizada em uma prisão real, porque os guardas obedeciam a determinadas regras. Uma experiência realizada em laboratório não tem autenticidade total e sempre se questionará até que ponto os resultados poderiam ser estendidos a situações comuns fora do laboratório. Por sua vez, o estudo de campo não permite que o pesquisador tenha pleno controle das variáveis.

Um exemplo esclarece essa dicotomia. Em 1968, Irving e Jane Piliavin realizaram uma pesquisa sobre o comportamento de um espectador diante de uma emergência. Os pesquisadores contrataram atores para embarcar no metrô em Nova York e fingir um desmaio. Os pesquisadores estavam presentes como observadores e examinaram a reação dos passageiros. Eles repetiram a experiência com "vítimas" e abordagens diferentes. Três dessas "vítimas" eram brancas e uma era negra, mas todas se vestiam igual. Uma fingiu estar bêbada, a outra sóbria, porém se apoiando em uma bengala (um sinal de incapacidade física). Essas eram variáveis que os pesquisadores podiam controlar. Outras variáveis eram imprevisíveis como a quantidade de pessoas dentro do metrô e a representatividade delas como grupo social.

Os pesquisadores estavam interessados em observar a rapidez com que a ajuda era oferecida, o gênero e o perfil racial dos que ofereciam ajuda. Em seu estudo, os homens foram mais atenciosos do que as mulheres, e as vítimas "bêbadas" recebiam menos ajuda do que as que se apoiavam em bengalas (quase metade em uma comparação de 95%). Os pesquisadores concluíram que, em situações de emergência, as pessoas, inconscientemente, avaliavam as consequências de seus atos, o que lhes custaria (talvez repugnância, constrangimento, risco de ser agredido ou do bêbado vomitar em cima delas) e o que poderiam receber em troca (elogios, consciência de ter praticado um ato de generosidade etc.). Eles descobriram, ao contrário de outros estudos, que o número de passageiros não influenciava o rápido oferecimento da ajuda. Em geral, o "efeito do espectador" significava que as pessoas tinham menos tendência a ajudar se houvesse outros passageiros, porque a responsabilidade diluía-se e era mais fácil pensar "isso não é problema meu", outras pessoas poderão resolvê-lo.

Selecionar e Misturar

A partir do final do século XX, a psicologia não mais foi dominada por uma escola específica. Surgiram diversas doutrinas que coexistiam em harmonia. Assim, algumas correntes usaram métodos já utilizados e novos procedimentos experimentais se apoiaram em tecnologias que antes não existiam.

Algumas áreas do cérebro, por exemplo, podem ser pesquisadas com exames de ressonância magnética nuclear (RMN), que mostram as partes do cérebro que reagem a um determinado estímulo ou a uma atividade. A RMN também compara as estruturas de cérebros diferentes. As características dos cérebros dos psicopatas têm

As pessoas têm tendência a ser menos atenciosas na presença de outras?

ESTUDOS DE CASO

No ano 2000, Eleanor Maguire, da University College em Londres, fez um exame de ressonância magnética nuclear (RMN) em cérebros de motoristas de táxi de Londres. Ela comparou os resultados com os de um grupo controle composto por homens de idade e perfil semelhantes. Em sua pesquisa Eleanor Maguire verificou que o hipocampo posterior dos motoristas de táxi era bem maior do que a estrutura anatômica do grupo controle. Essa área do cérebro é importante para o raciocínio espacial. Para ter permissão de dirigir táxis em Londres, os motoristas fazem um curso de quatro anos de aprendizado de visualização e memorização de caminhos pelas 25 mil ruas da cidade (um processo chamado de aquisição de "Conhecimento") e, por isso, o hipocampo era exercitado continuamente.

Maguire concluiu que essa parte do cérebro se adaptava com o uso e se expandia como um músculo ao ser exercitado. Os motoristas de táxi também tinham um hipocampo anterior menor do que o grupo controle, o que sugeriu uma redução para dar espaço à expansão do hipocampo posterior. A pesquisadora também concluiu que o tempo de trabalho como taxista acentuava ainda mais a diferença entre os cérebros desses dois grupos examinados. Em um estudo subsequente, ela examinou motoristas de táxi aposentados e constatou que o hipocampo diminuía com a ausência de exercício mental. Enquanto os taxistas faziam uma simulação no computador, Maguire fez uma RMN no cérebro deles e descobriu que o hipocampo ficava ativo quando os motoristas pensavam nos caminhos a seguir. Além da importância de mostrar a área do cérebro usada no raciocínio espacial, sua pesquisa revelou que o cérebro se adaptava e crescia, mesmo em uma pessoa adulta.

diferenças marcantes do cérebro de pessoas sem distúrbios mentais, ou o cérebro dos motoristas de táxi cujo raciocínio espacial é muito maior do que o de um grupo de controle (ver quadro acima).

Além disso, a psicologia passou a ser uma ciência cada vez mais multidisciplinar. Um número crescente de estudos utiliza-se da psicologia, entre eles a terapia, a educação, a administração, o marketing, a sociologia, a computação, engenharia social e ciência política. É difícil delimitar o início e o fim da psicologia.

CAPÍTULO 4

Como nós SABEMOS: o conhecimento é inato ou adquirido?

A alma é o sentido da visão e da audição; [os olhos e os ouvidos] são apenas janelas da alma; assim, a alma só tem capacidade de percepção ao se manifestar.

Cícero (106-43 a.C.), filósofo romano,
Tusculanae Quaestiones (c.45 a.C.),

Adquirir conhecimento é uma das principais funções do cérebro. A aquisição do conhecimento tem intrigado filósofos e psicólogos há séculos. O que acontece no cérebro durante o processo de aprendizagem? Como armazenamos o conhecimento? Como selecionamos o que lembrar? Como relembramos mais tarde? E por que esquecemos algumas coisas, porém não conseguimos esquecer fatos traumáticos?

O ser humano nasce com um conhecimento inato, ou ele é adquirido por meio da percepção e da experiência?

Maneiras de adquirir conhecimento

Conhecimento demonstrativo e empírico

Segundo o filósofo britânico David Hume (1711-1776), só existiam dois tipos de conhecimento, o "demonstrativo" e o "empírico". O conhecimento demonstrativo, produzido pela imaginação e razão, é abstrato; a mente humana reúne dados que não necessariamente têm relação com o mundo real. A matemática e outros conhecimentos teóricos inserem-se nessa categoria. O conhecimento empírico baseia-se na experiência e é mais confiável e útil. Para Hume, o resto era "sofisma e ilusão", inclusive a religião e a metafísica.

De acordo com a teoria de Hume, a construção do conhecimento pode acontecer de duas formas: no mundo externo ou no interno. Ao ver um cachorro andando na rua, o novo conhecimento – os cachorros andam na rua – envolve o processamento da informação referente ao mundo por meio dos sentidos. Portanto, é um conhecimento empírico. No entanto, o pensamento de gostar ou não de cachorros é um processo interno da mente e, por esse motivo, significa um conhecimento demonstrativo. Os filósofos têm opiniões diferentes a respeito da confiabilidade relativa das diversas fontes do conhecimento.

Racionalismo *versus* empirismo

O conhecimento demonstrativo e o empírico estão relacionados a diferentes escolas de pensamento, que remontam à Grécia Antiga: o "empirismo" e o "racionalismo". O empirismo prioriza as evidências do mundo externo na aquisição de conhecimento. Aristóteles defendeu esse conceito, porque, em sua concepção, apenas a informação que podia ser testada pelos sentidos do ser humano constituía a base sólida da razão e do conhecimento. Na visão oposta, do racionalismo, o conhecimento é adquirido por meio da razão. Platão tinha uma visão racionalista e afirmava que os sentidos do ser humano percebem a realidade de maneira imperfeita e, por isso, as impressões dos sentidos não são uma base confiável para o conhecimento. A razão, faculdade mais elevada e notável da humanidade, é o único meio de apreender um conhecimento sólido.

Retrato do filósofo David Hume.

No final do século XVI e início do século XVII, o empirismo e o racionalismo foram defendidos por dois intelectuais importantes, que definiram os conceitos de um debate que se prolongaria durante séculos. O filósofo e cientista inglês Francis Bacon (1561-1626) não confiava na razão e acreditava que o único conhecimento confiável vinha da observação do mundo real. Como o ser humano só percebe o mundo real por meio dos sentidos, as percepções sensoriais são a essência da compreensão. Em sua opinião, as pessoas tendem a adotar ideias e concepções enviesadas já incorporadas, o que "colore" suas percepções, ao pensar teoricamente. Tendem também a discutir o significado das palavras, em vez da natureza real do fenômeno. Sua visão de que todos os conhecimentos válidos podem ser verificados pela observação empírica mais tarde evoluiu para a teoria do "positivismo".

Por sua vez, o filósofo francês René Descartes (1596-1650) foi um defensor veemente da razão. Incapaz de confiar em sua percepção do mundo externo, decidiu adquirir um conhecimento firme e preciso, sem depender dos sentidos. Nesse contexto, Descartes foi um "racionalista". A influência de seu pensamento é tão importante que a maioria dos filósofos no século seguinte elaborou suas teorias com questionamentos, defesa e contestações de aspectos da filosofia cartesiana.

A percepção é real, mas e o objeto percebido?

Hume, um dos mais importantes empiristas ingleses, afirmava que as percepções eram o fundamento da aquisição

do conhecimento e que o ser humano só podia confiar nas experiências sensoriais. Mas a pergunta se o que percebemos tem relação com a realidade não obteve resposta. Hume não foi o único a formular esse pressuposto; no século V, os sofistas diziam que não existia um conhecimento real. O psicólogo alemão Franz Brentano (1838-1917) defendia a ideia que embora pudéssemos confiar inteiramente em nossas percepções, como ao ouvir um som ou ver uma bola, não podíamos ter certeza de que a percepção se relacionava ao mundo externo. Segundo Brentano, ouvir e ver são percepções internas; a percepção sensorial do mundo externo só seria capaz de proporcionar teorias em relação ao "objeto" percebido e não a fatos.

Bom senso

Enquanto Hume acreditava racionalmente na evidência dos sentidos, para seu contemporâneo Thomas Reid o bom senso faz o ser humano confiar em seus sentidos como uma forma de vivenciar as experiências da vida sem grandes conflitos; sem o bom senso, mesmo na visão de Hume, estaríamos "confinados a um hospício".

Immanuel Kant (1724-1804), um dos filósofos mais importantes e influentes do pensamento ocidental, concordava com Hume a respeito da não confiabilidade dos sentidos. Kant referia-se aos objetos que constituíam a realidade externa, a realidade tal como existe em si mesma, "a coisa em si", como um nômeno. Seria impossível ter certeza da existência dos objetos da realidade externa se fossem mediados apenas pelos sentidos.

Assim, só conheceríamos os fenômenos, as aparências dos nômenos, já que

Reid não acreditava que a razão era necessária para interpretar a evidência dos sentidos, porque percebíamos os fatos, objetos e acontecimentos diretamente, sem processar as sensações. Segundo Reid, as crianças e muitos adultos não têm o poder da razão e, portanto, os sentidos não os beneficiariam e seriam incapazes de viver se fosse preciso ter um pensamento complexo para entender as percepções.

Nos filmes da trilogia Matrix, os personagens vivem em um mundo ilusório criado por um computador. É possível, então, confiar em nossas percepções?

eles foram modificados pela percepção sensorial e por categorias de pensamento. A grande diferença entre Hume e Kant situa-se nas categorias de pensamento. O Capítulo 5 explora mais essa questão.

COMO NÓS SABEMOS: O CONHECIMENTO É INATO OU ADQUIRIDO?

Sensação e percepção

Não importa se os sentidos dos seres humanos são confiáveis ou não como mediadores do mundo externo (se houver um mundo externo), porque, como disse Reid, é através dos sentidos que o ser humano interage com o mundo que o cerca. A interação psicológica com o mundo externo e com o nosso corpo físico é resultado dos processos de sensação e percepção. Os dois processos têm uma ligação íntima, embora não muito evidente. A sensação se produz por meio dos sentidos de visão, audição, paladar, tato e olfato, assim como pelos mecanismos sensoriais de dor e calor. A percepção dá sentido à sensação, à compreensão da informação sensorial. Com frequência, os dois processos acon-

O tato é uma maneira de sentir o mundo ao nosso redor.

tecem juntos em uma simbiose "sensação/percepção", quando os psicólogos não fazem a distinção entre os dois.

Mais uma vez o fantasma e a máquina

Nesse processo de interação entre a sensação e a percepção, o corpo e a mente se comunicam, ou são um só. Suponhamos que alguém corte o dedo. Existem níveis diferentes de reação:

- O dedo sangra: essa é uma reação mecânica das leis da matéria e da dinâmica dos fluidos. Aconteceria o mesmo se um cano de água fosse cortado.
- A pessoa sente dor: a dor é uma manifestação física e mental, na qual o corpo e a mente trabalham juntos. A dor começa como um estímulo de um nervo, uma sensação. No cérebro, a sensação é interpretada (percebida) como dor.
- Seria possível também que a pessoa sentisse raiva, susto ou outra emoção por ter se ferido: é um processo mental por meio de associações e não pelo estímulo dos nervos.

O médico grego Alcméon de Crotona (século V a.C.) foi a primeira pessoa a fazer uma dissecção do corpo humano. Ao estudar a anatomia do caminho do nervo óptico até o cérebro, tanto em seres humanos quanto em animais, ele descobriu a conexão entre os sentidos e o cérebro. Alcméon testou a função do nervo óptico cortando-o em animais e examinando o resultado. A partir de suas experiências,

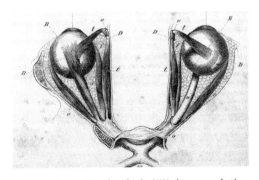

Ilustração do século XIX do nervo óptico.

95

concluiu que a percepção, o pensamento, a memória e a compreensão eram processados no cérebro, embora a fonte da informação se originasse nos órgãos sensoriais. Hoje, concordamos com Alcméon, mas diversos estudiosos ao longo dos séculos viram esse processo de uma maneira muito diferente.

O filósofo grego Epicuro (341-270 a.C.), um adepto do monismo, sugeriu que a mente é constituída de uma matéria fina, que se distribui pelo corpo e, assim, a mente e o corpo formam uma única estrutura. A sensação e a percepção são resultado da integração da mente com as partes do corpo e com seu funcionamento.

O filósofo romano Lucrécio (99-55 a.C.) acreditava que a alma era dotada de existência individual e a dividia entre a parte pensante (*animus*) e a parte sensitiva (*anima*). A parte pensante, segundo ele, localiza-se no tórax, enquanto a parte sensitiva distribui-se pelo corpo. *Animus* podia se separar do corpo, ao contrário de *anima*. Em casos de forte emoção, ambas ficam intrinsecamente ligadas.

Segundo os estoicos, a afinidade entre o corpo e a mente é suficiente para provar que a mente e o corpo tenham a mesma estrutura:

Nada que é incorpóreo interage com o corpo, assim como o corpo não interage com o que não é constituído de matéria, mas um corpo interage com outro corpo. No entanto, a alma interage com o corpo quando está doente e está sendo cortado, bem como o corpo com a alma. Assim, quando a alma sente vergonha e medo, o corpo ruboriza-se e empalidece. Portanto, a alma é um corpo.

Nemésio (c.390 d.C.), o filósofo cristão

TEORIA DOS ÁTOMOS

O cientista e filósofo grego Demócrito (c.460-370 a.C.) foi o primeiro a sugerir uma estrutura física da percepção (e de tudo o mais). Sem recorrer aos deuses, ele descreveu as impressões em termos dos cinco sentidos recebendo "átomos" originários do universo físico que, em seguida, eram transmitidos para o cérebro. Por sua vez, os "átomos de fogo" do cérebro copiam objetos. As cópias não são precisas e, por isso, há divergência entre o que é percebido e o que existe.

Demócrito é com frequência considerado o pai da ciência moderna.

Compreensão do ser humano

Em 1689, o médico e filósofo inglês John Locke (1632-1704) publicou um livro que originou o empirismo moderno. O livro teve o mérito também de ser o primeiro texto a fazer uma abordagem extensa de diversos aspectos da psicologia. *Ensaio acerca do Entendimento Humano* realizou a tarefa ambiciosa de explicar o funcionamento da mente. O livro exerceu grande influência no bispo George Berkeley e em David Hume, além de outros pensadores.

Locke foi o primeiro a sugerir uma teoria detalhada da aquisição do conhecimento. Em sua visão, a mente só tem dois tipos de material para trabalhar e, em consequência, o conhecimento origina-se das sensações e da reflexão. As percepções são informações recebidas por meio dos órgãos sensoriais, como os olhos e os ouvidos; a reflexão é a "percepção do funcionamento da mente e de suas ideias". Como a reflexão assimila as percepções, que, por sua vez, originam-se das sensações, por fim, tudo se resume em sensações. Neste sentido, a percepção é a interface entre o mundo e a mente. O ser humano adquire conhecimento ao fazer associações entre ideias formadas pelas percepções e sensações. Assim, a compreensão do processo de aquisição de conhecimento depende da noção de como a percepção é produzida. (Observe que existem dois tipos de "sensação", o estímulo dos nervos em um órgão sensorial e o eco que a percepção deixa na mente e que pode ser lembrado mais tarde pela reflexão.)

Percepção e apercepção

Gottfried Leibniz, que desenvolveu a teoria da mônada (o átomo com atividade espiritual, componente básico de toda e qualquer realidade física ou anímica), interessava-se em estudar como cada percepção compunha-se de percepções infinitamente minúsculas, que denominou de "petites perceptions" ("pequenas percepções"). Leibniz distinguiu-se também pelos estudos de cálculo, sem a influência de Isaac Newton. Sua visão da percepção tinha uma relação com seu interesse em cálculo e nas suas teorias das porções micro que ficavam cada vez menores, mas não se aproximavam de zero.

Leibniz citou como exemplo de uma "pequena percepção" o barulho das ondas à beira-mar. O som, disse, compõe-se de percepções de inúmeros pequenos movimentos da água, alguns tão pequenos que não são percebidos isoladamente. Mas em conjunto o som do movimento constante do mar é

Ilustração do filósofo iluminista John Locke.

perceptível aos ouvidos humanos. Em sua teoria, quando há quantidade suficiente de percepções minúsculas para que sejam notadas, acontece o fenômeno da "apercepção", quando ocorre a consciência.

Há também um limiar, o "limiar do estímulo", sob o qual as pessoas não têm consciência de suas percepções. Leibniz talvez tenha sido o primeiro filósofo a propor uma teoria para o inconsciente. Seu princípio do limiar do estímulo foi testado de forma experimental pelo movimento da psicofísica no século XIX e citado por Weber e Fechner.

Criação do mundo por meio da percepção

O bispo George Berkeley (1685-1753) decidiu aprofundar os estudos sobre as sensações e percepções. Assustado com o modo pelo qual o materialismo estava destruindo o domínio de Deus, ele rejeitou os argumentos materialistas e o princípio da matéria, e adotou uma posição idealista (a única realidade eram as ideias). Segundo Berkeley, o ser humano só tem percepções e com elas cria o mundo:

Todos os seres que compõem a poderosa estrutura do mundo não subsistem sem a mente dotada de percepção e conhecimento. Em consequência, a menos que esses seres sejam percebidos por mim, ou que existam em minha mente, ou de qualquer outro espírito, eles não existem nem sobrevivem na mente de um Espírito Eterno.

Sua conclusão – apenas o que é percebido pela mente tem existência – atribui à mente a responsabilidade de manter a vida do universo. É um compromisso excessivo. Para solucionar um problema óbvio como, por exemplo, se as cenouras colocadas na geladeira têm existência quando são apanhadas mais tarde, porém deixam de existir quando se fecha a geladeira, Berkeley recorria à ajuda do divino.

Quando um "espírito" não observava com atenção o mundo material, Deus assumia a tarefa de manter a existência do mundo: "Quando fecho meus olhos, o que vejo ainda existe, mas em outra mente".

Embora fosse uma ideia estranha e absurda, a teoria de Berkeley no que se refere à percepção é importante por ter mostrado a complexidade das ideias múltiplas do tema das sensações e percepções. É ilógico pensar que uma árvore não existe, mas o pressuposto de Berkeley quanto às coisas abstratas percebidas pela mente tem sentido. O ser humano tem a capacidade de reunir em sua mente a percepção do tamanho de uma árvore, de sua forma, de seu cheiro, da sensação de tocar em sua casca, do ruído das folhas. Do mesmo modo, é possível perceber a raiva ou vergonha de alguém pelo olhar, a maneira como se move, fala e age. A mente tem uma quantidade enorme de informações para "construir" o mundo, mesmo sem manter sua existência física.

Trabalho experimental sobre o tema da percepção

As primeiras experiências no século XIX concentraram-se no tema da percepção e sensação. Weber e Fechner e, em seguida, Wundt, e mais tarde os psicólogos estruturalistas e funcionalistas, usaram métodos físicos empíricos para estudar o limiar da percepção e seus possíveis elementos. Nos estudos de Edward Titchener, a análise introspectiva mostrou que uma pessoa percebe o gosto, o cheiro, a solidez, o peso e a textura de uma fruta. Segundo Titchener, a mente reúne essas experiências sensoriais para criar a imagem de uma maçã ou uma laranja. Os trabalhos de Müller referentes aos nervos mostram que os olhos percebem a cor e o nariz o cheiro

da fruta. O cérebro então traduz a informação dos olhos e a transforma na imagem visual de uma laranja redonda.

Início do conhecimento

Existe grande diferença em perceber uma luz ou um som e interpretar e entender essa percepção. A informação enviada pelos órgãos dos sentidos para o cérebro é processada para que possa haver essa compreensão. No entanto, o cérebro precisa trabalhar mais para entender o que a mente havia percebido, guardar essa percepção, ou agir a partir dessa consciência. Assim que cérebro recebe a informação dos sentidos que observam uma maçã ou uma laranja, ele concatena logicamente as ideias para reconhecer a fruta.

COMO NÓS SABEMOS: O CONHECIMENTO É INATO OU ADQUIRIDO?

Associação

Aristóteles acreditava que a mente – ou nosso "bom senso" – conecta sensações e acontecimentos, de acordo com a proximidade temporal ou espacial de sua ocorrência, ou de sua ocorrência simultânea. A mente também associa sensações e acontecimentos semelhantes e, às vezes, opostos (como quente e frio, doce e amargo). Essas associações constituem a base do conhecimento. Em sua concepção o bom senso é responsável por reunir todos os aspectos ou "elementos" de um determinado fato ou objeto a fim de criar uma ideia concreta a seu respeito. Assim, a percepção da cor, do cheiro, da forma, textura e gosto cria a ideia de uma laranja, por exemplo. A associação de ideias foi uma teoria aceita durante dois milênios sem grandes questionamentos, até que David Hume retomou sua discussão no século XVIII.

Desenvolvimento do associacionismo

O médico e filósofo David Hartley (1705-1757) afirmava que se vivenciarmos, de forma consistente, diversos acontecimentos e sensações ao mesmo tempo, nossas mentes armazenarão essas informações como um "conjunto". A presença de apenas um dos elementos do conjunto suscitará a lembrança de outros. Para Hartley, o aspecto principal da associação é a con-

LEIS DA ASSOCIAÇÃO

Existem três ou quatro maneiras pelas quais a mente usa a associação para produzir ideias a partir de "elementos". (Quando se considera apenas três leis, a lei da semelhança não é mencionada; as leis da contiguidade e da frequência são as mais importantes.)

1. A lei da contiguidade: a mente associa os fatos que ocorrem próximos no tempo e no espaço. O pensamento concentrado em um garfo pode sugerir a ideia de uma faca.

2. A lei da frequência: se dois fatos ou eventos estão conectados, a associação entre eles será mais forte e mais frequente quando ocorrerem. Se sua avó costuma fazer bolos caseiros para você, a imagem de um bolo associa-se à sua avó.
3. A lei da semelhança: a mente associa fatos ou acontecimentos semelhantes. Ao encontrar uma meia no chão, a associação de ideias o fará pensar onde estaria o outro par.
4. A lei da oposição: às vezes, a visão ou o pensamento a respeito de algo traz à mente o oposto disso. Por exemplo, a lembrança do melhor amigo da escola pode se associar à imagem de alguém insuportável na classe.

tiguidade, isto é, as ideias e impressões que surgem sempre juntas "agrupam-se". Hartley foi o primeiro estudioso a dar uma explicação física de como as impressões transformavam-se em ideias na mente. Ele sugeriu que as percepções produzem vibrações nos nervos, que repercutem no cérebro. Por sua vez, essas vibrações produzem sensações. Quando a sensação desaparece, os ecos ligeiros das vibrações continuam, as quais ele denominou de "vibraciúnculos". Essas vibrações menores correspondem a ideias e são iguais às sensações originais, porém mais fracas. As ideias complexas surgem de associações entre ideias simples e as ideias complexas podem se unir a ideias ainda mais complexas ("decomplexas"). A teoria de Hartley referente à formação das associações e de como os eventos mentais relacionavam-se à biologia predominou nos estudos de psicologia durante oitenta anos.

O filósofo escocês James Mill (1773-1836) aprofundou as ideias de Hartley referentes às associações e transformou-as na base da atividade mental. Para Mill, todas as ideias consistem originalmente em simples ideias pensadas em conjunto e, por isso, nossa compreensão dos objetos físicos é um conjunto de percepções que não podem ser separadas:

A formação de ideias referentes a objetos externos origina-se da importante lei da associação; ou seja, a percepção de um determinado núme-

E de repente a recordação voltou. O gosto do pequeno pedaço de madeleine molhado no chá de lima das manhãs de domingo em Combray... que minha tia Léonie me oferecia molhando-o primeiro em sua taça de chá.

Assim que reconheci o gosto da madeleine, lembrei da antiga casa cinza no final da rua e seu quarto surgiu à minha mente como o cenário de um teatro e vi o pequeno pavilhão no jardim, que havia sido construído para meus pais (o cenário que até então era só o que eu podia ver); em seguida, vi a cidade, de manhã à noite, em todas as estações, a praça onde brincava antes do almoço, as ruas onde passeava, as estradas rurais que percorríamos quando o tempo permitia... nesse momento vi as flores de nosso jardim e do de Monsieur Swann, as ninfeias do Rio Vivonne, os moradores gentis do vilarejo com suas casas pequenas e a igreja da paróquia. E Combray e seus arredores surgiram em minha memória com apenas um gole do meu chá.

Marcel Proust (1871-1922)
Em busca do tempo perdido (1913-27)

ro de sensações recebidas em conjunto com frequência converte-se em uma ideia de unidade, como a ideia de uma árvore, de uma pedra, de um cavalo e de um homem.

As ideias simples associam-se para formar ideias complexas que, por sua vez, estabelecem uma relação para criar ideias ainda mais complexas, e assim por diante. Mas a redutibilidade de todos os pensamentos às ideias básicas das percepções é a essência da associação. As associações são mais fortes ou mais fracas de acordo com sua intensidade e a frequência com que se unem.

A psicologia em sua plenitude

A teoria da associação de Mill foi sua mais perfeita expressão. Mill explicou como a mente trabalha automaticamente seus elementos básicos – as sensações – segundo as leis da associação para criar a atividade mental. Em sua visão, ele havia elaborado com sucesso a "física da mente" comparada à teoria de Newton e sua explicação do universo em termos de matéria elementar, que seguia leis físicas imutáveis.

No entanto, havia dois aspectos da teoria de Mill sujeitos a forte crítica. Em primeiro lugar, Mill afirmou que a mente não é criativa; assim como na opinião de Descartes e Hume, a mente funciona como uma máquina e segue apenas um conjunto de regras. Em seu segundo argumento, os pensamentos são previsíveis, do mesmo modo que os acontecimentos físicos. Não havia espaço para a individualidade, criatividade, a centelha do gênio e o livre-arbítrio.

O filho de Mill, John Stuart Mill (1806-1873), seguiu a teoria proposta pelo pai com ligeiras modificações. Em sua opinião, a ciência da natureza humana (a psicologia) era uma ciência precisa e algum dia, quando a compreendessem melhor, seria possível prever o comportamento e os pensamentos dos seres humanos. No momento em que formulou suas ideias no século XIX, as teorias referentes à psicologia ainda precisavam ser estudadas com mais profundidade, uma lacuna ainda presente na sociedade contemporânea. Mas o fato de desconhecê-las em parte, não significava que eram inexistentes, e quando fossem descobertas em toda sua abrangência, o mistério do pensamento seria revelado. John Stuart Mill acreditava que no momento que essas leis básicas fossem plenamente conhecidas, seria possível explorar e explicar o desenvolvimento das personalidades individuais e prever o comportamento em circunstâncias específicas.

Retrato de John Stuart Mill.

COMO NÓS SABEMOS: O CONHECIMENTO É INATO OU ADQUIRIDO?

Os racionalistas elaboraram suas doutrinas

Iremos citar o exemplo da maçã e da laranja mais uma vez. Os sentidos enviam informações para o cérebro e os componentes permitem a percepção de um objeto, mas o que seriam os componentes? Vemos uma laranja como uma fruta amarelada e esférica. A cor da laranja não precisa de um processamento sofisticado da mente. Mas e a forma esférica? Para defini-la é preciso ter raciocínio espacial e o entendimento de que, embora a fruta pareça um círculo, na verdade, é uma esfera.

Immanuel Kant mencionou algumas categorias inatas de pensamento para dar sentido às sensações e percepções. Segundo Kant, as sensações e percepções não indicam se um objeto está próximo ou distante, em razão de serem fenômenos que ocorrem em nosso próprio corpo. Só as categorias do pensamento são capazes de definir a distância. Partindo da afirmação de Hume de que a causalidade não é real,

LIVROS DESTINADOS À FOGUEIRA

O filósofo francês Claude Helvetius (1715-1771) teve influência significativa em James Mill e na maneira como ele educou o filho, John Stuart. Helvetius, um coletor de impostos rico e casado com uma condessa, acreditava que a atividade mental era resultado da experiência e sua conclusão lógica era que, com o controle das experiências individuais, seria possível controlar o desenvolvimento da mente. Essa premissa tinha implicações óbvias na educação. Se fosse possível dar às pessoas uma educação perfeita, criaríamos seres humanos perfeitos, com implicações ainda mais assustadoras. O primeiro livro de Helvetius, *Ensaios sobre a mente* (1758), indignou tanto os acadêmicos da Sorbonne, em Paris, que foi queimado.

No final do século XVIII e início do século XIX, houve um interesse maior na educação. Na infância e juventude, John Stuart Mill recebeu uma educação rigorosa do pai em casa.

> **PSICOLOGIA COGNITIVA**
>
> Thomas Reid, que havia dito que Hume seria internado em um hospício se não confiasse em seus sentidos na vida cotidiana, foi um dos primeiros estudiosos a propor a teoria da "psicologia cognitiva". Sua ideia baseava-se no princípio de que a mente tem muitos aspectos ou funções, ou seja, aptidões inatas ou adquiridas, que interagem. Reid identificou 43 aptidões, entre as quais a razão, a consciência, a compaixão, a memória, o julgamento e a moral. Kant também seguiu essa escola cognitiva, com suas categorias de pensamento.

Kant argumentou que embora não possamos provar que um efeito segue uma causa particular, temos a impressão de que a causa é real, porque as categorias do pensamento organizam a experiência em uma sequência de causa e efeito.

Helmholtz usou a "inferência inconsciente" para explicar como a mente dá sentido às percepções. Em sua teoria, o ser humano usa o conjunto das experiências passadas para entender o que percebe pela visão. Nesse contexto, depois de observar um número suficiente de cadeiras diferentes, uma pessoa seria capaz de identificar um novo modelo quando o visse.

A experiência de enxergar o mundo em três dimensões permite ver que a laranja é uma esfera e não um círculo. Helmholtz fez experiências com espelhos convexos e descobriu que suas cobaias logo se adaptavam à imagem distorcida. Sua conclusão de que as experiências passadas transfor-

mavam as sensações em percepções tinha um fundamento empírico. No entanto, era diferente da visão de Kant a respeito das categorias de pensamento inatas, que convertiam as sensações em percepções logo que surgiam. Segundo Helmholtz, a mente precisa primeiro aprender como perceber o que se passa ao seu redor.

Os psicólogos racionalistas atuais preferem a visão kantista das estruturas do cérebro, que formam nosso pensamento. Já os empiristas privilegiam a teoria de Helmholtz, que se baseia na experiência sensorial, no aprendizado e nas leis passivas da associação. De acordo com os empiristas, por meio da experiência aprendemos que um objeto redondo é às vezes uma esfera, mas em outras circunstâncias é um círculo. Identificamos um objeto desconhecido pelos efeitos sutis de luz e sombra, que inconscientemente percebemos. Contudo, confiamos nas experiências passadas para afirmar que uma laranja é esférica e uma panqueca é um círculo plano.

Percepção e ação

A maneira como agimos é determinada pela nossa percepção peculiar do mundo (isto é, como o nosso cérebro estrutura o mundo) e não pela visão real. O psicólogo gestaltista Kurt Koffka (1886-1941) fez uma distinção entre o ambiente geográfico – o mundo físico ao nosso redor – e o ambiente comportamental, ou seja, nossa interpretação subjetiva desse ambiente. Koffka ilustrou seu ponto de vista com uma antiga história alemã. Um homem viajou por uma planície coberta de neve montado em seu cavalo. Quando comentou com alguém a respeito de sua viagem, soube que, na verdade, fizera o trajeto sobre um lago congelado que poderia ter cedido a qualquer momento. Ao saber o perigo que correra, o homem caiu fulminado pelo choque.

O homem agira não de acordo com o ambiente real, e sim com o que acreditava ser. Se soubesse que teria de atravessar um lago congelado, jamais escolheria esse caminho. Seu comportamento subsequente, o de ter sido fulminado pelo choque, foi consequência de sua percepção do perigo. Ele nunca teria corrido esse risco. Neste sentido, a percepção é a essência de tudo.

Uma planície coberta de neve ou um lago congelado? Quais seriam as implicações dessa diferença?

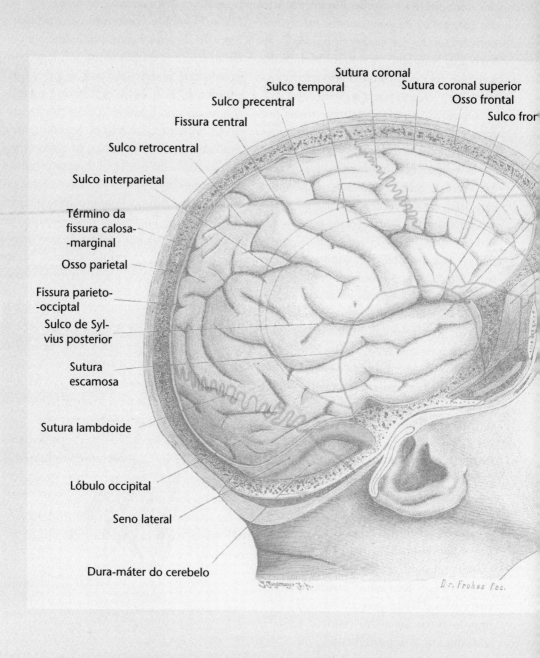

CAPÍTULO 5

Formação da MENTE:
as estruturas da psique

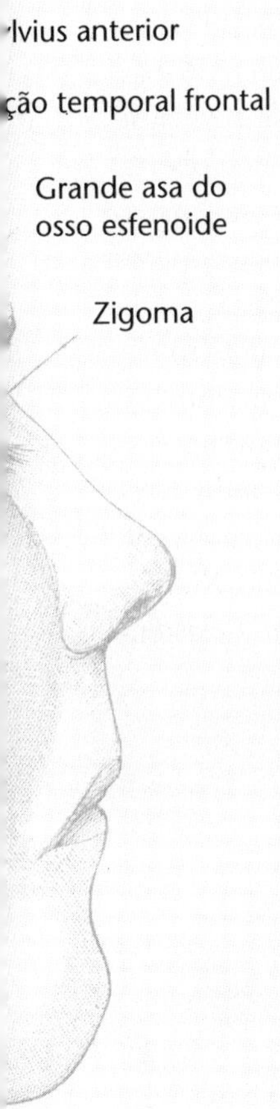

lvius anterior

ção temporal frontal

Grande asa do
osso esfenoide

Zigoma

Suponhamos que a mente seja uma página em branco, sem características próprias ou ideias. Como ela iria adquirir vida? Qual a fonte que deu origem à diversidade quase infinita dessa parte incorpórea, inteligente e sensível do ser humano? A resposta, em uma única palavra, é "experiência".

John Locke, *Ensaio acerca do entendimento humano* (1690)

Se o conhecimento é adquirido por meio do processamento de percepções sensoriais, ou a partir de uma reflexão a respeito do conhecimento adquirido, qual seria o ponto de partida da mente? A mente se assemelharia a uma grande caixa onde as percepções se acumulariam aleatoriamente? Essa acumulação aleatória dificultaria a recuperação de um conhecimento quando fosse preciso. Então, como a mente organizaria as percepções e criaria ligações entre essas informações? A mente teria um papel ativo, ou isso depende de como o cérebro é organizado?

É possível fazer um mapa do cérebro, mas o mesmo poderia ser feito com a mente?

Qual é a extensão do conhecimento dos bebês?

O ser humano nasce como um bebê. É possível avaliar a extensão do conhecimento de um bebê? Existem duas possibilidades: a mente de um bebê é uma tela em branco à espera do conhecimento ou o ser humano nasce com um conhecimento inato. Uma premissa mais sofisticada entre as duas hipóteses sugere que a mente nasce com determinadas estruturas, que possibilitam organizar o conhecimento à medida que é adquirido. Essas estruturas incorporam as informações durante o processo de aprendizado. As duas hipóteses radicais remontam à Antiguidade, enquanto o pressuposto mais conciliatório, a ideia da mente com capacidade de "organização", é mais recente.

Qual é a extensão do conhecimento de um recém-nascido? O conhecimento é inato ou é adquirido ao longo da vida?

Conhecimento inerente ao ser humano

Psamtik I e outras pessoas que fizeram "experimentos proibidos" não foram os únicos a pensar que os seres humanos nasciam com um conhecimento inato. Platão acreditava que a alma tinha um conhecimento absoluto em seu estado puro, mas quando entrava no corpo, a alma não tinha acesso a esse conjunto de informações e princípios. De acordo com Platão, o aprendizado é um processo de revelação do conhecimento inato e não de descoberta. Essa teoria poderia ser chamada de "inatismo", porque afirma o caráter inato do conhecimento e das ideias do homem.

Bem mais tarde, Descartes também sugeriu que alguns tipos de conhecimento são inerentes ao homem. O mais importante é o conhecimento de Deus que, segundo Descartes, é comum a todos os seres humanos. O filósofo francês viveu no século XVI na França, uma época em que negar a existên-

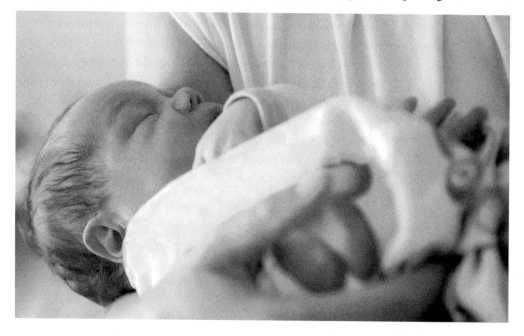

FORMAÇÃO DA MENTE: AS ESTRUTURAS DA PSIQUE

cia de Deus significava correr o risco de ser queimado na fogueira como herege. Outros filósofos sugeriram que alguns valores morais também são inatos.

O inatismo não se restringe ao conhecimento. Abrange também as tendências naturais herdadas ou traços de caráter. O argumento de que o homem é selvagem e que só a sociedade o controla, como Thomas Hobbes acreditava, é uma prova da doutrina do inatismo, porque se baseia em traços existentes no recém-nascido. A teoria oposta do filósofo e escritor francês Jean-Jacques Rousseau (1712-1778) de que os seres humanos são intrinsecamente bons, mas a sociedade os corrompia, também é baseada no inatismo. Iremos examinar o pensamento de Rousseau em outras passagens deste livro.

Revelação do conhecimento

Na teoria de Platão, a alma tem um perfeito conhecimento de todas as coisas e se não estivesse aprisionada ao corpo sua visão seria objetiva. No entanto, presa ao corpo, a alma perde o acesso imediato ao conhecimento e "em vez de pesquisar a realidade sozinha, é forçada a vislumbrá-la através das grades de sua prisão". Nesse sentido, o conhecimento é revelado por meio do processo de aprendizado. Platão deu um exemplo concreto de seu conceito em um relato de Sócrates fazendo perguntas sobre geometria a um escravo. No início, o escravo não dá sinais de conhecer geometria, mas à medida que Sócrates o questiona, aos poucos ele mostra seu conhecimento. Para Platão essa era uma evidência clara de que o escravo tinha um conhecimento inato de geometria, mas que

não havia conseguido acessá-lo de imediato. Na verdade, é mais provável que o escravo tenha conseguido elaborar as respostas por meio do estímulo de Sócrates.

Gottfried Leibniz propôs uma ideia semelhante no século XVIII. Sua teoria de que o universo é povoado por mônadas, o componente básico de toda e qualquer realidade física e anímica, deu origem à sua ideia de que as mônadas supervigorosas da mente humana têm ideias latentes, que se materializam por estímulo da experiência ou da percepção sensorial. Assim como um quarto escuro pode conter vários objetos que só são vistos quando a luz é ligada, na teoria de Leibniz a mente tem ideias inatas que mais tarde seriam reveladas.

Conhecimento de experiências passadas

O naturalista francês Jean-Baptiste Lamarck (1744-1829) propôs que a evolução ocorre por meio da herança de características adquiridas. Lamarck sugeriu que, ao longo da vida, um ser humano ou um animal adapta sua forma física e comportamento ao ambiente que o cerca. (O exemplo mais comum é o da girafa que estende o pescoço para comer as folhas mais saborosas das árvores.) Na reprodução, seus descendentes herdam as características adquiridas. Por meio desse processo, durante centenas ou milhares de gerações, as espécies mudam. Esse conceito teve uma boa receptividade até ser eclipsado pela teoria da evolução por seleção natural de Charles Darwin.

A teoria de Lamarck foi adotada por Herbert Spencer (1820-1903), um escritor que se interessava por psicologia.

O grande dilúvio (acima) e o Apocalipse (abaixo) são exemplos de arquétipos universais.

Spencer aplicou a visão da evolução física de Lamarck à mente. O resultado seria que a mente evolui devagar ao longo do tempo. Os comportamentos e crenças bem-sucedidos são fortalecidos, enquanto outros menos benéficos são descartados. Essas lições são transmitidas pelos hábitos. Os hábitos dos pais são transmitidos aos filhos como se fossem instintos por estarem enraizados desde o nascimento.

O psicólogo suíço Carl Jung (1875-1961) trabalhou com um conceito semelhante ao formular suas teorias sobre arquétipos e inconsciente coletivo, análogo à ideia de Spencer do comportamento humano, que evoluía ao longo de gerações. Segundo Jung, o inconsciente coletivo consiste em estruturas psíquicas acumuladas durante a evolução do ser humano e reveladas com mais clareza em "arquétipos" de diferentes culturas do mundo que representam:

[a] herança espiritual da evolução da humanidade nascida sob nova forma na estrutura do cérebro de cada pessoa.

Jung interessava-se pela espiritualidade e, às vezes, sua explicação do inconsciente coletivo sugere que os seres humanos têm uma essência espiritual ou anímica, que se assemelha à doutrina do pampsiquismo de Spinoza e Fechner. Em outras argumentações, o inconsciente coletivo é descrito apenas como uma estrutura universal da mente, que predispõe as pessoas a verem e entenderem determinadas coisas de maneira específica.

Os arquétipos são padrões psíquicos equivalentes aos instintos. Eles só se revelam com a comparação de mitos, descrições imagéticas e outras características culturais de diferentes sociedades e com a descoberta de padrões recorrentes nessas manifestações conscientes do inconsciente coletivo. Entre os exemplos de imagens arquetípicas estão a mãe, o herói, a mulher idosa sábia e o charlatão, assim como os mitos universais, como o grande Dilúvio e o Apocalipse. Os arquétipos também estão presentes nas instituições humanas e nas comemorações, como o casamento e o início da vida adulta, que marcam as etapas arquetípicas da vida.

Essas teorias, de Platão e Psamtik a Jung, sugerem um conhecimento inato e, assim, o bebê nasce com uma capacidade de percepção, memória e raciocínio, que se desenvolve com a razão e o aprendizado. Na teoria de Jung, não temos consciência dos arquétipos, mas eles se manifestam nas estruturas sociais, na arte e nos sonhos. Esse princípio situa-se entre o conhecimento inato e as estruturas mentais herdadas, que examinaremos a seguir.

Tábula rasa

Na visão oposta à do conhecimento inato, a mente é uma página em branco, na qual a experiência e a percepção deixarão suas marcas. Aristóteles foi o primeiro a sugerir que a mente

O casamento é um arquétipo da vida cotidiana.

de um recém-nascido é um vácuo. Cerca de 1.300 anos depois, o estudioso persa Avicena criou a expressão "tábula rasa", ou "mente vazia", anterior a qualquer experiência: "O intelecto humano ao nascer é uma tábula rasa, um potencial que se desenvolve por meio da educação e do aprendizado".

O sábio andaluz Ibn Tufail (c.1105-1185) escreveu um romance filosófico no qual descreve um menino, Hayy, criado por uma gazela em uma ilha deserta. A mente da criança selvagem desenvolveu-se plenamente até a idade adulta, o que demonstrou o conceito de tábula rasa e do aprendizado. Por fim, Hayy conseguiu apreender a verdade só por meio da razão. O livro foi traduzido para o latim em 1671

As crianças criadas em estado selvagem proporcionam aos psicólogos uma rara e valiosa oportunidade para analisar o papel da educação na aquisição de conhecimento.

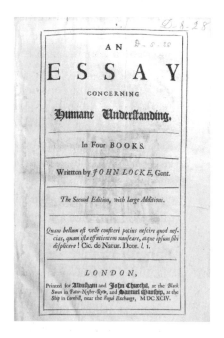

Capa do livro An Essay Concerning Human Understanding (Ensaio acerca do entendimento humano), de John Locke.

com o título *Theologus Autodidactus* e para o inglês em 1708. A obra fez enorme sucesso na Europa e influenciou muitos filósofos, entre eles John Locke.

Em seu livro *Ensaio acerca do entendimento humano* (1690), Locke discute o tema da mente vazia. Ele rejeitou a teoria de Descartes de ideias inatas, como o conhecimento de Deus e da moral. Em sua opinião era uma teoria insustentável. Se essas ideias fossem inatas, argumentou, teriam de estar presentes em todas as men-

FORMAÇÃO DA MENTE: AS ESTRUTURAS DA PSIQUE

tes, o que não acontece, porque algumas pessoas não acreditam em Deus, outras agem de uma forma imoral, e algumas não têm um conceito de moral (pessoas que hoje chamaríamos de psicopatas).

Mas se o ser humano nasce sem ideias ou conhecimento, qual seria a origem dessas informações? Segundo Locke, a mente de um recém-nascido seria como uma página em branco, na qual a experiência escreve o texto do conhecimento. As funções da mente, como "percepção, pensamento, dúvida, crença, raciocínio, aprendizagem, criam ideais e conhecimentos a partir das percepções sensoriais.

Essas ações da mente são inatas, embora nenhum conteúdo da mente seja inato. Os processos ou funções são inerentes à natureza humana e, portanto, não precisam ser aprendidos. Ao formular ideias simples, a mente cria ideias complexas. A mente desenvolve suas próprias regras embora a maneira como as pessoas respondem ou processam os dados de entrada varie de pessoa para pessoa. Na teoria de Locke, os seres humanos têm grande liberdade e autodeterminação: todos podem escolher como definir a si próprios.

Mente organizadora

Existe uma posição entre a mente totalmente em branco, como uma tábula rasa, e a mente dotada de conhecimentos inatos ou herdados. Nessa teoria, a mente tem uma estrutura organizacional e atividades inerentes que lhe permitem interpretar as novas informações e processá-las para que tenham utilidade.

Supondo que a mente fosse uma página em branco, sem letras ou ideias; como as informações iriam se inserir? Seria por meio da variedade quase interminável produzida pela imaginação fértil e ilimitada do ser humano? Ela consistiria em razão e conhecimento? Essa pergunta pode ser respondida com uma única palavra, experiência, na qual o conhecimento se baseia e se origina. É com a observação de objetos externos sensíveis, ou com funções internas da mente percebidas e refletidas pelos seres humanos, que a página em branco é preenchida. Essas são as fontes do conhecimento, do qual as ideias nascem.

John Locke (1704)

Aprendizado cognitivo

Algumas aptidões são inatas, mas ao testá-las percebemos que precisam de um estímulo sensorial para serem ativadas. Em 1963, uma experiência realizada pelos psicólogos da escola cognitiva R. Held e A. Hein mostrou que os seres humanos (ou pelo menos gatos) só desenvolvem uma percepção profunda se tiverem um estímulo visual ou cinético. Assim, apesar da existência do potencial da percepção, é preciso estimulá-lo.

A experiência usou pares de filhotes de gatos como cobaias. Os animais eram colocados dentro de um carrossel especial durante três horas por dia. Um dos gatos podia se mexer como quisesse, enquanto o outro se movia dentro de um cesto controlado pelo movimento do primeiro gato. Os gatinhos não viam um ao outro e o carrossel era decorado com listras verticais (para evitar as interações horizontais/verticais da visão). Os gatinhos ficavam quedo que se mexiam, eles desenvolviam uma percepção profunda e tinham mais facilidade para andar. A falta de estímulo visual associada à ausência de liberdade de movimento impediu que os gatos desenvolvessem o potencial da percepção profunda. Esse estudo explicou por que

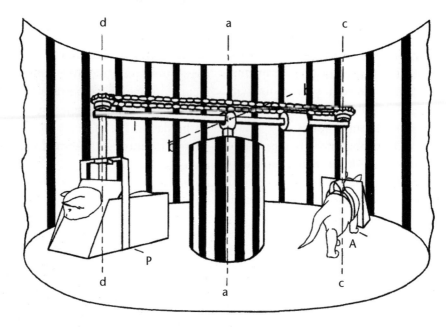

O "carrossel de gatinhos" de Held e Hein.

em uma sala escura o resto do dia, com as mães e outros gatos e, assim, o único estímulo visual deles era o carrossel. No final do experimento os gatinhos que tinham liberdade de movimento conseguiram andar normalmente, mas gatos presos nos cestos não. Held e Hein concluíram que sem liberdade de movimento eles não adquiriam o sentido de espaço.

Em 1980, um estudo revelou que se os gatos mantidos imóveis tivessem coisas interessantes para observar, como brinquedo que se mexiam, eles desenvolviam uma percepção profunda e tinham mais facilidade para andar. A falta de estímulo visual associada à ausência de liberdade de movimento impediu que os gatos desenvolvessem o potencial da percepção profunda. Esse estudo explicou por que um bebê deitado por muito tempo em um bebê conforto, ou que tivesse nascido sem membros, ainda assim seria capaz de desenvolver uma percepção profunda.

Um estudo do antropólogo anglo-americano Colin Turnbull (1924-1994) realizado em 1961 revelou que os seres humanos só desenvolviam o senso de perspectiva, com a observação de coisas bem distantes e bem próximas. Em seu estudo, Turnbull levou o povo BaMbuti, que vive nas florestas densas do Congo, para uma planície. Alguns búfalos pastavam a distância. Um arqueiro BaMbuti perguntou que tipo de inseto ele estava vendo e só acreditou que fosse um búfalo quando o levaram perto do animal. Na floresta, eles só enxergavam a alguns metros de distância e, por esse motivo, não tinham desenvolvido a capacidade de relacionar tamanho com distância.

Estruturas mentais inatas

Immanuel Kant sugeriu que a mente tinha estruturas para armazenar e processar tipos específicos de conhecimento, entre eles a linguagem. Insatisfeito com as explicações anteriores referentes à relação entre a experiência e a razão, Kant elaborou sua teoria no livro *Crítica da razão pura* (1781). Como vimos, Kant acreditava que a mente tem "categorias de pensamento", estruturas mentais inatas ou conceitos, que capacitam a mente a organizar a informação. As categorias de pensamento, por exemplo, fornecem o conceito de tempo e espaço e de causa e efeito. A simples experiência, afirmava, seria suficiente para mostrar que um acontecimento seguia outro em uma sequência cronológica, e não que um evento provocava outro. As categorias de pensamento permitiam dar sentido a uma informação, mesmo que o ponto de partida fossem as percepções sensoriais. Johannes Müller (1801-1858), por sua vez, achava que sua descoberta dos diferentes tipos de nervos sensoriais era o equivalente fisiológico à teoria das categorias de pensamento de Kant. Segundo Müller, o estímulo sensorial age no sistema nervoso antes de se transformar em pensamento ou em uma percepção na mente consciente.

Immanuel Kant.

Desenvolvimento em estágios

O psicólogo suíço Jean Piaget (1896-1980) tinha uma visão kantiana e racional. Segundo Piaget, a mente da criança tem "esquemas" que se desenvolvem lentamente ao longo do tempo e, portanto, no início a criança é capaz de interagir com o ambiente que a cerca, mas só desenvolve as habilidades cognitivas mais tarde. Os esquemas são formados por blocos de conhecimento, que se desenvolvem em estágios determinados. Esses blocos proporcionam a compreensão dos processos e dos objetos. O recém-nascido tem um esquema básico inato e herdado, que permite ações reflexas. Neste sentido, o ato de sugar o leite da mãe é um esquema inato, por exemplo.

À medida que o bebê começa a compreender e a assimilar o ambiente que o rodeia, ele constrói esquemas que o ajudam a reconhecer os mesmos eventos ou objetos quando surgirem novamente. Ao ter novas experiências, ele precisa adaptar suas estruturas existentes e construir novos esquemas para incorporar as novas informações. Uma criança que desenvolveu um esquema para reconhecer um gato em uma ilustração de livro, por exemplo, teria de adaptar a estrutura de sua mente para identificar um gato na vida real e sentir o toque do seu pelo. Se a criança encontra um novo animal, ela vai ter de construir um novo esquema para explicá-lo. Quando a criança pode explicar grande parte dos eventos e objetos que a cerca, ela vive um estado confortável de equilíbrio. Se algum novo acontecimento não se enquadra nos esquemas existentes, surge o desequilíbrio. A criança, então, adapta o esquema para acomodar a nova experiência, assimila-a e retorna ao estado de equilíbrio.

A capacidade de formar esquemas mentais é inata, uma espécie de ponto de partida para os comportamentos reflexivos e instintivos. O psicólogo britânico Frederic Bartlett (1886-1969) desenvolveu a teoria dos esquemas proposta por Piaget para explicar como processamos e memorizamos as informações. Os esquemas permitem organizar o conhecimento e as ideias, mas também podem criar resistência à assimilação de novas ideias difíceis de serem incorporadas nas categorias de conhecimento existentes. Esquemas inflexíveis causam uma dis-

FORMAÇÃO DA MENTE: AS ESTRUTURAS DA PSIQUE

GUERRA DOS FANTASMAS

Bartlett demonstrou o impacto dos esquemas na memória com o relato de narrativas tradicionais de índios norte-americanos:

Em uma noite tranquila, dois jovens de Egulac desceram o rio para caçar focas e, de repente, um nevoeiro os envolveu. Em seguida, ouviram gritos de guerra e pensaram: "Talvez seja um grupo de guerreiros". Fugiram para a margem do rio e esconderam-se atrás de um tronco de árvore. Ouviram o barulho de remos na água e viram algumas canoas que subiam o rio. Uma delas com cinco homens a bordo se aproximou deles e um dos homens perguntou:

"O que vocês acham? Queremos levá-los conosco. Estamos subindo o rio para lutar contra alguns inimigos."

"Eu não tenho arcos e flechas", respondeu um dos jovens.

"Os arcos e flechas estão na canoa."

"Eu não quero acompanhá-los. Posso morrer na batalha e meus parentes não sabem onde estou." Virando-se para o amigo, disse: "mas você talvez queira ir".

Então, um dos jovens acompanhou o grupo de guerreiros e o outro voltou para casa.

Os guerreiros seguiram em direção a uma cidade do outro lado de Kalama. O povo da cidade desceu até o rio e muitos morreram na batalha. Mas o jovem índio ouviu um dos guerreiros dizer: "Rápido, vamos voltar, o índio foi ferido". Então ele pensou, "esses guerreiros são fantasmas". Apesar de terem dito que havia sido ferido, ele não sentia nada.

As canoas voltaram para Egulag e o jovem foi para casa onde acendeu o fogo. Diante das pessoas reunidas ao seu redor o índio disse: "Eu acompanhei alguns fantasmas guerreiros e na luta que se seguiu muitos companheiros nossos morreram, assim como os inimigos. Um dos guerreiros disse que eu fora ferido, porém não sinto dor".

Após essas palavras ficou em silêncio. Ao amanhecer o jovem caiu no chão e sua boca expeliu um líquido negro. O rosto contorceu-se e ele morreu. As pessoas ao seu redor levantaram-se e deram um grito ao vê-lo morto.

Bartlett pediu aos alunos que decorassem a história e a contassem várias vezes durante o ano. Todos pensavam que estavam reproduzindo fielmente a história, mas fizeram mudanças como:

- Não mencionavam informações irrelevantes para sua vida ou situação.
- Mudavam detalhes, a ordem e a ênfase da história para adaptá-la ao que julgavam importante como, por exemplo, a troca de "canoas" para "botes".

FORMAÇÃO DA MENTE: AS ESTRUTURAS DA PSIQUE

torção das informações para adaptá-las às nossas expectativas.

Na teoria de Bartlett, os esquemas não são inatos, mas a tendência de construir e preencher os esquemas é uma característica inata. Em seu trabalho experimental Bartlett pedia às pessoas que lembrassem e repetissem histórias, que completassem histórias inacabadas e relatassem determinados acontecimentos. Suas experiências levaram-no a concluir que as pessoas terminavam as histórias e lembravam-se de acontecimentos adaptando-os às estruturas existentes. Por isso, o ser humano é uma testemunha ocular não confiável em razão da propensão em distorcer os fatos para ajustá-los às suas estruturas mentais e ideias preconcebidas.

Linguagem: um caso especial?

A linguagem diferencia o ser humano dos animais. Não conhecemos outras espécies com uma expressão oral tão abrangente nem o relato de tribos ou comunidades que não tenham desenvolvido uma linguagem como meio de comunicação. Por esse motivo, o ser humano é frequentemente escolhido para a pesquisa de comportamentos inatos e adquiridos.

Em 1660, o teólogo e filósofo francês Antoine Arnauld (1612-1694) e o gramático francês Claude Lancelot (1615-1695) publicaram o livro *Port-Royal Grammar*, no qual argumentaram que a gramática é um conjunto universal de processos mentais e, por esse motivo, ela é um conhecimento inerente ao ser humano. O cientista e filósofo americano Noam Chomsky (1928) é o defensor atual dessa teoria. Segundo Chomsky, as crianças têm capacidade inata de aprender uma língua de acordo com a comunidade onde vivem, mas a estrutura básica de todas as línguas é uni-

NÓS VEMOS O QUE QUEREMOS VER

Em 1947, os psicólogos americanos Gordon Allport (1897-1967) e Joseph Postman (1918-2004) realizaram uma experiência com a imagem de um homem branco ameaçando um negro com uma navalha. Quando pediram aos participantes do experimento para descrever a imagem, predominou a tendência em descrever o negro ameaçando o branco. Mas não foi apenas o preconceito racial que provocou essa distorção.

Em 1981, Cohen mostrou aos participantes de uma experiência a fotografia de um casal em um restaurante. Em seguida, disse a algumas das pessoas presentes que a mulher era bibliotecária e a outras que era uma garçonete. Quando pediu mais tarde aos participantes para descreverem a mulher, as descrições variaram segundo o emprego que imaginavam que teria.

118

versal. O aprendizado de uma língua é uma simples questão de preencher uma estrutura mental já existente com conteúdos. Na visão de Chomsky, a linguagem, com sua estrutura gramatical complexa, é muito difícil de ser captada por uma criança apenas pela imitação.

A ideia segundo a qual há um princípio universal ou uma organização natural da linguagem é defendida não só por estudos linguísticos, como também por diversas "experiências da natureza". Existem situações que oferecem aos cientistas a oportunidade de fazer observações como se tivessem realizando experimentos de campo (com frequência, antiéticos).

A "experiência proibida" não é mais permitida. No entanto, existem vários exemplos de pais surdos ou mudos que criam filhos com capacidade de falar. Muitas dessas crianças aprendem a linguagem dos sinais usada pelos pais, outras são criadas sem esse aprendizado. Essas crianças também desenvolvem um meio de comunicação específico chamado de "sinais familiares" baseado em sinais e gestos. Na década de 1970, as psicólogas americanas Susan Goldin-Meadow e Heidi Feldman estudaram os sistemas de sinais familiares e concluíram que, embora desenvolvidos de maneira isolada por crianças ou grupos, esses sistemas compartilhavam uma série de estrutura gramatical. Essa conclusão mostrou que a linguagem não precisava ser verbalizada e que a comunicação por sinais se desenvolvia do mesmo modo que a linguagem oral, na qual, por exemplo, a ordem da palavra representa sua função. Esse pressuposto é importante: as "regras"

> **LINGUAGEM INSTINTIVA**
>
> Segundo o cientista canadense da área da ciência cognitiva Steven Pinker (1954), a linguagem é um instinto adaptativo para os seres humanos, assim como a construção de teias é instintivo para as aranhas. O autor cita o modo como as crianças surdas se comunicam através de gestos com as mãos, como um exemplo de linguagem instintiva. Na opinião de Pinker, há um período crítico para o desenvolvimento da linguagem em uma criança, que, se ultrapassado, impossibilita sua aprendizagem. Essa ideia é semelhante ao limite da visão dos gatos.

FORMAÇÃO DA MENTE: AS ESTRUTURAS DA PSIQUE

básicas da linguagem, verbal e não verbal, são inerentes ao ser humano.

Começando dos rabiscos

Independentemente de a mente de um recém-nascido ser ou não uma página em branco, existem alguns comportamentos reflexos e instintivos que todos nós compartilhamos. Eles não exigem conhecimento nem pensamento, acontecem automaticamente. Até mesmo Locke admitia que um recém-nascido suga o leite materno por instinto.

Comportamento inato: reflexos e instintos

Um reflexo é uma reação involuntária, sensorial ou motora, a um estímulo externo. Caso pegue em algum objeto quente, sua reação imediata será soltá-lo. É o tipo de ação que Descartes explicou referindo-se aos espíritos que fluíam através de tubos e que, em sua visão, seriam os nervos. O instinto que faz uma pessoa se afastar ou soltar um objeto quente chama-se reflexo de retirada e fornece um exemplo do arco reflexo. Ao tocar em algo muito quente, os sinais dos nociceptores (receptores sensoriais que desencadeiam o reflexo da dor em resposta a um estímulo potencial de dano) seguem pela medula espinhal, onde conectam os centros nervosos e estimulam uma reação natural de afastamento da fonte de calor. Os sinais dos nociceptores também seguem para o cérebro, que interpreta a sensação de dor. A reação ao estímulo pode se antecipar à sensação de dor.

Uma criança recém-nascida tem outros reflexos (uma experiência curiosa de testar se houver uma criança por perto), como o reflexo de Moro, que se caracteriza por abdução e extensão brusca dos braços. É possível que o reflexo de Moro seja uma reação de bebês que ficam no colo das mães o dia inteiro. Quando perdem o equilíbrio no colo das mães mexem, por reflexo, os membros superiores. É considerado o único reflexo de medo inerente (sem aprendizado) de um bebê. Outros reflexos inatos dos bebês incluem o de segurar objetos (os dedos dobram-se ao redor de um objeto colocado na palma da mão) e o de sugar o seio da mãe para se alimentar.

Nos seres humanos, a maioria dos neurônios sensoriais segue pela medula espinhal e não direto para o cérebro.

Do reflexo à volição

O médico e filósofo inglês David Hartley (1705-1757) descreveu o padrão de desenvolvimento da criança a partir da observação de um reflexo involuntário a uma reação voluntária, sensorial ou motora consciente, e da ação automática, mas consciente. Em sua teoria, as pessoas têm comportamentos involuntários, como o reflexo dos bebês de segurar objetos. À medida que crescem, as crianças aprendem a escolher o que segurar. A evolução dos bebês passa do estágio instintivo de segurar objetos aleatórios à escolha do que segurar. Nesse ponto, a ação é consciente. As associações construídas por meio da experiência fazem com que a criança escolha segurar um brinquedo e se afaste, por exemplo, de um carvão quente. Por fim, a ação automática de segurar um objeto passa a ser uma ação reflexa e, assim, não é preciso pensar ou se concentrar nos atos motores conscientes.

Logo após o nascimento as tartarugas correm por instinto em direção ao mar.

O instinto provoca "um padrão fixo de ação" (PFA), um padrão mais complexo do que um reflexo e que, em geral, produz uma única ação. As tartarugas marinhas recém-nascidas seguem em direção ao mar por instinto, assim como os animais que costumam hibernar encontram instintivamente um lugar adequado para se protegerem no inverno e, às vezes, preparam o local para recebê-los, à medida que anoitece mais cedo e a temperatura diminui.

É impossível suprimir uma ação reflexa, mas alguns instintos podem ser eliminados. Animais inteligentes, como os seres humanos, aprendem a ter consciência do momento do desencadeamento de uma ação instintiva e podem decidir por interrompê-la. O fato de incialmente essas ações serem involuntárias, não significa que não sejam suscetíveis à volição uma vez que os seres humanos adquirem sua consciência. No entanto, em 1961 os psicólogos americanos da escola da psicologia social, Robert Birney e Richard Teevan, afirmaram que só um impulso que não se pode reprimir ou dominar pode ser considerado um instinto.

FORMAÇÃO DA MENTE: AS ESTRUTURAS DA PSIQUE

Instintos: comportamentos que não precisam ser aprendidos

O entomologista francês Jean-Henri Casimir Fabre (1823-1915), cujo trabalho pioneiro com insetos criou a base do estudo da entomologia, foi o primeiro pesquisador a descrever os instintos. Em um dos seus mais famosos experimentos, Fabre demonstrou o poder do instinto ao colocar lagartas de pinheiro ao redor da borda de um vaso circular. As lagartas seguiam em fila a lagarta à sua frente e a procissão prosseguia em círculos em torno do vaso durante sete dias.

O médico e psicólogo Wilhelm Wundt foi um dos primeiros pesquisadores a associar os instintos ao comportamento humano, com sua descrição de qualquer comportamento repetitivo como um instinto. Wundt fez uma lista de milhares de instintos humanos. Pouco depois Freud sugeriu que o comportamento instintivo era uma reação a um impulso natural, como a fome ou a vontade de se reproduzir. Mas nas novas teorias do século XX, o instinto já não é tão determinante no comportamento dos seres humanos. A criação da escola behaviorista de psicologia deu mais ênfase ao comportamento adquirido ao longo da vida.

Condicionamento clássico

Com o condicionamento, nós nos afastamos dos comportamentos inatos e nos aproximamos da aprendizagem. Respostas condicionadas, embora sejam reações repetidas a um mesmo estímulo, são respos-

OS GANSOS DE LORENZ

O zoólogo austríaco Konrad Lorenz (1903-1989) interessava-se pelo comportamento das aves. Em uma série de experiências, ele pesquisou o instinto natural dos gansos de seguir uma figura parental assim que nasciam. A esse fenômeno denominou de "imprinting". Normalmente, os pequenos gansos seguiriam instintivamente a mãe. Lorenz descobriu que os gansos poderiam também manifestar o "imprinting" com qualquer objeto próximo, não precisaria ser uma figura parental. Ele fez uma experiência em que os gansos seguiram suas botas e depois seguiram qualquer pessoa que estivesse calçada com essas botas. Esse experimento mostrou a associação do instinto com o fenômeno do "imprinting". Em termos da estrutura da mente, a atividade – imprinting – é inata, mas o objeto do "imprinting" é um elemento do ambiente.

tas aprendidas. O exemplo mais célebre é o trabalho de Ivan Pavlov com o condicionamento de cachorros.

Nas teorias psicofisiológicas de Pavlov, esse condicionamento chama-se pavloviano ou clássico. Ele se inicia com um estímulo e uma resposta: o estímulo não condicionado (ENC) e a resposta não condicionada (RNC). Existe uma ligação biológica entre os dois. Na experiência de Pavlov, o estímulo não condicionado é o cheiro ou o sabor da carne, e a resposta não condicionada correspondente é a salivação. O pesquisador associava o estímulo biológico neutro, chamado de estímulo condicionado (EC), ao ENC.

Os cachorros da experiência de Pavlov associavam um som específico (o estímulo condicionado) ao sabor ou ao cheiro da carne. Em seguida, o estímulo condicionado (EC) associava-se à resposta condicionada (RC), que quase sempre era semelhante ou idêntica à resposta não condicionada (RNC). Em suas experiências, Pavlov descobriu que a composição da saliva dos cachorros produzida em resposta ao estímulo condicionado era diferente da saliva em resposta ao estímulo não condicionado.

COMPORTAMENTO E ASSOCIAÇÕES

Ao descobrir a relação entre um estímulo condicionado e a resposta condicionada, Pavlov pensou que havia descoberto o mecanismo fisiológico subjacente às associações e, por esse motivo, achou desnecessário pesquisar como as ideias associavam-se.

Surpresa! Ou não

Os trabalhos mais recentes sobre o condicionamento pavloviano realizados pelo psicólogo experimental americano Robert Rescorla (1940) mostraram que não era uma teoria tão simples como parecia à primeira vista. O estímulo condicionado como, por exemplo, o sino de Pavlov, não correspondia ou substituía o estímulo não condicionado, como o cheiro ou o gosto da carne. Ao contrário, o cachorro aprendia como o estímulo condicionado adaptava-se ao seu ambiente, inclusive sua associação preditiva ao estímulo não condicionado. A complexidade da relação evidenciava-se quando se constatava que, quando o estímulo condicionado acontecia outras vezes, antes ou com o estímulo não condicionado, não produzia respostas condicionadas.

Essa conclusão mostrou que a capacidade adquirida de prever acontecimentos era essencial para o condicionamento, pois este eliminava o elemento surpresa da experiência. Quando o cachorro (ou um ser humano) percebe que a partir do estímulo condicionado é possível prever o estímulo não condicionado, a surpresa implícita no estímulo não condicionado diminui.

O comportamento condicionado pode ser eliminado com a repetição do estímulo condicionado sem a associação com o estímulo não condicionado. Contudo, é possível recuperá-lo com uma nova associação dos dois estímulos (o reaprendizado é mais rápido do que o aprendizado original) ou o comportamento condicionado reaparecer de uma maneira espontânea sem exposição ao estímulo condicionado.

Aprendizado = programação

O trabalho de Pavlov teve grande influência nas teorias do psicólogo behaviorista John B. Watson. De acordo com Watson, o condicionamento clássico é responsável pelo aprendizado e pelo comportamento, inclusive pelo desenvolvimento da linguagem. Na teoria behaviorista formulada em 1913, ele argumentou que o caráter do ser humano poderia ser definido por uma manipulação cuidadosa do estímulo e da resposta correspondente:

Se fosse minha tarefa educar crianças saudáveis, com boa formação, escolheria uma criança aleatoriamente e a treinaria para ser um tipo de profissional ou de pessoa que eu quisesse – médico, advogado, artista, comerciante e, até mesmo, mendigo e ladrão, independentemente de seus talentos, inclinações, tendências, aptidões, vocações e a raça de seus antepassados.

Nessa teoria, a hereditariedade não exerce nenhuma influência. Só o ambiente é decisivo para a formação e o caráter de uma pessoa. Além disso, a personalidade é definida, sem espaço para o livre-arbítrio ou a consciência. Watson era inflexível em sua afirmação do papel do comportamento para a formação do ser humano. Sua explicação do processo de aprendizado exclui as estruturas mentais ou esquemas. O aprendizado é apenas uma questão de associar um estímulo a um comportamento correspondente e fortalecer esse vínculo até se estabilizar.

Medo condicionado

Embora admirasse o trabalho de Pavlov com cachorros, Watson queria aplicar sua teoria em seres humanos. Em 1919, John

John Watson e Rosalie Rayner mostram um rato para Albert.

Watson e sua assistente Rosalie Rayner escolheram como cobaia um bebê de 9 meses, "Albert", e o retiraram da creche do *campus*. (O nome verdadeiro da criança era Douglas Merritte.)

Rayner e Watson começaram a experiência mostrando ao pequeno Albert uma série de objetos inofensivos e animais, entre eles um rato branco usado em testes de laboratório. A criança não demonstrou medo nem hostilidade aos objetos e animais, mas essa reação iria mudar com a intervenção de Watson. Quando Albert tocou no rato, Watson fez um barulho com o golpe de um martelo em uma peça de metal. O menino gritou. Watson repetiu o barulho várias vezes até que Albert tentava fugir e chorava sempre que via o rato. Albert começou também a ter medo de associações ao pelo branco, como um casaco de pele, um coelho e uma barba falsa.

Infelizmente, Watson não teve tempo suficiente para dessensibilizar o pequeno Albert após a experiência do condicionamen-

FORMAÇÃO DA MENTE: AS ESTRUTURAS DA PSIQUE

to. É provável que o menino tenha crescido com medo de objetos ou animais cobertos de pelo. Ainda mais triste, Albert morreu aos 6 anos de hidrocefalia, doença que tinha desde o nascimento. Albert, portanto, não era uma criança saudável nem uma cobaia adequada para a experiência, como afirmara Watson. Alguns críticos também comentaram que Watson e Rayner baseavam-se apenas em seus julgamentos subjetivos para registrar as reações de Albert. Apesar de todos os problemas da abordagem de Watson, a experiência confirmou que os seres humanos são suscetíveis ao processo clássico de associar um estímulo a uma reação não natural.

Condicionamento como terapia

Incutir medo de ratos brancos nas pessoas não é um condicionamento útil, mas em 1924, pouco depois da experiência de Watson com o pequeno Albert, a psicóloga americana Mary Cover Jones (1897-1987) usou o condicionamento clássico como terapia. A psicóloga tratou de um menino chamado Peter, que tinha medo de coelhos brancos. Ao longo do tratamento, ela mostrou um coelho a Peter e, aos poucos, o medo do garoto diminuiu até que, por fim, Peter brincava feliz com o coelho e o deixava beliscar seus dedos. Outras crianças que não tinham medo de coelhos ficavam na mesma sala de Peter e tinham reações normais diante do coelho. Esse tipo de terapia behaviorista ainda é usado para tratar de fobias.

Condicionamento operante

No condicionamento clássico, uma pessoa é treinada a associar um estímulo a uma resposta e, assim, o comportamento é moldado por meio de um processo de associação. Outro tipo de condicionamento parte do comportamento e faz uma regressão.

Alexander Bain (1818-1903) é com frequência chamado de o primeiro psicólogo britânico. Bain classificou o comportamento em reflexo ou espontâneo. Um reflexo, como em qualquer animal, é automaticamente eliciado por um estímulo. Se algo se aproxima de nossos olhos, a reação por reflexo é de fechá-los. O comportamento espontâneo é inicialmente aleatório, mas os comportamentos que produzem uma resposta agradável são

Alexander Bain.

lembrados e reforçados. Essa descrição corresponde ao aprendizado por tentativas e erros, ou "aprendizado comportamental espontâneo", o processo que mais tarde B.F. Skinner denominou de "condicionamento operante".

Gato na caixa

O psicólogo behaviorista Edward Thorndike (1874-1949) criou os fundamentos de muitos estudos posteriores sobre aprendizado. Suas experiências eram feitas com animais, quase sempre com gatos. Thorndike inventou uma caixa que podia ser aberta por dentro com a pressão de uma alavanca. O gato era colocado na caixa e um peixe do lado de fora o instigava a fugir (em vez de simplesmente dormir como faria um gato normalmente). O gato explorava o interior da caixa até encontrar a alavanca, abria a caixa e comia o peixe. Thorndike repetia a experiência com o mesmo gato diversas vezes, registrando o tempo que demorava para encontrar a alavanca. Em cada experiência, o tempo diminuía.

A partir desse experimento, Thorndike elaborou a Lei do Efeito, na qual demonstrou que um comportamento com consequências agradáveis se repetia, ao contrário de um comportamento com efeitos negativos. Em outras palavras, se alguém pega uma vespa e o inseto o pica, da próxima vez não terá vontade de pegá-la. Se comer um morango saboroso é provável que queira comer outro. A força do efeito condicionado depende da intensidade da resposta. A Lei do Efeito, apesar de óbvia, constituiu a base do behaviorismo, um dos mais importantes movimentos no campo da psicologia no século XX.

Escolha difícil

O neurologista polonês Jerzy Konorski (1903-1973) foi um pioneiro no campo

---

ASSOCIACIONISMO E REFORÇO

O modelo associacionista afirma que as associações são formadas entre elementos que ocorrem ao mesmo tempo (contiguidade), próximos no tempo ou no espaço (frequência), ou por uma diferença marcante (contraste). As caixas de Thorndike deram origem a um novo modelo de aprendizagem por reforço. Esse modelo é particularmente aplicável ao comportamento. Um comportamento é reforçado se a resposta é positiva e, em consequência, estimula sua repetição.

do condicionamento operante. Konorski trabalhou com Pavlov durante dois anos e denominou, no início, o novo tipo de condicionamento de "Tipo II" ou reflexo condicionado secundário. Mas B.F. Skinner (1904-1990) foi quem mais se destacou nos estudos do condicionamento operante. Skinner morou e trabalhou nos Estados Unidos, enquanto Konorski viveu na antiga União Soviética na época de Stálin e, por esse motivo, permaneceu à parte da corrente predominante da psicologia.

Skinner distanciou-se das teorias tradicionais com seu modelo de "behaviorismo radical". Em sua opinião, os seres humanos não têm livre-arbítrio e a atividade mental não exerce influência na psicologia. Skinner foi um dos psicólogos mais importantes do século XX.

Assim como Thorndike, Skinner usou caixas para testar a reação e o aprendizado de animais e, em seguida, aplicou suas conclusões ao estudo da psicologia humana. A caixa de Skinner continha uma alavanca que fornecia comida, luz, uma grade eletrificada no chão e um alto-falante para provocar estímulos. O rato branco era sua cobaia preferida, mas Skinner também fez experiências com pombos. Ele testava o comportamento do animal que pressionava a alavanca de acordo com as respostas que a alavanca eliciava, que podia ser positiva, negativa ou neutra. Seu método de trabalho incluía recompensas e punições.

Quando o rato tocava na alavanca e recebia comida, esse sinal de reforço positivo era recompensado e o rato o repetia. Se a temperatura do chão ficasse desconfortável para o rato, um toque na alavanca desligava o aquecimento. Esse era um reforço negativo, porque o comportamento eliminara um estímulo desagradável e a tendência era de repeti-lo. Skinner acendia a luz pouco depois de ligar o aquecimento elétrico do chão e, assim, o rato aprendia que a luz era um sinal e procurava no mesmo instante a alavanca para desligá-lo.

FORMAÇÃO DA MENTE: AS ESTRUTURAS DA PSIQUE

> **POMBOS QUE GOSTAM DE JOGAR**
>
> Em 2013, uma equipe de pesquisadores liderada por Jennifer Laude descobriu que alguns pombos gostavam de jogar. Os pesquisadores ofereceram duas chaves para os pombos bicarem. Uma chave fornecia dez porções de comida em apenas 20% do tempo e nada no restante do tempo, enquanto a outra sempre oferecia três porções. Os pesquisadores descobriram que alguns pombos preferiam a estratégia de alto risco. Testes posteriores mostraram que esses pombos eram compulsivos. A fim de testar a compulsão em um pombo, eles ofereceram duas chaves mais uma vez. Uma delas fornecia uma grande quantidade de comida depois de uma demora de 20 segundos; a outra fornecia uma pequena quantidade ao ser bicada. A compulsão por jogos nos seres humanos segue um padrão semelhante e é considerada um transtorno do controle dos impulsos.

Além desse sistema de recompensas, Skinner também punia os ratos para treiná-los. A punição poderia ser a experiência de uma situação desagradável ou a eliminação de uma situação prazerosa.

Na vida cotidiana, é difícil fortalecer todos os pequenos exemplos do "bom" comportamento. Skinner explorou diferentes formas de reforço com intervalos fixos ou variáveis entre eles, ou ainda com variações nos comportamentos reforçados aos não reforçados. O método do uso de intervalos resultava em um comportamento mais lento. O número de vezes não afetava o fortalecimento, que acontecia ao longo do tempo. Ou seja, mesmo com a cobaia mais preguiçosa seu comportamento se fortaleceria apenas com a espera. Esquemas de reforço baseados em variabilidade produziam maiores taxas de resposta. Como as cobaias não sabiam quando iriam ter o reforço, elas repetiam o comportamento, às vezes de uma maneira frenética.

> **POMBOS PROJÉTEIS**
>
> A caixa inventada por Skinner não foi sua única incursão na fabricação de aparelhos. Desde criança, ele gostava de inventar dispositivos estranhos. Durante a Segunda Guerra Mundial, Skinner inventou um míssil guiado por um pombo. O "nariz" do míssil dividia-se em três compartimentos, com um espaço para um pombo em cada um deles. Os pombos treinados guiavam os mísseis ao bicarem um alvo na imagem de uma tela. Se as bicadas e o alvo não estivessem no centro da tela, era preciso ajustar a rota do míssil. Embora sua demonstração prática tenha sido bem-sucedida e seu protótipo ter recebido um financiamento de US$ 25.000 para ser desenvolvido, o projeto foi cancelado em 1944 e os recursos direcionaram-se para pesquisas mais convencionais.

De volta à mente

Na escola behaviorista, o aprendizado é um processo de programação física. Essa teoria não agradou aos psicólogos que davam importância ao estudo da mente. Como vimos, a psicologia da Gestalt opunha-se à divisão da atividade mental, da percepção ou da experiência em elementos ou partes. Os psicólogos gestaltistas rejeitam a separação behaviorista entre o estímulo e a resposta condicionada e preferem um padrão de aprendizado que envolva todo o estado mental do ser humano.

Quando Wolfgang Köhler supostamente trabalhou como espião em Tenerife, em paralelo fez experiências de aprendizado com chimpanzés e galinhas. Köhler observou como os chimpanzés aprendiam a usar objetos como caixas e varas para conseguir comida em lugares de difícil acesso. A partir de suas experiências, Köhler concluiu que os animais com mais capacidade mental aprendiam por meio de um sistema cognitivo de tentativa e erro, com a avaliação de possíveis soluções mentalmente antes de colocar em prática os aprendizados mais factíveis. O momento em que o animal parecia ter encontrado a resposta é o momento do insight.

Um problema é ou não é solucionado; não existem estado intermediários. Nesse sistema, quando a aprendizagem por insight ocorre, o resultado do aprendizado é muito mais persistente do que a aprendizagem adquirida pela repetição ou por comportamentos de tentativa e erro. A percepção surge pela associação de experiências anteriores, lembranças e configuração de campos mentais, e resulta em uma compreensão da estrutura do problema e da situação.

A experiência de cores com galinhas

Além de experimentos com chimpanzés, Köhler usou galinhas como cobaias. Em um experimento, ele mostrou folhas de papel brancas e cinza nos quais colocara ração. Ele afastou os animais que queriam comer a ração do papel branco, mas deixou que comessem a que estava no papel cinza. Por fim, os animais aprenderam a comer a ração depositada no papel cinza. Köhler conseguira ensinar ou "condicionar" as galinhas com esse método.

Em seguida, repetiu a experiência com papel cinza e preto. Na teoria behaviorista clássica as galinhas se dirigiriam para as folhas de papel cinza, como haviam sido condicionadas a fazer. Mas para sua surpresa os animais seguiram em direção ao papel preto. Köhler concluiu que as galinhas haviam aprendido um modelo de comparação: no papel mais escuro elas tinham direito a comer a ração. Depois de terem assimilado esse treinamento, as galinhas usaram o mesmo princípio ("a comida está no papel mais escuro") em uma situação semelhante, um processo que Köhler denominou de "transposição".

Percepção intuitiva

Wertheimer concluiu que as pessoas aprendem melhor quando têm insights. Cada pessoa tem uma maneira e fontes diferentes de aprendizagem. Por esse motivo, não há um método melhor de aprendizado, porque a aprendizagem é altamente individual. A memória e o aprendizado baseiam-se na repetição de experiências pessoais. A identificação de um gato, por exemplo, depende de contatos e lembran-

FORMAÇÃO DA MENTE: AS ESTRUTURAS DA PSIQUE

ças que temos desse animal. Cada um de nós teve um conceito (ou esquema) especial em relação a gatos, que se adaptava ou se fortalecia à medida que o convívio, ou a simples visão de um gato, acontecia ao longo do tempo. Embora compartilhássemos a opinião sobre algumas características físicas dos gatos com outras pessoas, algumas peculiaridades originavam-se de experiências pessoais. Uma pessoa que se lembrasse com carinho de um gato de estimação na infância teria uma impressão diferente de alguém que tivesse sido atacado por um gato agressivo.

Algumas teorias do aprendizado

Os psicólogos gestaltistas tiveram grande influência na corrente cognitiva da psicologia, que colocou a descoberta do conhecimento e a construção do significado no cerne do aprendizado. Afinal, o aprendizado não se limita em descobrir a saída de um labirinto ou de começar a falar e andar. O aprendizado também envolve a educação. Para os psicólogos cognitivos, o aprendizado depende do conjunto de associações e experiências pessoais, como demonstrado nas teorias de Bartlett e Piaget, assim como no relato de Piaget dos estágios de desenvolvimento cognitivo de crianças.

Até mesmo o psicólogo behaviorista Edward Thorndike reconhecia que o conhecimento anterior e os padrões de associação de uma pessoa, ou o número dos padrões de estímulo e resposta, são importantes para o aprendizado futuro. Thorndike foi o primeiro

> *Se, por um milagre de engenhosidade mecânica, um livro pudesse ser organizado de tal forma que só para quem o produzira as páginas um e dois fossem visíveis e assim por diante, grande parte do que agora requer conhecimento pessoal poderia ser realizado pela impressão.*
>
> Edward Thorndike (1912)

a sugerir que a leitura de autores clássicos não contribuía para o aprendizado de outras áreas. Na verdade, o conhecimento de um tema só complementava outra área se tivesse uma relação direta com o assunto, além de aptidões e conhecimentos que pudessem ser transferidos. Segundo a teoria de Thorndike, o aprendizado deveria ser feito em etapas que estimulassem sua importância para quem o recebia.

ESTÁGIOS DE DESENVOLVIMENTO DE PIAGET

Do nascimento aos 2 anos – estágio sensório-motor. A criança adquire a capacidade de perceber a permanência do objeto.

De 2 a 7 anos – estágio do pensamento pré-operatório. A criança é egocêntrica.

De 7 a 10 anos – estágio operatório concreto. Fase do desenvolvimento cognitivo das operações mentais e da percepção de números e volume.

Após 11 anos – estágio operatório formal. Fase do desenvolvimento da capacidade de pensar em conceitos abstratos e manipular ideias.

Antes do século XVIII, as crianças eram tratadas como pequenas versões dos adultos. Em uma idade relativamente jovem, elas vestiam-se com roupas iguais as dos adultos e, se não fossem ricas, tinham de trabalhar. John Locke na Grã-Bretanha e Jean-Jacques Rousseau na França foram os primeiros a terem uma visão da infância como uma etapa especial da vida.

John Dewey, um educador e psicólogo, destacou a importância de transformar o aprendizado em algo interessante para o aluno. Dewey também recomendava que o material didático deveria incentivar o pensamento original e a solução de problemas. Na concepção de Piaget, a educação deve acompanhar o desenvolvimento cognitivo da criança, que se realiza em estágios (ver quadro na página anterior). Essa teoria não era original. Em *Emílio ou Da educação* (1762), o primeiro texto filosófico sobre educação no Ocidente, Jean-Jacques Rousseau sugeriu que a educação religiosa deveria começar na adolescência, porque antes a mente era imatura demais para compreender as implicações do conhecimento religioso e das crenças. Uma criança pequena apenas repetiria os princípios religiosos, sem entender o pleno significado da fé. Rousseau também propôs que a melhor forma de educar alguém é pela exploração e descoberta. Ele deu o exemplo de um garoto a quem pediram que descobrisse, a partir da sombra de uma pipa de papel no chão, sua posição. A criança, disse, deveria aprender por meio das consequências de seus atos (a educação era reservada aos meninos), embora seu tutor o protegesse de perigos. As teorias sobre educação de Rousseau assemelham-se às ideias atuais

> *A mais nobre arte da educação tem o objetivo de criar um homem racional e, portanto, é preciso estimular o raciocínio de uma criança! Esse é um processo com um resultado concreto. Se uma criança aprende a raciocinar, não é preciso educá-la.*
>
> Jean-Jacques Rousseau (1762)

FORMAÇÃO DA MENTE: AS ESTRUTURAS DA PSIQUE

de criar e educar crianças inspiradas em John Dewey e na médica e educadora Maria Montessori (1870-1952). Apesar de sua influência nas teorias referentes à criação e educação de crianças, Rousseau não foi um bom pai. Ele enviou alguns de seus filhos para um orfanato, porque não queria se aborrecer nem ter despesas com a educação deles.

Para Piaget, o desenvolvimento cognitivo tem uma relação com a biologia. Não é possível acelerar o processo de aprendizado nem tentar ensinar tarefas que estão além do estágio de desenvolvimento da criança. Piaget acreditava no aprendizado dinâmico baseado na descoberta. O Plowden Report (1967), que criou a estrutura da educação elementar no Reino Unido, baseou-se na pesquisa realizada por Piaget na década de 1950.

A memória do computador e a memória do ser humano

A partir da década de 1960, as abordagens cognitivas basearam-se na teoria do computador como um mecanismo de processamento de dados. Se uma máquina pode processar uma informação e tem mecanismos internos, por que a mente não poderia ter a mesma função? O conceito de esquema adaptou-se bem à estrutura de armazenamento e processamento dos computadores. Em 1968, os psicólogos americanos Richard Atkinson (nascido em 1929) e Richard Shiffrin (nascido em 1942) elaboraram uma teoria da memória da mente humana denominada Atkinson-Shiffrin. Seus princípios assemelham-se bastante à maneira como os computadores processam e armazenam dados. A teoria sugeriu três componentes:

A criação dos primeiros computadores nas décadas de 1950 e 1960 influenciou as teorias de psicólogos americanos.

- Informações sensoriais: cada órgão do sentido tem uma área de memória para armazenamento temporário de informações sensoriais, mas não a processa. A informação é armazenada por um curto período e transferida para memória de curto prazo se houver atenção.
- Memória de curto prazo, ou memória de trabalho, que recebe e armazena os dados do registro sensorial ou a informação recuperada da memória de longo prazo.
- Memória de longo prazo que armazena a informação por tempo indefinido.

As informações sensoriais fazem parte de um processo de filtragem, que nos permite selecionar para qual estímulo estaremos atentos. Assim, diante de uma cena é possível dirigir a atenção para algo relevante, tal como uma ameaça, algo que estamos procurando, ou uma pessoa que conhecemos.

De acordo com o psicólogo americano George Miller (1920-2012), o ser humano tem capacidade de armazenar entre cinco a nove itens na memória de curto prazo (1956). A informação da memória de curto prazo desaparece e é esquecida em cerca de 20 segundos, a menos que haja um esforço de treino contínuo para ser lembrada. As informações na memória de longo prazo podem ser armazenadas por um período indeterminado. Para ter acesso a esses dados, é preciso recuperá-los na memória de curto prazo. A capacidade de armazenar informações na memória de longo prazo é ilimitada, porque o aprendizado é contínuo. Em alguns casos, memórias ficam inacessíveis: não é possível lembrar incidentes da fase em que éramos bebê, mas as lembranças estão armazenadas em alguma área do cérebro.

Apesar das críticas a essa teoria desde que foi formulada, ela ainda exerce influência no campo da psicologia.

Explicação da psicobiologia

A psicobiologia tenta explicar o funcionamento da mente em termos dos processos químicos, das transmissões neuronais e da estrutura física do cérebro.

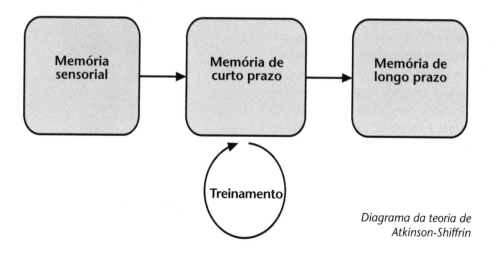

Diagrama da teoria de Atkinson-Shiffrin

O psicobiologista canadense Donald Hebb (1904-1985) dedicou-se a descobrir os processos biológicos subjacentes às associações, mas logo constatou que a teoria do "associacionismo" não tinha fundamentos na fisiologia do cérebro. Em suas pesquisas Hebb descobriu que uma nova percepção ou uma mudança na atenção estimula alguns neurônios que ele denominou de "conjunto de células". Por exemplo, Hebb explicou que uma criança ao ouvir o som de passos acionava um conjunto de células que criavam a percepção. Na próxima vez que ouvisse o som dos passos, o mesmo conjunto era estimulado. Se os passos fossem seguidos pela figura do pai, outro conjunto de células era acionado. A atividade do conjunto de células continuava por algum tempo, um fenômeno que chamou de reverberação da atividade neural. Isso significa que se outro conjunto de células fosse ativado num curto período de tempo, os dois conjuntos poderiam se conectar. Hebb denominou de "sequência de fase", uma sequência de conjuntos conectados dessa forma.

Assim, a criança que ouvisse o som dos passos acompanhado da aproximação do pai iria formar uma sequência de fase na qual a primeira percepção, os passos, automaticamente estimularia a segunda percepção, e a criança antecipava, talvez com entusiasmo, a chegada do pai. Essa reação assemelha-se ao condicionamento clássico que elimina a surpresa, conforme observado por Robert Rescorla. Os conjuntos de células e a sequência de fase podem ser reativados por uma percepção externa (o barulho dos passos, no caso da criança) ou por uma ideia. Com isso, é possível imaginar, por exemplo, a imagem de uma vaca, sem que haja uma vaca perto. As percepções que formam a imagem de uma vaca já estão conectadas. O bebê, segundo Hebb, aprende por associações, unindo conexões neurais para produzir os conjuntos de células e sequências de fase. O adulto, que já reconhece e interpreta o ambiente ao seu redor, aprende de forma diferente, reorganizando os conjuntos existentes e as fases com o uso da criatividade e do insight.

FORMAÇÃO DA MENTE: AS ESTRUTURAS DA PSIQUE

NOÇÕES ELEMENTARES SOBRE NEURÔNIOS

Em 1906, o médico e cientista italiano Camillo Golgi (1843-1926) e o neurocientista espanhol Santiago Ramón y Cajal (1852-1934) dividiram o Prêmio Nobel de Fisiologia e Medicina pela descoberta dos neurônios. Os neurônios são células nervosas que transmitem informações com sinais elétricos e químicos para o sistema nervoso central. Os neurônios dos sentidos transmitem informações sobre o ambiente (visão, audição, tato e olfato) para o sistema nervoso central. Os neurônios motores partem do sistema nervoso central e estabelecem conexão com os músculos para controlar os movimentos. Os interneurônios conectam-se na medula espinhal e no cérebro para transmitir e processar informações.

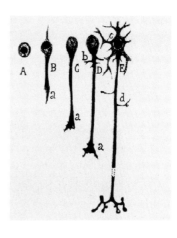

Existem muitos tipos diferentes de neurônios, mas em geral eles são constituídos de um corpo celular, um axônio – o prolongamento do corpo celular com até 1 metro de comprimento em seres humanos –, e de dendritos, que são ramificações do axônio. Centenas de dendritos permitem a conexão entre inúmeros neurônios. Essas conexões ocorrem nas sinapses, espaços minúsculos por onde substâncias químicas transmitem sinais entre as células. O cérebro de um ser humano tem de 85 a 100 bilhões de neurônios e talvez um número mil vezes maior de sinapses. A estrutura das redes neurais do cérebro foi usada nos projetos de sistemas computacionais.

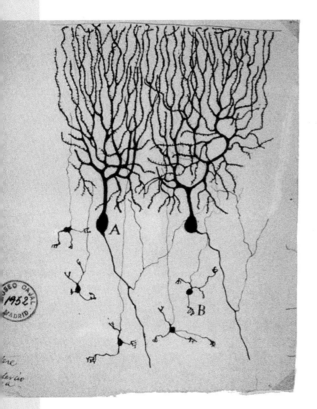

Desenho de Cajal dos neurônios no cérebro de um pombo.

CAPÍTULO 6

O que define as nossas características PESSOAIS?

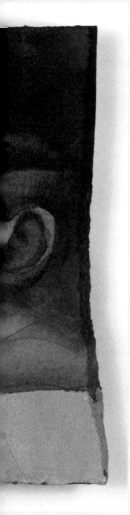

Muitos psicólogos gostam de escrever a palavra self com a letra maiúscula "S", como se a individualidade humana fosse algo precioso e extraordinariamente valioso. Eles descobrem o self como se estivessem envolvidos em uma caça ao tesouro. O self não signifca nada além disso que se define por diversidade.

Fritz Perls (1893-1930), psicoterapeuta alemão que desenvolveu a terapia da Gestalt

O astrônomo David Kinnebrooke perdeu seu emprego em 1795 em razão da diversidade dos seres humanos. Sua reação foi mais lenta do que a de seus colegas, uma condição biológica imutável. O que diferencia os seres humanos do ponto de vista psicológico ou em outros aspectos?

Aquarela sobre papel Small Mirror Twin, *de Graham Dean (2003)*

Natureza *versus* educação

Os seres humanos são diferentes entre si, mas, ao mesmo tempo, são semelhantes. Em especial, compartilham características parecidas de personalidade, comportamento e crenças com suas famílias ou com grupos sociais e culturais.

Uma pergunta essencial e ainda não respondida no campo da psicologia refere-se aos aspectos da personalidade, das habilidades e do comportamento que podem ser atribuídos à natureza (fatores hereditários), e as características que são adquiridas no processo de educação (o ambiente e a maneira como as pessoas são criadas). Desde a época de Locke, o modelo da tábula rasa tem sido associado à "educação"

e ao debate entre natureza *versus* educação, assim, se não existe conhecimento inato, poderemos ter total controle do mundo ao qual as crianças serão expostas e como irão se desenvolver.

A natureza e a educação podem ser empregadas para apoiar uma visão determinista da personalidade e do destino de uma pessoa. A tendência à criminalidade pode ser herdada por fatores genéticos ou essa tendência se manifesta por que o ambiente estimula a compulsão de praticar atos condenáveis. Estudos realizados com gêmeos ou com crianças adotadas têm sido usados para tentar definir o grau de influência das características biológicas e da educação em uma pessoa.

Livre-arbítrio e determinismo

Outro tema de discussão refere-se à resistência das pessoas à influência da hereditariedade e do ambiente. Ou seja, o pressuposto de que as pessoas têm livre-arbítrio e suas ações excluem o acaso e a indeterminação. A questão é ainda mais complexa se pensarmos que a vontade e o impulso para resistir à influência da genética ou do ambiente é um aspecto do caráter e, portanto, é um produto da genética e do ambiente.

Uma importante questão refere-se ao controle que temos, ou não, sobre quem somos, não apenas para a psicologia teórica, mas também para aplicações práticas, assim como na lei e na educação Alguém que herde um gene de psicopatia poderia ser considerado responsável por seus atos antissociais? Se uma pessoa for criada em um ambiente de maus-tratos ou preconceituoso, até que ponto ela seria responsável por suas opiniões e comportamentos?

Astrologia

Durante milhares de anos, as pessoas acreditaram que sua personalidade era determinada ou influenciada pelo alinhamento dos astros no momento de seu nascimento. O estudo da astrologia teve início por volta do século VI a.C., e o horóscopo mais antigo, com as posições dos planetas e dos signos zodiacais, data de 410 a.C.

A crença que a posição dos planetas e das estrelas no momento do nascimento influencia o caráter e os traços da personalidade de uma pessoa, bem como é um preditivo dos acontecimentos de sua vida, é um elemento central na astrologia. Há ainda as pessoas que acreditam em previsões astrológicas. Porém não existe analogia entre a personalidade e a posição da Terra em relação aos planetas. A astrologia é a tentativa mais antiga de explicar a personalidade dos seres humanos.

Ilustração de um mapa astral do século XVII.

Ascensão, declínio e retorno da astrologia

O estudo da astrologia desenvolveu-se em muitas culturas, como na Babilônia, Índia, China e Mesoamérica. A tradição babilônica foi continuada no Egito, na Grécia e em Roma. Depois da queda do Império Romano, a prática da astrologia sofreu declínio na Europa, mas floresceu no mundo árabe. Durante a Idade Média, houve novo interesse pela astrologia na Europa quando os textos em grego e árabe foram traduzidos para o latim. Os médicos verificavam as condições astrológicas antes de iniciar ou recomendar um tratamento para o paciente. Até mesmo grandes cientistas do Renascimento, como o astrônomo dinamarquês Tycho Brahe (1546-1601), o sábio italiano Galileu Galilei (1564-1642) e o matemático alemão Johannes Kepler (1571-1630) praticavam a astrologia. Nem sempre acreditavam na influência dos astros, mas era uma fonte de renda útil.

A astrologia começou a perder a credibilidade quando a antiga teoria de um universo imutável foi contestada. Com a descoberta dos cometas e de novas estrelas, a astrologia entrou mais uma vez em declínio. Depois de algumas tentativas de resgatá-la, por fim, seu estudo e prática foram abandonados no século XVIII. A astrologia reapareceu com a publicação no jornal britânico, *Daily Express*, de um horóscopo do dia do nascimento da princesa Margaret em 1930.

O humor oscilante

Por mais de 2 mil anos, o esquema teórico predominante em relação à mente e ao corpo baseou-se nas teorias de Hipócrates e mais tarde de Galeno (ver página seguinte). Eles explicam a saúde mental e física e aspectos do temperamento e da personalidade através da teoria dos humores. Qua-

O QUE DEFINE AS NOSSAS CARACTERÍSTICAS PESSOAIS?

tro substâncias, chamadas de "humores", são secretadas em proporções variáveis pelo organismo: o sangue, a fleuma, a bile amarela e a bile negra, influenciando as condições físicas e mentais das pessoas.

Seiscentos anos separaram o médico grego Hipócrates de Cós (460-377 a.C.) de Galeno de Pérgamo (130-200 d.C.), um médico grego que viveu na época do Império Romano. Assim como Hipócrates, Galeno compilou uma coletânea de todo o conhecimento médico da época, com o acréscimo de suas pesquisas e teorias. Hipócrates e Galeno acreditavam que a saúde assim como a doença mental e física são controladas pelo equilíbrio dos humores. Quando estão em uma proporção adequada, o corpo e a mente ficam saudáveis. O desequilíbrio dos humores provoca doenças, e a saúde é restabelecida quando essas substâncias se reequilibram.

O equilíbrio dos humores pode ser alterado com a prática de dieta, atividade física, com a idade e o estilo de vida assim como a doença. Além disso, as pessoas têm temperamentos diferentes. Pessoas com alto nível de bile amarela, por exemplo, são temperamentais e coléricas. Elas gritam com seus subordinados e membros da família, envolvem-se em discussões e perdem o controle emocional com facilidade. Se há a predominância de sangue no organismo, a pessoa tem um temperamento sanguíneo. O excesso de bile negra influencia o temperamento melancólico. Por sua vez, as pessoas fleumáticas têm um excesso de fleuma no organismo.

A teoria dos quatro humores constituiu a base da explicação racional da saúde e da doença até o século XIX. Essa teoria foi a primeira explicação pseudo-biológica do caráter e influenciou a ideia do predomínio da natureza em relação à educação,

Um mapa astral de 1411, com um planeta no signo zodiacal de Peixes.

O QUE DEFINE AS NOSSAS CARACTERÍSTICAS PESSOAIS?

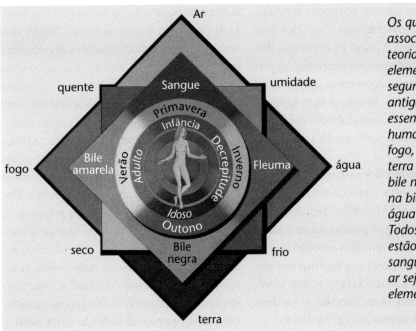

Os quatro humores associam-se à teoria dos quatro elementos, que segundo os antigos gregos são essenciais à vida humana: terra, fogo, ar e água. A terra predomina na bile negra, o fogo na bile amarela, a água na fleuma. Todos os elementos estão presentes no sangue, embora o ar seja o principal elemento.

Humor	Temperamento	Característica
Fleuma	Fleumático	Indolente, frio
Sangue	Sanguíneo	Alegre
Bile amarela	Colérico	Passional, irascível
Bile negra	Melancólico	Triste

embora os elementos do ambiente, como a dieta ou a moradia em um porão úmido, também afetem os humores e o estado de ânimo ou de espírito.

Conhecimento do caráter a partir das feições de uma pessoa

A crença segundo a qual as feições refletem o caráter já existia na Grécia Antiga. A teoria continuou a ter influência na Europa durante a Idade Média até o Renascimento, e algumas universidades ensinavam a interpretar as características da fisionomia para definir o caráter. Mas não era uma teoria de consenso. Na Inglaterra, essa crença foi proibida por Henrique VIII, que queria se livrar de mendigos e vagabundos que "faziam truques sutis, astuciosos e ilegais, como a leitura fisionômica e da palma da mão". Leonardo da Vinci a rejeitou como falsa e sem fundamento científico. Por outro lado, ele admitia que as rugas causadas pela idade ajudavam a definir o caráter, porque indicavam tipos de expressão facial que haviam se convertido em hábito, como o sorriso ou o franzir da testa.

141

O QUE DEFINE AS NOSSAS CARACTERÍSTICAS PESSOAIS?

A teoria dos quatro humores também foi usada para determinar o caráter por meio da aparência. Como a proporção dos humores afeta o estado mental e físico, poderia haver uma relação entre a aparência e o temperamento. Assim, o tipo sanguíneo teria um rubor natural no rosto, enquanto uma pessoa melancólica seria pálida e magra.

A fisiognomonia foi resgatada no século XVIII pelo poeta e pastor suíço Johann Kaspar Lavater (1741-1801). Segundo Lavater, há "uma relação precisa entre a alma e o corpo". Lavater também acreditava que a beleza exterior revela um espírito virtuoso. Suas obras influenciaram vários estudiosos, entre eles o anatomista e médico alemão Franz Joseph Gall (1758-1828).

A frenologia

Gall foi o primeiro estudioso a fazer a distinção entre a massa cinzenta do cérebro, que contém os neurônios, e a substância branca, com alta concentração de gânglios responsáveis pelas conexões no cérebro. Gall acreditava que as diferentes áreas ("órgãos") do cérebro realizam tarefas distintas (a localização da função). Além disso, Gall afirmava que a forma do crânio mostra a estrutura precisa do cérebro. Por volta de 1800, Gall elaborou a teoria da frenologia, na qual propôs que pela avaliação dos "caroços ou protuberâncias" da cabeça seria possível determinar o tamanho dos diversos "órgãos" e, em consequência, definir o caráter e as características da personalidade de uma pessoa.

Suas teorias enfrentaram a oposição da Igreja e em 1802 o governo austríaco proibiu suas palestras. Três anos depois, Joseph Gall foi obrigado a fugir do país.

Johann Gaspar Spurzheim (1776-1832), que trabalhou como assistente de Gall, desenvolveu o estudo da frenologia e o divulgou

Alguns livros sobre fisiognomonia mostram as semelhanças entre as feições humanas e a dos animais. As pessoas com traços animalescos teriam, na teoria da frenologia, algumas características do animal com quem se parecem.

142

O QUE DEFINE AS NOSSAS CARACTERÍSTICAS PESSOAIS?

LEITURA DAS MÃOS

A quiromancia é a crença segundo a qual o caráter e o futuro de uma pessoa podem ser desvendados a partir das linhas de suas mãos. Tem uma longa história e foi praticada na China, no Tibete, na Pérsia, na Suméria, no Antigo Israel, na Mesopotâmia e na Europa. Hipócrates examinava a palma da mão de seus pacientes durante o diagnóstico. Aristóteles escreveu: "As linhas não são traçadas nas palmas das mãos por acaso. Elas são resultado de influências celestiais e da individualidade do ser humano".

A Igreja reprimiu a quiromancia na Europa durante a Idade Média, por considerá-la uma superstição pagã. No Renascimento, a quiromancia e a necromancia, a suposta arte de adivinhar o futuro por meio do contato com os mortos, foram proibidas. Em 1839, após a publicação de um tratado sobre o assunto escrito por um oficial do Exército francês, capitão Casimir Stanislas D'Arpentigny (nascido em 1798), que se interessara pela "quiromancia" depois que uma jovem cigana lera a palma de sua mão durante uma campanha militar na Espanha, a arte de prever o futuro com a leitura da palma da mão ressurgiu na Europa. A prática da quiromancia difundiu-se na segunda metade do século XIX.

Existem quatro temperamentos de acordo com o humor dominante. O linfático, o sanguíneo, o bilioso e o nervoso... Os quatro temperamentos diferentes manifestam-se em sinais externos passíveis de serem observados. O temperamento linfático caracteriza-se por formas mais arredondadas do corpo, músculos flácidos, tecido adiposo, cabelos finos e a pele pálida. O comportamento é apático e lânguido, e a circulação do sangue é mais fraca e lenta. O cérebro tem reações mais lentas e sem energia, assim como as manifestações mentais. O temperamento sanguíneo caracteriza-se por um corpo com formas definidas, um pouco acima do peso, músculos mais firmes, cabelos castanhos, olhos azuis, pele clara e corada. O tipo sanguíneo tem uma boa circulação, gosta de exercícios físicos e tem um comportamento alegre e bem-disposto. O cérebro é vigoroso e ativo. As pessoas com o temperamento bilioso ou colérico têm cabelos pretos, pele mais escura, não são muito gordas, têm músculos firmes e traços fisionômicos bem marcados. É um tipo ativo e com grande energia. Essas pessoas estão sujeitas a terem acessos de raiva e irritação. O tipo nervoso distingue-se pela pele e cabelos finos, uma musculatura fraca, movimentos rápidos, palidez e, com frequência, uma saúde frágil. O sistema nervoso central, inclusive o cérebro, é ativo e enérgico e as manifestações mentais demonstram vivacidade e força.

William Mattieu Williams (1820-1892), escritor de livros científicos e conferencista inglês, em *A Vindication of Phrenology* (publicação póstuma em 1894)

Desenhos de Lavater de diferentes temperamentos segundo as observações da fisiognomonia.

nos Estados Unidos. Alguns escritores importantes, como Walt Whitman, Edgar Allan Poe, Mark Twain e Herman Melville nos EUA, e Emily Brontë e Charles Dickens na Inglaterra, fizeram referências à frenologia em seus livros, o que incentivou ainda mais seu apelo popular.

O estudo da fisiognomonia e da frenologia prosseguiu com o trabalho de cientistas caucasianos, que, a partir de uma discriminação racial, sugeriram que as feições e o formato da cabeça indicavam padrões morais condenados pela sociedade e uma inteligência inferior.

O que o nariz pontiagudo e aquilino de Kaspar Lavater revelava de sua personalidade?

O NARIZ DE DARWIN

O naturalista inglês Charles Darwin (1809-1882) por pouco não fez a viagem que inspirou sua teoria da evolução das espécies, porque o capitão do navio, Robert FitzRoy (1805-1865), um estudioso da fisiognomonia, quase não o deixou embarcar em razão da forma do nariz de Darwin indicar um caráter sem determinação.

Criminosos natos

O criminologista italiano Cesare Lombroso (1835-1909) associou aspectos do darwinismo social, da psicologia e da fisiognomonia para elaborar sua teoria sobre criminalidade. Segundo Lombroso, a criminalidade, pelo menos no caso de delinquentes perigosos e reincidentes, é hereditária e significa um atavismo, uma regressão aos estágios iniciais da evolução humana. Lombroso também acreditava que os criminosos podiam ser identificados pelas características físicas "simiescas" como a testa inclinada, braços longos e a mandíbula projetada para frente. As orelhas extremamente grandes e um rosto ou cabeça assimétrico eram consideradas características físicas de criminosos. Nem todas essas peculiaridades são visíveis; de acordo com Lombroso, os criminosos têm uma excelente visão, pouca sensação de dor, ausência de moral, capacidade de não sentir remorso, e tendência a ser cruel, vaidoso, impulsivo e vingativo. É possível que as três características – crueldade, vaidade, impulsividade e sede de vingança – fossem inerentes a uma vida de crimes violentos, porém o tamanho das orelhas era um indicador improvável de criminalidade. A teoria de Lombroso não obteve sucesso na Europa, mas teve uma grande influência nos Estados Unidos e deu origem aos estudos da fisiognomonia criminal.

Darwinismo social

Se os humores e as características herdadas de força ou fraqueza do cérebro predispunham as pessoas a se comportar de determinada maneira, esse pressuposto indicava que tais fatores eram fortemente influenciados por características herdadas. Essa corrente de pensamento desenvolveu-se na segunda metade do século XIX, quando o prestígio da teoria da evolução das espécies de Darwin permeava todos os aspectos da ciência. Teve também um grande impacto no campo da psicologia. O psicólogo inglês Francis Galton (1822-1911), célebre por seu trabalho com testes de inteligência e pela recomendação que

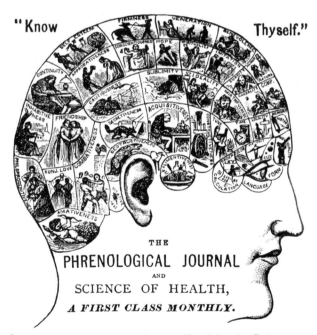

Mapa frenológico do cérebro datado do século XIX.

O QUE DEFINE AS NOSSAS CARACTERÍSTICAS PESSOAIS?

pessoas menos inteligentes não deveriam ter filhos, criou a expressão a "natureza *versus* educação". Sua ênfase recaiu na importância da natureza e apoiou seus argumentos com descobertas de seus estudos de gêmeos monozigóticos (idênticos) e dizigóticos (não idênticos).

Galton e outros pesquisadores tentaram estender o princípio da seleção natural de Darwin à sociedade, uma abordagem que deu origem à teoria do darwinismo social. Essa teoria apoiava a tese que as pessoas "mais fortes e inteligentes" prosperavam na vida, enquanto os "fracos" deveriam ser marginalizados. Essa seleção do ser humano é praticada no sistema capitalista do *laissez faire*, no qual os doentes, os fracos e deficientes não recebem apoio financeiro e social. O darwinismo social também deu origem à eugenia, uma teoria de "aperfeiçoamento da espécie" por meio da solução genética e do controle da reprodução entre pessoas com doenças crônicas, com deficiências físicas ou mentais, homossexuais e alguns grupos raciais.

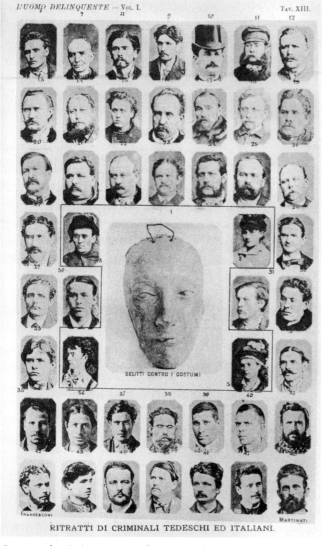

Retratos de criminosos segundo a teoria de Lombroso.

Loteria genética

Desde a publicação da teoria da evolução das espécies de Darwin e do trabalho de Gregor Mendel (1822-1884) referente ao estabelecimento dos mecanismos das características hereditárias, a ideia que muitos dos atributos dos seres humanos são herdados generalizou-se. No entanto, os fatores hereditários são mais visíveis em peculiaridades físicas, como a cor dos olhos ou o formato do nariz do que nas características psíquicas semelhantes às dos pais ou dos irmãos.

146

O QUE DEFINE AS NOSSAS CARACTERÍSTICAS PESSOAIS?

CRIMINOSOS FICCIONAIS

O pressuposto que a índole criminosa de uma pessoa se reflete em sua aparência foi tema de livros do século XIX. Charles Dickens descreveu o personagem criminoso Fagin, em *Oliver Twist*, como "um judeu velho e enrugado cujo rosto repulsivo escondia-se por trás dos cabelos ruivos". Na primeira descrição do presidiário Magwitch em *As grandes esperanças*, Dickens não mencionou sua aparência, só as roupas e o estado físico, porque Magwitch era um homem bom:

"Um homem com um aspecto assustador, vestido com um traje grosseiro cinza, e com uma corrente de ferro na perna. Um homem sem chapéu, com sapatos gastos e um trapo velho amarrado em torno da cabeça. Um homem manco cujas roupas ficaram ensopadas de água e cobertas de lama, com a pele ferida por urtigas e arbustos espinhosos. Ele se aproximou de mim com um grunhido e um olhar penetrante; e seus dentes rangeram ao segurar meu queixo."

Mas um temperamento irascível é resultado da hereditariedade ou de ter sido educado em uma família sujeita a acessos de raiva e irritação? É difícil distinguir o papel exercido pela hereditariedade e pelo ambiente no desenvolvimento do caráter e da inteligência.

Estudos de gêmeos

O estudo de gêmeos idênticos foi usado para determinar as características inatas da personalidade e do temperamento. Os primeiros estudos foram realizados por Francis Galton na década de 1870. Galton usou questionários para avaliar os traços

SORRIA, POR FAVOR – OU NÃO

A fotografia desempenhou um papel importante no desenvolvimento da fisiognomonia como um meio de classificar os tipos mentais. Sua ascenção no século XIX possibilitou que as pessoas que trabalhavam em manicômios fotografassem todos os tipos de pacientes e em diferentes estágios de doença e saúde. Essas fotografias transformaram-se em amplos bancos de dados de fácil acesso, bem melhor do que os desenhos ofereciam até então. Lombroso e Galton usaram fotografias para identificar e classificar os tipos de criminosos e de patologias psíquicas. O neurologista Jean-Martin Charcot também fotografou os pacientes hipnotizados para mostrar os estágios da histeria.

psicológicos e enfatizou o aspecto da natureza (características herdadas) na formação do caráter. O behaviorista Edward Thorndike realizou os primeiros estudos experimentais com gêmeos, em um teste com cinquenta gêmeos de 9 a 10 anos e de 13 a 14 anos. Suas conclusões sugerem que a importância da hereditariedade diminui com a idade e, assim, os gêmeos embora tivessem nascido com a mesma herança genética e no mesmo ambiente, ao longo da vida adquiriam autonomia e tinham experiências diferentes, que moldavam suas personalidades distintas. A influência da hereditariedade e da genética sobre o caráter foi confirmada em estudos posteriores.

Inteligência como um fator hereditário

A hereditariedade da inteligência revelou-se um tema politicamente problemático. Galton não se importou em ferir susceptibilidades e não só estudou o assunto, como também sugeriu que as pessoas desprovidas de inteligência deveriam procurar um "refúgio agradável" no celibato ou na vida dos mosteiros, em vez de transmitir seus genes imperfeitos. Ele realizou seu primeiro estudo de pessoas com extraordinária capacidade intelectual – gênios –, por meio de um método que intitulou de "historiometria". Esse método analisa diversos registros biográficos de famílias de pessoas inteligentes, com o objetivo de determinar um padrão de inteligência. A partir de seus estudos, Galton concluiu que na linha de descendência mais direta (pais-filhos) havia uma conexão entre inteligência e hereditariedade. O método dependia da pessoa inteligente escolher ou ter acesso a um campo de trabalho onde possa se destacar. Mas apesar da conclusão de que a inteligência é um dom herdado, seus estudos não abrangeram o impacto do ambiente no desenvolvimento de uma inteligência em potencial.

Apesar do sucesso dos testes de inteligência na primeira metade do século XX, a teoria segundo a qual a inteligência é um fator genético enfrentou oposição política na segunda metade do século. O fato de algumas pessoas serem menos inteligentes do que outras em razão de um fator genético e, portanto, uma característica imutável, tinha implicações no modelo educacional e no sistema de meritocracia de uma sociedade. Os estudos realizados

Tela Kate e Grace Hoare *(1879), de John Everett Millais. Apesar de serem gêmeas idênticas, Millais mostrou como suas personalidades têm uma diferença marcante.*

O QUE DEFINE AS NOSSAS CARACTERÍSTICAS PESSOAIS?

INFLUÊNCIA DA NATUREZA E DA EDUCAÇÃO EM GÊMEOS

Os gêmeos monozigóticos (idênticos) são muito interessantes para a pesquisa caso eles tenham sido separados desde o nascimento e criados por famílias diferentes. Os gêmeos idênticos têm a mesma formação genética, mas recebem influência do meio em que são criados. Ao compará-los, é possível definir quais características são resultantes da genética e quais decorrem de fatores ambientais. Os gêmeos educados juntos também são interessantes como material de pesquisa. Um estudo sobre esquizofrenia realizado em gêmeos idênticos mostrou que só em 50% dos casos a doença afetava os dois. A esquizofrenia não é então totalmente genética, pois se assim o fosse, em gêmeos idênticos ambos apresentariam a patologia.

no final do século XX e início do século XXI revelaram que a inteligência é resultado da influência da hereditariedade e do ambiente, onde as pessoas são criadas. Neste sentido, uma pessoa com um potencial inato de ser bem-sucedida tem ou não a capacidade de realizá-lo dependendo de seu ambiente familiar e das oportunidades que lhe forem oferecidas na infância.

Construção do "self"

Para alguns filósofos e psicólogos a personalidade do ser humano é resultado, em grande parte ou totalmente, da influência da natureza; outros creditam aos fatores ambientais e à educação essa responsabilidade.

DEFINIÇÃO DE INTELIGÊNCIA

"A inteligência é a capacidade de conhecer, compreender e aprender, de raciocinar, planejar, solucionar problemas, de ter raciocínio abstrato, de apreender ideias complexas com rapidez e por meio da experiência. A inteligência não é um livro de aprendizado, uma habilidade acadêmica limitada, ou um teste de QI. Ao contrário, ela reflete a capacidade mais ampla e profunda de 'entender', de 'dar sentido às percepções' ou de 'imaginar o que fazer'."

Linda S. Gottfredson, psicopedagoga americana (1947)

O QUE DEFINE AS NOSSAS CARACTERÍSTICAS PESSOAIS?

Primórdios da psicologia ambiental

Segundo Locke, a mente é uma folha em branco, "uma tábula rasa", e nada é inato. Ele acreditava que a experiência é responsável por tudo.

Para ele, a educação é fundamental. "Posso dizer que de todos os homens que conheci, nove entre dez, fossem eles bons ou maus, úteis ou não, eram reflexo da educação."

Locke dizia que as pessoas devem ter um cuidado especial quanto às ideias e aos estímulos aos quais as crianças pequenas são expostas, porque as primeiras marcas feitas na *tábula rasa* são muito importantes: "As pequenas e quase imperceptíveis impressões captadas na infância têm consequências grandes e duradouras". Ninguém, segundo ele, deveria contar histórias de gnomos ou de outros seres aterrorizantes ou infundir medo de ambientes escuros às crianças.

Jean-Jacques Rousseau opunha-se à teoria de Locke da tábula rasa. No conceito do filósofo francês, a humanidade tem sentimentos nobres e bondosos por natureza e, por isso, sua mente tem qualidades inatas. Em sua opinião, o impacto do ambiente e da experiência corrompe o potencial da mente nobre: "Nas mãos do Criador nada se deturpa, mas tudo se corrompe nas mãos do homem".

László Polgár e sua família.

CRIANÇAS PRODÍGIOS

Em uma série de estudos realizados no início do século XXI, L.R. Vandervert usou o exame de tomografia por emissão de pósitrons (PET) para observar a atividade cerebral de crianças prodígios. Ele descobriu que partes do cérebro de pessoas extremamente bem-dotadas e inteligentes têm um desenvolvimento melhor do que nos menos dotados. As pessoas com uma inteligência brilhante usam mais o recurso da memória de longo prazo. O professor de xadrez László Polgár criou suas três filhas para serem jogadoras exímias de xadrez e conseguiu realizar seu objetivo. E embora ele tivesse um talento extraordinário para jogar xadrez, a hereditariedade não poderia ser considerada como um fator determinante no sucesso delas.

O compositor alemão George Frideric Händel (1685-1759) tinha um talento musical extraordinário, embora não tenha sido incentivado pela família que, na verdade, opunha-se que ele seguisse a carreira de músico:

"A atração de Händel pela música, que seu pai sempre tentou reprimir com o incentivo do estudo do Direito, foi um estigma na família. Os pais proibiram que tivesse qualquer contato com um instrumento musical, mas Händel conseguia tocar às escondidas um clavicórdio no sótão de sua casa. Era o lugar onde se refugiava sempre que a família ia dormir."

John Mainwaring (1760), o primeiro biógrafo de Händel.

> **AVALIAÇÃO DA INTELIGÊNCIA**
>
> Francis Galton (1822-1911) foi o primeiro psicólogo a testar a inteligência. Ele privilegiava a natureza sobre a educação na formação da inteligência. Em 1865, Galton propôs a teoria da eugenia, o aperfeiçoamento da espécie por meio da seleção genética e do controle da reprodução.
>
> Alfred Binet e Theodore Simon desenvolveram testes de inteligência mais aprimorados em 1905. A escala de inteligência Binet-Simon avalia os sujeitos em relação à média normal das habilidades esperadas para determinada faixa etária. Em 1911, William Stern dividiu a idade intelectual de acordo com o modelo proposto por Binet-Simon por idade cronológica. E em 1916, Lewis Terman multiplicou os números de Stern por 100 para obter a atual escala de QI (quociente intelectual):
>
> $$QI = \frac{\text{Idade intelectual}}{\text{Idade cronológica}} \times 100$$

David Hume, um contemporâneo de Rousseau, optou por uma visão mais conciliatória. De acordo com sua teoria, os seres humanos eram dominados pelas mesmas paixões, embora em graus diferentes. Os padrões e graus das paixões humanas definem os traços iniciais do nosso caráter. No entanto, as experiências são diferentes. As experiências que os seres humanos experimentam, associadas à mistura de paixões individuais (caráter) determinam não só o aprendizado, como também a reação aos acontecimentos futuros. As experiências anteriores e a personalidade constituem a base da vida dos homens.

Partes do "eu"

Os primeiros psicólogos experimentais não estavam interessados em como as pessoas diferem umas das outras. Wundt e seus sucessores tinham mais interesse pela mente e seus processos do que pelos componentes da personalidade. A discussão referente ao "*self*" surge em cena com as teorias de Sigmund Freud na década de 1890. Freud propôs a teoria das três instâncias que compõem o aparelho psíquico, id, ego e superego, na qual o id e o ego são princípios inatos, e o superego é construído na infância. Os valores do superego são culturalmente determinados e, por isso, o impacto do ambiente e das experiências têm uma importância fundamental.

Segundo Freud, todos nós compartilhamos pulsões básicas (libido) representadas pelo id. A influência dessas pulsões sobre o comportamento é determinada pela capacidade de o ego equilibrá-las em face do superego, com as regras que foram desenvolvidas ao longo da vida do indivíduo. Em caso de conflito uma pulsão pode ser reprimida, e o subconsciente sofre as consequências dessa energia contida. Para Freud, a repressão da pulsão sexual ou da experiência influencia o caráter.

Para Freud, o inconsciente é o rei na província da mente. (Por sua natureza, não podemos examinar o inconsciente diretamente e precisamos usar outros recursos para acessá-lo). Uma das formas utilizadas é através dos sonhos, outra é pelas associações livres praticadas na psicanálise. Na visão extremamente determinista de Freud, as experiências iniciais da vida têm consequências previsíveis em termos de caráter e neurose na idade adulta.

Círculos do ego e do *self*

Carl Jung, no início um admirador entusiasta de Freud, compartilhava com ele suas ideias da ênfase dos aspectos sexuais na formação do caráter. Jung esquematiza o *self* como um círculo, com um círculo menor do ego em seu interior. O *self* inclui todos os aspectos da personalidade, inclusive a mente consciente e inconsciente, e o ego. O ego desenvolve-se na primeira parte da vida por meio de um processo de diferenciação. Os fatores ambientais, é claro, têm uma importância fundamental na construção do *self*.

A segunda metade da vida envolve um retorno ao *self*, agora na firme posição de enraizamento no mundo externo, para que a pessoa descubra e aceite seu próprio caráter. Essa descoberta quase sempre é estimulada por algum tipo de catástrofe ou trauma psíquico provocado por eventos externos (fatores externos). A psicologia de Jung tem frequentemente conotações espirituais e místicas e a redefinição do *self* na segunda metade da vida envolve a integração aos arquétipos ou ao reconhecimento deles: "O *Self*... abrange o ego consciente, a sombra, a *anima* e o inconsciente coletivo em uma amplitude indefinida. Em sua totalidade o *self* é uma *coincidentia oppositorum* (coincidência de opostos); é, portanto, claro e escuro e ao mesmo tempo nem um nem outro".

Em outras palavras, "O *Self* é o homem total, atemporal... que defende a mútua integração do consciente e do inconsciente". Para Jung esse "homem total" é representado por muitas imagens, entre as quais a de Cristo. O tema da totalidade, e da consolidação e aceitação do *self*, foi retomado na psicologia humanista de Abraham Maslow e seu foco na autorrealização do *self*.

O psiquiatra austríaco Alfred Adler (1870-1937) foi o primeiro membro da Sociedade Psicanalítica de Viena a se distanciar das teorias de Freud. Para Adler, o *self* é um todo e, portanto, as três divisões da psique em id, ego e superego não existem. Em suas teorias, o homem conecta-se com o mundo que o rodeia; Adler foi o importante fundador da psicologia do desenvolvimento individual.

Freud rejeitava suas ideias por considerá-las equivocadas e insistia que os outros membros da Sociedade de Viena também as rejeitassem, caso contrário, deveriam se afastar da Sociedade. Os métodos e teorias de Adler tiveram grande influência no

Retrato do psiquiatra e psicoterapeuta Carl Jung.

O QUE DEFINE AS NOSSAS CARACTERÍSTICAS PESSOAIS?

movimento psicanalítico e durante muitos anos os freudianos não conseguiram acompanhar a inovação de seus estudos no campo da psicologia do desenvolvimento individual. Adler afirmava que os acontecimentos e influências externos são tão importantes como os conflitos internos nas teorias de desenvolvimento psíquico de Freud. Além disso, outras dinâmicas poderosas, como gênero e política, são tão relevantes como a libido.

O complexo de inferioridade constituiu o cerne de sua psicologia do desenvolvimento individual, observando que os sentimentos de inferioridade incutidos ou ab-

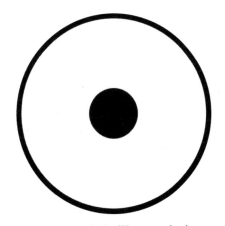

A representação do "self" na escola de psicologia analítica de Jung.

sorvidos durante a infância podem ter um efeito negativo prolongado. Se o indivíduo desenvolve um sentimento de inferioridade, haverá uma luta interna por poder, que pode ser expressa em um comportamento agressivo, arrogante e dominador como compensação ao sentimento de inferioridade.

Com sua crença de que a relação de uma criança com a família e a sociedade criam seus sentimentos de poder ou impotência, Adler defendia um estilo de educação conciliatório entre o excesso de atenção e a indiferença e, assim, a criança poderia desenvolver uma autoestima saudável. Adler não só tratou de temas relacionados à inferioridade em pacientes adultos nas sessões de análise, como também fazia sessões com pais, professores e assistentes sociais. Ele os incentivou a lidar de uma maneira democrática com a criança, exercendo seu poder nas tomadas de decisão, mas equilibrando-o com a cooperação. Adler dizia que esse método evitava os sentimentos de superioridade ou inferioridade e, em consequência, prevenia os mecanismos compensatórios desses sentimentos mais tarde na vida.

Adler foi o primeiro psiquiatra a dizer que o analista e o paciente são parceiros iguais em uma conversa. Ele também defendia a formação, de analistas mulheres. Em sua opinião a dinâmica de gênero na sociedade do século XIX era prejudicial às mulheres. Além disso, foi o primeiro a abordar a influência da "ordem de nascimento" na personalidade. Por exemplo, o primogênito é um "monarca que perdeu o trono" ao deixar de ser o "centro das atenções" dos pais com a chegada dos irmãos. No final da escala, ele acreditava que os mais novos seriam mimados demais. Nessa linha de raciocínio, o segundo filho seria o mais equilibrado, porque não vivenciara essas situações extremas.

A visão de Adler não é inteiramente determinista. Embora acreditasse que as experiências de uma criança influenciassem sua vida adulta, ele também afirmava que os homens são livres para moldar essas experiências, desde que haja um esforço consciente. Até mesmo experiências desagradáveis poderiam ter um uso construtivo pelo *"self criativo"*: "Não sofremos o choque de um 'trauma', e sim usamos esse transtorno psíquico adaptando-o às circunstâncias que melhor nos convém". Criamos nossas crenças e as seguimos como se fossem verdadeiras, construindo nossa identidade e vida, mesmo diante da adversidade.

O ambiente que cerca o ser humano

O que é este "ambiente" que tem tanto impacto na formação do caráter? É tudo o que nos rodeia ou envolve. Para a criança é a família. Na teoria dos behavioristas, que não acreditam em características inatas, o impacto do ambiente é fundamental. Como John B. Watson observou, "Todas as fraquezas, toda a prudência no que fazer e dizer, medos, cautelas e sentimentos de inferioridade dos pais nos marcam como o golpe de um martelo".

Com esse grau de poder nas mãos de pais "ignorantes", os psicopedagogos têm uma enorme responsabilidade para evitar essa influência.

Formação da individualidade

O psicólogo e educador americano Granville Stanley Hall (1844-1924), apesar de

---

ESTILO DE VIDA

Adler estudou o impacto da construção das relações de poder na infância e suas manifestações no "estilo de vida" na idade adulta. O estilo de vida significa a maneira como as pessoas lidam com as principais tarefas da vida, como amizade, trabalho e amor. A abordagem individual, formada pelas experiências precoces e a criação de si próprio, só poderia mudar com uma psicanálise profunda. Adler identificou quatro estilos principais de vida, não só de origem prática, mas também do conceito do *self* em relação aos outros. Com exceção do último tipo todos os demais são comportamentos disfuncionais:

- Tipo dominante: comportamento agressivo que procura exercer a autoridade sobre pessoas sem grande interesse social ou percepção cultural.
- Tipo egoísta: atitude ética ou moral de defesa dos próprios interesses. Pessoas que esperam receber mais do que dão.
- Tipo evitativo: pessoas que fogem à realidade ou aos problemas da existência e não participam muito da vida social.
- Tipo sociável: pessoas que sentem muito interesse pelos outros e se engajam em muitas atividades sociais.

ter sido um importante pioneiro no campo da psicologia educacional, direcionou o objetivo de seus estudos não para desenvolver o potencial de uma criança, mas sim para moldá-la a fim de que fosse um membro útil da sociedade. Em sua visão, o culto individual é injusto e equivocado, além de constituir uma ameaça à destruição da nação. Sua atitude em relação à educação de crianças assemelha-se ao ato de domar animais.

Hall foi influenciado pela teoria da evolução das espécies por seleção natural de Darwin e pelas ideias de "recapitulação" do biólogo e filósofo alemão Ernst Haeckel (1834-1919), segundo as quais nos estágios embrionários um organismo reflete todas as fases de sua evolução. Assim, em determinado ponto o embrião humano parece com um peixe e, então, é possível deduzir que tenha um ancestral semelhante a um peixe. Hall acreditava que a evolução do ser humano desde um bebê à idade adulta reproduz a psicologia dos diferentes estágios da evolução humana, começando como selvagens. Não causa surpresa que fosse intolerante em relação às crianças. Segundo Hall, era inútil criar um diálogo racional ou estimular o raciocínio de crianças. O melhor método para educá-las era a doutrinação, ensinando-as a temer a Deus, a obedecer às autoridades e a fortalecer o físico, ensinamentos associados a castigos corporais.

Na adolescência, de acordo com G. Stanley Hall, o jovem substitui o egoísmo intrínseco de sua natureza por um sentimento de altruísmo e, assim, seria o momento adequado para incentivar seu patriotismo, a obediência ao exército, o amor à autoridade, o respeito pela natureza e a devoção abnegada a Deus e ao seu país. Hall não aprovava o ensino dos colégios que estimulam a inteligência dos alunos, porque não queria que os jovens americanos tivessem individualidade, que poderia resultar em pensamento independente ou em questionamento da autoridade.

Hall se referia à "tempestade e estresse" da adolescência, e aconselhava que meninas e meninos fossem educados sepa-

> *O ser humano dominou ao longo do tempo vários tipos de conhecimento. Assim, as crianças também terão capacidade de adquirir esses conhecimentos na mesma ordem... A educação é uma miniatura da civilização.*
>
> Herbert Spencer (1861), sociólogo e filósofo inglês

rados nessa fase, para evitar as distrações e para que seguissem seus papéis naturais na sociedade. Ele desaprovava duramente os pais que só têm um filho, porque "ser filho único é uma doença". Em 1896, Hall supervisionou um estudo com filhos únicos e concluiu que eram crianças desajustadas.

Hall ocupou uma posição importante no estudo da psicologia do desenvolvimento individual da infância à velhice e escreveu um texto relevante sobre a psicologia do envelhecimento. Hall também contribuiu para inserir a teoria do darwinismo na psicologia e na criação da escola funcionalista.

Todas essas tolices que ensinam às crianças sobre as fadas da chuva, que limpam os vidros das janelas com seus baldes, deveriam ser eliminadas. Precisamos de menos sentimentalismo e de mais palmadas.
G. Stanley Hall

Educação infantil – Visto e não ouvido

A atitude de Hall era comum na época. No final do século XIX e início do século XX, as pessoas achavam que as crianças deveriam ser educadas sob uma rígida disciplina e os adultos não deveriam mimá-las, até que se tornassem cidadãos úteis à sociedade. As teorias do psicólogo behaviorista John B. Watson eram típicas de sua época e exerceram uma grande influência. Seus conselhos em relação à educação de crianças ainda eram aceitos na década de 1950:

"Nunca abrace e beije uma criança, nem deixe que sente em seu colo. Só a beije na testa ao dizer boa-noite. De manhã, cumprimente a criança com um aperto de mão... Quando sentir vontade de mimar seu filho lembre que o amor maternal é um instrumento perigoso. Um instrumento que pode causar um mal que jamais será curado, uma ferida que fará com que tenha uma infância infeliz, uma adolescência terrível, um instrumento que destruirá o futuro vocacional de seu filho ou filha e suas chances de ser feliz no casamento."

Em razão de os behavioristas acreditarem que o comportamento é formado pelo condicionamento clássico ou operante, e que o ser humano é a soma de seus comportamentos, o ambiente e a experiência são inteiramente responsáveis por nossa formação. Assim, segundo Watson, é possível moldar as pessoas a tal ponto que os psicólogos possam exercer a profissão de engenheiros.

A defesa do amor dos pais

Em oposição às teorias de Hall e Watson quanto à educação de crianças e da opinião predominante que o vínculo maternal refere-se à nutrição, o psicanalista inglês John Bowlby (1907-1990) e o psicólogo americano Harry Harlow desenvolveram seu trabalho sobre a relação entre mãe e filho.

Bowlby interessou-se em especial pelo modo como as relações familiares poderiam resultar em adultos e crianças equilibrados ou desajustados. Ele descobriu que o apego seguro, manifestado por laços fortes entre mãe e filho, é essencial para o bem-estar psicológico de uma criança, uma visão oposta à de Watson. Bowlby inspirou-se no trabalho de Lorenz para explorar o comportamento instintivo em bebês. Ele concluiu, a partir de suas observações, que a criança tem um impulso instintivo básico para estabelecer um vínculo afetivo com uma figura de apego (embora mais ligações sejam possíveis).

As crianças têm comportamentos inatos, como o choro e o sorriso, que incentivam a interação e a criação de vínculo afetivo. O fracasso em não criar vínculos pode ter consequências psicológicas e fisiológicas, como um temperamento agressivo, dificuldade em se desenvolver de uma maneira equilibrada e feliz, inibição da inteligência, depressão, tendência ao egoísmo sem medir as consequências de seus atos, e um tipo de psicopatia que se manifestava pela incapacidade de amar e se relacionar.

Por meio de experiências de laboratório, Bowlby descobriu que, quando uma criança é separada da figura de apego (em geral, a mãe) por um curto período de tempo, ela ficará angustiada. Se a separação se prolongar, a criança ficará aparentemente mais calma, mas na verdade se tornará isolada e desinteressada de qualquer coisa. No caso de uma separação mais prolongada, a criança começará a interagir com outras pessoas, porém rejeitará o cuidador e demonstrará raiva no seu retorno.

Bowlby denominou essas etapas de protesto, desespero e depressão. Seu conselho, em 1951, era de que a criança deveria ter cuidados contínuos da figura de apego primário pelos dois primeiros anos de vida, e não deveria ser separada desnecessariamente dessas figuras pelos primeiros cinco anos de vida. Se a criança não consegue estabelecer um apego seguro em seu primeiro ou segundo ano de vida, a janela de oportunidades se fecharia e o dano psíquico e emocional seria irreparável. A ideia de um período crítico assemelha-se às descobertas de Lorenz com os gansos. O período ideal de imprinting segundo Lorenz é de 12 a 17 horas depois do nascimento. Se os gansos fossem privados dessa

A EXPERIÊNCIA EMOCIONAL DE UMA CRIANÇA DE 2 ANOS EM UM HOSPITAL

Em 1952, Bowlby e seu colega, o psicanalista escocês James Robertson (1911-1988), fizeram um curta-metragem sobre a tristeza de uma criança pequena internada em um hospital e, por esse motivo, separada do convívio dos pais. O filme mostrou a maneira como os hospitais tratavam os pacientes jovens, sobretudo, quanto às horas de visita, para que os pais pudessem ter mais contato com os filhos. O trabalho de Bowlby, realizado em cooperação com a Organização Mundial de Saúde, orientou o tratamento de crianças órfãs depois da Segunda Guerra Mundial.

experiência de imprinting nas primeiras 32 horas de vida, seria muito tarde e não aconteceria mais.

As conclusões de Bowlby abrangiam outros aspectos do psiquismo da criança, além da separação da figura da mãe, da família ou de quem a cuidava. Suas ideias são tão radicais, que Bowlby chegou a sugerir que a opção de colocar uma criança na creche depois do fim da licença-maternidade poderia causar danos psicológicos.

Mais tarde, as teorias de Bowlby foram criticadas. Em primeiro lugar, ele não fez distinção entre crianças que não haviam criado um vínculo afetivo e as que tinham rompido esse vínculo em razão, por exemplo, de doença e morte do pai ou da mãe. Ele também atribuiu pouca importância a outros vínculos fortes, como o de um padrasto ou madrasta, avós e irmãos.

Em 1981, o especialista em psiquiatria infantil, Michael Rutter (1933), sugeriu que a ausência de uma relação afetiva no início da vida (privação) era mais prejudicial do ponto de vista psicológico do que a ruptura de uma relação já estabelecida (eliminação).

Em uma primeira análise, as teorias de Bowlby não se referiam ao aprendizado. Mas ele descobriu que o apego forma a base do processo de evolução de uma criança. Segundo Bowlby, a criança aprende por meio dessa relação a interagir com outras pessoas e a construir o modelo de sua identidade a partir da reação da pessoa, que lhe é mais próxima.

Estudos posteriores apoiaram as teses de Bowlby. As experiências cruéis de privação realizadas por Harry Harlow com macacos e diversos trabalhos com crianças criadas em orfanatos mostraram que a falta de apego causa distúrbios emocionais, doenças mentais e físicas, e atrasa ou impede o desenvolvimento físico e psíquico.

Uma pesquisa realizada em 1989 pelas psicólogas da escola de desenvolvimento individual, Jill Hodges e Barbara Tizard, com um grupo de crianças que passara os primeiros anos de vida em orfanatos revelou que as que haviam sido adotadas aos 4 anos conseguiram criar uma relação afetiva com sua nova família e não desenvolveram a psicopatia da dificuldade de amar e ser amado. Esse estudo mostrou que os efeitos não são tão prejudiciais e irreversíveis como sugerira Bowlby, caso a criança tivesse a chance de estabelecer um vínculo emocional e afetivo nos primeiros anos de vida.

Privação e depressão

O psicólogo americano Harry Harlow (1905-1981) também estudou os "efeitos" da relação com a mãe. Em 1958, começou a criar macacos para usá-los como cobaias e percebeu que os macacos criados em isolamento eram diferentes dos que conviviam com as mães. Com o objetivo

O QUE DEFINE AS NOSSAS CARACTERÍSTICAS PESSOAIS?

> **QUARENTA E QUATRO LADRÕES**
>
> Bowlby estudou um grupo de 44 jovens delinquentes, que estavam sendo tratados em uma clínica de recuperação e reabilitação, após terem sido acusados de crimes. Em seguida, comparou-os a um grupo controle de 44 jovens sem antecedentes criminais, que também estavam sendo tratados na clínica. Bowlby descobriu que, comparado com o grupo controle, uma proporção maior de delinquentes tinha passado períodos de separação da mãe na infância e manifestava sintomas da psicopatia de carência afetiva e insensibilidade aos sentimentos alheios. Ele concluiu que a privação do convívio com a mãe causara os problemas de delinquência e distúrbios mentais. Mais tarde, alguns críticos alegaram que, embora suas conclusões tivessem coerência, outros fatores como alimentação, pobreza e mudanças frequentes de casa e escola também haviam influenciado o comportamento deles.

de pesquisar o papel da mãe no desenvolvimento do filho, Harlow fez uma série de experiências antiéticas, nas quais separava os bebês de suas mães e os mantinha isolados durante um ano. Os macacos que haviam vivido sem contato com a mãe desenvolveram distúrbios mentais extremamente graves e eram incapazes de ter uma relação normal com os filhotes.

Harlow fez mães substitutas de arame e madeira, algumas cobertas de tecido, e colocou uma "mãe" de cada tipo nas jaulas dos macacos. Uma delas carregava uma mamadeira. Os macacos preferiram as mães cobertas com tecido, mesmo que não tivessem uma mamadeira. Assim, depois de se alimentarem com a mãe de arame voltavam para se abrigar com a de tecido. Cada macaco tinha sua mãe "adotiva" a quem se apegava e diferenciava das outras.

Esses macacos quando colocados em um novo ambiente junto com as mães adotivas exploravam o local, mas depois se aconchegavam de novo perto delas. Os macacos deixados sozinhos em um novo ambiente não só não demonstravam curiosidade em conhecê-lo, como também revelavam uma enorme tristeza, com movimentos de contração do corpo e gritos.

Harlow concluiu que a alimentação não era o aspecto mais importante da relação entre mãe e filho, uma conclusão que teve um impacto revolucionário.

Harlow mostra a "mãe" de arame a um macaco.

O QUE DEFINE AS NOSSAS CARACTERÍSTICAS PESSOAIS?

Em torno da mesma época em que Bowlby e Harlow estavam estudando o amor maternal e sua influência no desenvolvimento psíquico do filho, o pediatra americano Benjamin Spock (1903-1998) publicou o livro *The Common Sense Book of Baby and Child Care* (1946), no qual criticou as práticas dos behavioristas de treinar bebês deixando-os chorar, com a imposição de horários rígidos de alimentação, rotinas de sono e privação de afeto. Em seu livro, Spock recomendou que os pais deveriam seguir seus instintos, dar amor e tratar os filhos de acordo com o caráter e temperamento de cada um deles.

O livro teve uma influência muito grande nas teorias sobre educação de crianças. Mais tarde, alguns críticos dos problemas sociais da segunda metade do século XX, como liberdade sexual, culparam Spock em razão de sua abordagem "permissiva" da educação infantil. Os críticos alegaram que ao incentivar a tolerância, ele havia contribuído para a formação de uma geração com um senso exagerado de direitos adquiridos e sem fibra moral.

Orfanatos romenos

Durante o governo de Nicolae Ceausescu na Romênia, de 1965 a 1989, 170 mil crianças viviam em orfanatos em condições desumanas. As crianças sofriam abusos, desleixo e indiferença, quase sempre estavam subnutridas, ficavam amarradas em suas camas, deitadas em lençóis sujos, sem tomar banho e com frequência adoeciam. Em 1989, algumas instituições beneficentes começaram a ajudar os órfãos. Essas crianças foram examinadas e tratadas durante muitos anos por psicólogos em uma tentativa de superar os traumas.

Muitas crianças tiveram problemas prolongados de transtornos emocionais e físicos, como retardo mental e atraso no crescimento (várias pareciam crianças de 6 anos na adolescência). Elas não produziram hormônios de crescimento, e a falta

---

POÇO DA TRISTEZA

Em crise de depressão após a morte da esposa em 1970, Harlow realizou experiências em que mantinha os macacos em celas escuras e isoladas, que denominou em tom de provocação de "poço da tristeza". Logo os macacos revelavam sintomas de perturbação mental e depressão. Em seguida, Harlow examinava o estado depressivo deles e tentava curá-los:

Em nossos estudos de psicopatologia, começamos exercendo o papel de sádicos para provocar uma anormalidade. Hoje, os psiquiatras tentam manter a normalidade e tranquilidade.

Para alguns de seus colegas suas experiências haviam ido longe demais. Atualmente, esses experimentos seriam considerados antiéticos e essas críticas estimularam o movimento de proteção aos animais nos Estados Unidos.

"A criança é o pai do homem".
William Wordsworth (1802), poeta inglês

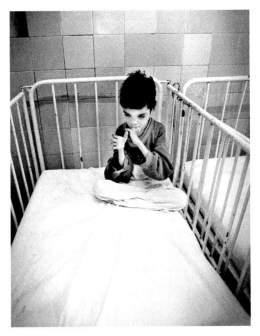
Um órfão romeno em 1989.

de estímulo intelectual e emocional prejudicou o desenvolvimento normal. As que foram adotadas ainda pequenas por famílias carinhosas conseguiram se recuperar, porém para muitas, sobretudo as que passaram um longo período de tempo nos orfanatos, o dano foi irreversível.

Tornar-se pessoa

Os psicólogos humanistas do final do século XX concentraram-se no estudo da escolha consciente do desenvolvimento pessoal e da perfeição. Para eles, independente da educação recebida, o ser humano tem o livre-arbítrio para moldar seu futuro *self*. Segundo Abraham Maslow, o objetivo fundamental do ser humano é explorar todas as possibilidades de crescimento, de desenvolvimento de si mesmo. Há 2.300 anos, Aristóteles defendeu essa premissa.

A força do passado pode ser eliminada

O poder do desenvolvimento pessoal, independente de fatos anteriores, foi um tema também discutido pelo psicólogo gestaltista teuto-americano, Kurt Lewin (1890-1947). Lewin tentou eliminar a tendência de impor categorias às pessoas, como, por exemplo, a expectativa que as crianças atingissem determinados estágios de comportamento de acordo com a faixa etária, ou de classificar as pessoas de "introvertidas" ou "extrovertidas". Ele definiu o "espaço da vida", isto é, o contexto dos fatores externos e internos que influenciam o comportamento das pessoas. Para Lewin, os acontecimentos do passado não têm importância, a menos que fossem relembrados. Assim, as lembranças e experiências da infância, tão importantes para Freud, não influenciam o comportamento de um adulto, exceto se forem recordadas. Em sua opinião, o comportamento do ser humano é moldado por forças que estimulam ou inibem suas ações.

Lewin acreditava que a necessidade cria tensões que as pessoas tentam solucionar, como buscar comida para satisfazer a fome. A necessidade dominaria o espaço da vida em maior ou menor extensão até ser resolvida. Poderia ser a sensação biológica de sede ou psicológica, como a vontade de ter um carro mais bonito. Hoje, os psicólogos denominam esse binômio necessidade/tensão de "efeito Zeigarnik" em homenagem à psicóloga lituana Bluma Zeigarnik (1901-1988). A seguir, apresentamos a descrição de Lewin dos diferentes tipos de conflitos pessoais:

O QUE DEFINE AS NOSSAS CARACTERÍSTICAS PESSOAIS?

- Conflito de abordagem-abordagem: fazer a difícil escolha entre duas opções, como, por exemplo, o destino das férias.
- Conflito de esquiva-esquiva: entre duas opções desagradáveis ser obrigado a escolher uma, como uma cirurgia delicada ou um desconforto prolongado.
- Conflito de abordagem-esquiva: sentimentos conflitantes em relação a um aspecto de uma meta, como a necessidade de se qualificar melhor, mas, ao mesmo tempo, a relutância em dedicar mais tempo e esforço para estudar.

Lewin via o comportamento como uma função da pessoa em seu meio, que descreveu com uma notação científica:

$C = f(P, A)$

Onde C = comportamento,
P = pessoa
A = ambiente

Essa é uma descrição heurística de uma relação e não uma fórmula matemática.

Sentimentos e tendências conflitantes

As teorias de Lewin tiveram uma influência marcante no pensamento do psicólogo americano Leon Festinger (1919-1989), que criou a expressão "dissonância cognitiva", a ansiedade resultante de atitudes e convicções simultâneas e incompatíveis. Temos sentimentos conflitantes quando queremos melhorar a forma física e passamos o fim de semana deitados no sofá, ou quando achamos que todas as pessoas são inteligentes, mas temos uma expectativa menos otimista em relação ao desempenho de um tipo de pessoa, independente do fato de serem mulheres, americanos, pessoas idosas ou qualquer outro grupo.

Festinger e o psicólogo James Merrill Carlsmith (1936-1984) pediram a alguns alunos que fizessem uma tarefa tediosa. Os participantes recebiam US$1 ou US$20 para dizer aos próximos alunos que a tarefa era interessante. Ao perguntarem sua opinião mais tarde, os que tinham recebido US$20 sentiram que foram bem pagos para mentir e assim, não tinham que fingir para si mesmos que a tarefa era interessante quando não o era. Mas os estudantes que haviam recebido apenas US$1, tinham de admitir para si próprios que haviam mentido por pequena quantia ou mudar seu ponto de vista sobre a tarefa... Era mais fácil admitir que eles erraram na avaliação da tarefa do que aceitar que eles haviam mentido por uma quantia irrisória. Os pesquisadores explicaram essa reação em termos da dissonância cognitiva. Carlsmith realizou outro estudo sobre dissonância cognitiva em 1963 em colaboração com o psicólogo americano Elliot Aronson (1932), desta vez com um grupo de crianças pequenas. Em cada teste, as crianças eram colocadas em uma sala cheia de brinquedos. Elas só não podiam brincar com um brinquedo, porque era muito especial. Metade das crianças foi avisada que teria um castigo sério se brincasse com o brinquedo especial. As outras crianças foram ameaçadas com uma punição menos severa.

As crianças não desobedeceram. Mais tarde, os pesquisadores deram permissão que brincassem com todos os brinquedos. As que tinham sido ameaçadas com um castigo menos severo hesitaram mais em brincar com o brinquedo proibido do que as outras. Carlsmith e Aronson sugeriram que as crianças haviam racionaliza-

O QUE DEFINE AS NOSSAS CARACTERÍSTICAS PESSOAIS?

do a reação de policiamento à ameaça do castigo moderado convencendo-se que o brinquedo não era interessante e, por esse motivo, não quiseram brincar com ele.

Esse experimento lembra o relato de Piaget de como as crianças adaptam suas estruturas mentais para incorporar novas experiências e informações, com a mudan-

> Se uma pessoa for induzida a fazer ou dizer algo contrário à sua opinião, a tendência será de mudar de opinião para que corresponda ao que fizera ou dissera.
> Leon Festinger e J. Merrill Carlsmith

ça do estado de equilíbrio para o desequilíbrio e vice-versa. No caso da dissonância cognitiva, se a estrutura mental de uma pessoa é ameaçada pelo desacordo entre agir e acreditar, a estrutura se adapta para incorporar o comportamento.

Comporte-se de acordo com o que você quer ser

Em 1972, o psicólogo social americano Daryl J. Bem (1938) propôs uma alternativa à teoria da dissonância cognitiva, que denominou de "teoria da autopercepção".

Segundo Bem, assim como julgamos o caráter de outra pessoa e a partir desse julgamento analisamos seu comportamento e deduzimos suas características, poderíamos fazer o mesmo conosco. Mas essa não seria uma percepção intuitiva; seria mais lógico que nosso comportamento se originasse do caráter e não o contrário, embora os behavioristas discordassem que o ser humano tenha "semelhança" com qualquer coisa. Bem fez uma adaptação da "tarefa tediosa" de Festinger. Os participantes da experiência ouviram uma gravação na qual um homem disse que a tarefa era interessante. Alguns participantes foram informados que o homem havia recebido US$20 por seu testemunho, enquanto para outros o pagamento fora de US$1. Os que receberam a informação de US$1 concluíram que o homem realmente havia gostado da tarefa. Bem sugeriu que os participantes não acreditaram que o homem mentiria por apenas US$1, assim como no experimento de Festinger os participantes que receberam apenas US$1 disseram que haviam gostado da tarefa.

Em outras palavras, interpretamos nossas personalidades a partir do comportamento. Nesse caso, a alteração do comportamento resultaria na mudança de personalidade. Neste sentido, teríamos a liberdade de reconstruir nosso *self* (ver o paralelo com as teorias de William James no Capítulo 3).

Torne-se quem você quer ser
Há mais de 2 mil anos, Aristóteles disse que o objetivo da vida é assegurar a unidade e totalidade de nosso ser, de viver de acordo com nossos padrões morais e

valores e que esse objetivo é uma fonte de felicidade. Uma pessoa poderia ser feliz, segundo Aristóteles, na prisão ou perseguido por qualquer que fosse a razão, desde que mantivesse a integridade intacta. Esse pressuposto sempre foi aceito pelos filósofos, mas só foi explorado em profundidade no século XX, com os trabalhos de Jung e dos psicólogos humanistas Abraham Maslow e Carl Rogers (1902-1987).

Jung, como vimos, via a meta da segunda metade da vida como a consolidação e aceitação do *self*, do seu eu, tal como se revelava. Para Jung a meia-idade era a etapa da vida em que o ser humano atingia o estado de contentamento.

Maslow situava essa etapa de consolidação e aceitação no ponto mais alto de sua "pirâmide de necessidades". Essas necessidades eram um estímulo ao desenvolvimento da atividade individual. No topo dessa pirâmide, quando todas as outras necessidades tivessem sido satisfeitas, a pessoa atinge a fase de autorrealização. Esse era o processo individual e exclusivo de consolidação da personalidade e do caráter, da realização do potencial e da aceitação de si mesmo. Marlow não julgava a escolha da autorrealização de ninguém, apenas dizia que era o último objetivo da vida de um ser humano. O fato de ser uma pessoa presente, confiável e afetuosa com sua família é um motivo de autorrealização. Para outros, poderia ser a conquista do Prêmio Nobel ou do grande respeito da comunidade.

Maslow realizou sua pesquisa sobre autorrealização com a leitura de biografias de pessoas famosas que, em sua opinião, haviam atingido seu pleno potencial, como Albert Einstein, William James, Sigmund

Retrato de Abraham Lincoln, um homem que desenvolveu seu pleno potencial.

> O organismo tem uma tendência básica e uma ambição: desenvolver o pleno potencial.
>
> Carl Rogers (1951)

O QUE DEFINE AS NOSSAS CARACTERÍSTICAS PESSOAIS?

> **RETÂNGULO DE HEBB**
>
> Na teoria do psicobiologista canadense Donald Hebb (1904-1985) o envolvimento da natureza e da educação é tão profundo, que ambas têm influência na formação da identidade do ser humano. Em uma metáfora comparou esse envolvimento à altura e ao comprimento da área de um retângulo. Não existe um retângulo sem essas duas dimensões, porém há uma grande diversidade no contexto do modelo básico.

Freud, Eleanor Roosevelt e Abraham Lincoln. Embora Maslow pensasse que a autorrealização só seria alcançada depois que as necessidades mais básicas do ser humano tivessem sido satisfeitas, as evidências sugerem uma visão diferente. Muitos artistas e líderes espirituais realizaram seu pleno potencial, apesar de não satisfazerem suas necessidades básicas de alimentação, abrigo e saúde.

Segundo Carl Rogers, a experiência na infância era o principal fator determinante na realização do pleno potencial de um ser humano. Por sua vez, Maslow diz que a maioria das pessoas, talvez 98%, por sua própria culpa nunca atingirá a autorrealização. Os seres humanos são livres para desenvolver seu pleno potencial e, portanto, são os autores de seu caráter.

O fim do *self*?

Alguns psicólogos sociais e cognitivos do final do século XX e início do século XXI questionaram a validade do conceito do *self* como o cerne do processo cognitivo, como uma aranha no centro de sua teia. Em vez disso, o *self* seria o produto de processos cognitivos sobrepostos. Na teoria da autocategorização desenvolvida pelo psicólogo inglês John Turner (1947-2011), o ser humano se define em termos de sua participação nos grupos, da família até a raça humana como um todo. Ao pertencer a um grupo, uma pessoa percebe as semelhanças compartilhadas com outros membros e as diferenças com membros de outros grupos. Segundo Turner, a identificação com grupos de certa forma despersonaliza a pessoa. Assim, se uma pessoa identifica-se com o exército no qual serve, ela procurará destacar aspectos nos quais se assemelha aos outros soldados. Do ponto de vista externo, isto pode ser observado pela adaptação da pessoa às exigências ou expectativas do grupo, como o uso do uniforme, a obediência às ordens e assim por diante. A "autocategorização" torna o self mais fluído, o que lhe permite mudar ao longo do tempo e de acordo com as circunstâncias.

O pertencimento a grupos tem sua expressão mais ampla no pertencimento à raça humana. Apesar das características psicológicas e processos que nos diferenciam de outras pessoas, existem muitas peculiaridades que compartilhamos com outros seres humanos, nem todas agradáveis.

CAPÍTULO 7

O que o torna "UM DE NÓS"?:
o *self* e a sociedade

[A] herança espiritual da evolução da humanidade renasce na estrutura cerebral de cada indivíduo.

Carl Jung (1875-1961)

Apesar da contribuição das experiências pessoais na formação da mente dos seres humanos, existem muitas coisas em comum compartilhadas pelas pessoas. A condição humana é o que une as pessoas. A psicologia estuda as semelhanças e as diferenças entre elas.

Embora tenha individualidade, a maioria dos seres humanos segue com prazer a multidão.

O QUE O TORNA "UM DE NÓS"?: O SELF E A SOCIEDADE

A educação suprimindo a natureza

Dois filósofos que compartilharam a opinião que a vida em sociedade suprime os impulsos básicos e o comportamento individual, tinham visões antagônicas sobre qual seria o estado "natural" do ser humano. O filósofo inglês Thomas Hobbes (1588-1679) dizia que em seu estado natural, "não civilizado", os homens são motivados apenas por sentimentos egoístas e recorrem à violência assim que são provocados. A vida nesse estado primitivo é "desagradável, brutal e breve". No entanto, cem anos depois Jean-Jacques Rousseau escreveu que o homem natural tem dignidade e nobreza inatas. Nenhum dos filósofos, porém, tinha evidências empíricas para apoiar suas teses do estado "natural" do ser humano. As pesquisas experimentais sobre a "verdadeira" natureza dos homens, quando livres para agir sem restrições, só começaram a ser feitas no século XX.

Nossos recursos mentais

Darwin influenciou o desenvolvimento do funcionalismo e do behaviorismo, ao afirmar que um organismo próspero é aquele que sobrevive e se reproduz. O comportamento dos seres humanos, assim como o dos animais, pode ser investigado e expli-

---

HERANÇA DE LAMARCK E OS CHEIROS DESAGRADÁVEIS

A teoria de Lamarck da evolução por meio da herança de características adquiridas foi substituída pela teoria da evolução das espécies por seleção natural de Darwin e, nos últimos 150 anos, suas ideias foram ignoradas e até mesmo ridicularizadas. Mas talvez Lamarck venha a "rir por último". As pesquisas atuais sobre epigênese sugerem que algumas adaptações ao ambiente podem ser transmitidas às gerações seguintes, por meio de alterações no epigenoma, o mecanismo de controle que responde aos sinais ambientais e depois liga ou desliga os genes, aumentando ou reduzindo sua atividade.

Uma pesquisa publicada em 2013 pelos psicólogos behavioristas Brian Dias e Kerry Ressler mostrou que os ratos condicionados a ter medo de um determinado cheiro transmitiam esse condicionamento aos filhos, que desenvolviam uma reação negativa ao mesmo cheiro. Os filhos haviam sido reproduzidos pelo método de fertilização *in vitro*, sem contato com os pais biológicos e, portanto, herdaram essa experiência adquirida.

168

cado em termos de sua função no processo de sobrevivência e reprodução. Essa é a abordagem da psicologia evolucionista, que se propõe explicar as características mentais e psicológicas como adaptações no contexto da evolução humana.

Se o cérebro evoluiu para exercer esse papel, para preencher determinadas funções a fim de ajudar os seres humanos a sobreviver, parece que assim o fez dotando as crianças de instintos úteis, estruturas mentais, processos e comportamentos.

Estruturas comuns

Os estruturalistas e funcionalistas trabalharam com o pressuposto que é possível descobrir aspectos da mente comuns a todos os seres humanos. Esses aspectos iriam padronizar o pensamento e a percepção, além de assegurar certo grau de conformidade. A teoria de Darwin estimulou o desenvolvimento do funcionalismo, porque as funções da mente seriam as que garantiriam a sobrevivência e a reprodução dos seres humanos.

Pesquisas recentes sobre repulsa e medo sugerem que existe uma reação forte e aparentemente inata de repulsa a muitas coisas, que são indícios ou podem provocar doenças, como vômito, fezes, ratos e baratas, e a animais que lembram muco ou pus, como lesmas e sanguessugas.

Não se sabe com precisão se essa reação é resultado de estruturas e funções mentais comuns ou de uma "memória genética" (como o inconsciente coletivo de Jung). A tese da memória genética é em geral rejeitada pelos psicólogos atuais.

Já observamos como o cérebro e a mente têm características comuns compartilhadas por todos os seres humanos. Essas características são os arquétipos e o inconsciente coletivo de Jung, a tendência a construir esquemas e a estruturar o cérebro e a mente para torná-los receptivos ao aprendizado da língua.

Traços comuns da infância

Embora o método da psicanálise de Freud se concentre nas histórias pessoais e em suas consequências, a partir do estudo de seus casos clínicos ele tirou conclusões referentes ao ser humano em geral. Sua descrição do id, do ego e do superego (ver Capítulo 1) sugere uma estrutura mental comum a todos os homens. Além disso, suas teorias sobre o desenvolvimento dos estágios oral, anal e genital, de como todas as crianças são afetadas pelo complexo de Édipo (ver Capítulo 8) e como as neuroses refletem algum tipo de trauma sexual ou acontecimento, real ou imaginário, indicam traços comuns aos seres humanos.

No entanto, Freud baseou suas conclusões sobre a natureza humana em suas lembranças da infância e no tratamento dos pacientes por hipnose, associação livre e longas conversas. Neste sentido, é arriscado presumir que o exemplo da classe média de Viena no século XIX possa ser estendi-

do às pessoas que vivem em circunstâncias, épocas e locais muito diferentes.

Somos bons ou maus?

Segundo Hobbes, os homens em estado natural lutariam entre si em uma orgia de egoísmo. Rousseau acreditava que o homem em estado natural manifestaria nobreza e dignidade. Quem está certo?

O legado dos nazistas

O Holocausto foi um dos crimes mais terríveis do século XX e, provavelmente, da história da humanidade. Depois do fim da Segunda Guerra Mundial as pessoas no mundo inteiro questionaram, perplexas, o que levaria um ser humano a tratar o outro do modo como os guardas nos campos de concentração trataram suas vítimas? O que aconteceu com o povo alemão para cometer essas atrocidades? Essas perguntas interessaram em especial aos psicólogos sociais, e diversos experimentos realizados depois da guerra investigaram os motivos que levaram as pessoas a ter um comportamento tão cruel em escala de massa.

O extermínio dos judeus não pode ser atribuído apenas a algumas pessoas insanas; ele exige uma explicação que abranja um contexto muito maior de criminosos, de uma análise de seu caráter e do papel que exercem como trabalhadores, pais, maridos e amigos.

Cena de uma multidão reunida na rua de uma cidade da antiga Tchecoslováquia para assistir a um desfile das tropas nazistas, por volta de 1939.

Liberdade para cometer atos desumanos

Em 1971, o psicólogo americano Philip Zimbardo fez uma experiência na Universidade de Stanford para estudar a interação entre os funcionários de uma prisão e os presos. Zimbardo escolheu alguns voluntários saudáveis para fazer o papel de prisioneiro ou de guarda. A experiência foi realizada da forma mais realista possível para os prisioneiros, começando com a prisão e uma hora de comportamento antissocial diante dos outros presos. Os presos receberam uniformes sem nenhuma identidade especial e os guardas só se dirigiam a eles por números. Os guardas também receberam uniformes e óculos escuros. Os guardas tinham a liberdade de usar os métodos que quisessem para manter os presos sob controle.

O cenário da "prisão" era um corredor no departamento de psicologia da Universidade de Stanford. As portas tinham barras de aço, o "pátio de exercícios" era outro corredor e um armário foi transformado em uma solitária. Três prisioneiros dormiam na mesma cela, onde só havia espaço para as camas.

Um "guarda" participa da experiência de Zimbardo.

Quando os guardas começaram a exercer sua autoridade, os prisioneiros eram acordados com frequência à noite para serem contados. Os guardas tinham permissão para castigar os presos obrigando-os, em geral, a fazer flexões. Os guardas nazistas haviam feito o mesmo nos campos de concentração e, mais tarde, os soldados americanos também obrigaram os presos a fazerem flexões na prisão militar de Abu Ghraib, no Iraque. Um dos guardas de Zimbardo pisava nas costas dos prisioneiros enquanto faziam flexões ou obrigava outros prisioneiros a repetir seu gesto.

No segundo dia, os presos rebelaram-se. Os guardas usaram extintores de incêndio para afastá-los, tiraram os uniformes deles e colocaram o líder da rebelião na solitária. Depois os guardas começaram a usar métodos psicológicos de controle. Alguns presos foram escolhidos para receber um tratamento especial e, em seguida, mudaram arbitrariamente seu favoritismo, assim causando desorientação, discórdia e desconfiança.

Um dia e meio depois do início da experiência um prisioneiro apresentou sintomas de uma crise nervosa. Os pesquisadores estavam tão envolvidos no universo da prisão que o acusaram de estar fingindo. Alguns dias depois ele foi afastado da experiência.

Quando os pesquisadores souberam que havia um plano de fuga, em vez de observarem o comportamento dos presos concentraram-se em impedir a fuga. Para castigar os prisioneiros, os guardas os obrigaram a limpar os vasos sanitários com suas escovas de dente.

O estudo estava previsto para ser realizado em 14 dias. Zimbardo o interrompeu seis dias depois, mas só em razão da visita da psicóloga social Christina Maslach, que ficou chocada com o tratamento dos presos. Dos cinquenta visitantes, ela foi a única que protestou (no ano seguinte Zimbardo casou-se com ela). Quatro dos nove prisioneiros haviam sucumbido à pressão psicológica e aos maus-tratos.

Zimbardo descobriu três tipos de guardas em seu estudo. Um deles era durão, mas tratava bem os presos obedientes. O outro era indulgente, fazia pequenos favores para os prisioneiros e nunca os castigava. Por fim, o terceiro tipo dava livre expansão ao seu poder e empregava métodos cada vez mais criativos para feri-los e maltratá-los, quando achava que não estava sendo observado (havia câmeras escondidas no local). Não havia nada no perfil mental deles no início da experiência que indicasse o comportamento futuro.

Crueldades cometidas na prisão de Abu Ghraib

Zimbardo observou as semelhanças entre sua experiência e os maus-tratos dos prisioneiros na prisão militar de Abu Ghraib.

Obrigá-los a ficar nus e em pé com a cabeça coberta, além de humilhá-los com a simulação de ato sexual, eram táticas usadas em Stanford e Abu Ghraib. Os maus-tratos em Abu Ghraib foram atribuídos a "alguns maus elementos", mas para Zimbardo não eram os maus elementos que corrompiam o grupo, e sim situações nas quais as pessoas tinham a liberdade de cometer atos desumanos.

A experiência de Zimbardo revelou um lado sombrio da natureza humana; a

---

Se houvesse apenas pessoas más cometendo insidiosamente atos perversos, seria possível separá-las dos outros e destruí-las. Mas a linha divisória entre o bem e o mal percorre o coração de todos os seres humanos.

Alexander Solzhenitsyn (1918-2008), *O arquipélago Gulag* (1973)

O QUE O TORNA "UM DE NÓS"?: O SELF E A SOCIEDADE

vontade ou a ânsia de ferir o outro apenas porque tinham esse poder. O anonimato estimulava a crueldade, e a posição de autoridade dos guardas instigava a ação. Zimbardo observou que as pessoas assumiam com rapidez o papel que lhes era atribuído e, por esse motivo, era impossível dizer se os guardas "perversos" tinham má índole inata reprimida ou se agiram, pelo menos em parte, como seu papel exigia.

Ao contrário dos guardas nazistas, ninguém lhes havia dito para serem cruéis. Por que então reagiram dessa forma? Zimbardo disse que nessas situações o passado e o presente desaparecem e só a gratificação do momento tinha importância. As pessoas cometiam atos sem pensar nas consequências ou nos motivos. E esse comportamento não era previsível. Por isso, era tão assustador.

> *Qualquer ato cometido por um ser humano, mesmo os mais terríveis, pode ser executado por qualquer um de nós, dependendo das circunstâncias. Esse fato não é uma desculpa para a maldade, mas a democratiza e compartilha a culpa entre atores comuns, em vez de declarar que é a província dos desajustados e seus déspotas, e não a nossa. A principal lição do Experimento da Prisão de Stanford foi que determinadas situações instigam os seres humanos a se comportarem de uma forma imprevisível.*
>
> Philip Zimbardo

O SENHOR DAS MOSCAS

O livro *O senhor das moscas* (1954), de William Golding, toma como premissa o modo como as pessoas agiriam em ambiente liberado sem observadores. Trata da situação de um grupo de meninos preso em uma ilha deserta, sem a supervisão de adultos, que regride à uma situação de anarquia e crueldade. Golding inspirou-se na visão "bestial" da natureza humana de Hobbes. A experiência de Zimbardo endossou essa visão.

Cena do filme O senhor das moscas, *de Peter Brook, (1963) adaptado do livro de William Golding.*

173

Uma possibilidade mais feliz

As experiências do psicólogo cognitivo Paul Bloom (1963) da Universidade de Yale com bebês de três meses revelaram que os seres humanos têm um senso moral inato, que os faz optar por um comportamento altruísta, no lugar do próprio interesse. Em crianças muito pequenas a direção e duração do olhar indicam interesse ou preferência. Bloom mostrou aos bebês um desenho animado de uma bola tentando subir um morro, com um quadrado empurrando-a e um triângulo bloqueando o caminho. Os bebês preferiram a forma do quadrado. Em seguida, ele mudou as formas e as cores do quadrado e do triângulo para verificar a preferência estética deles. O acréscimo de rostos às formas aumentava o efeito. Apesar de serem muito pequenos para saberem o que era um comportamento gentil ou não, os bebês preferiam a forma que ajudava a bola a subir o morro. A partir dessa reação, Bloom concluiu que os bebês têm um senso moral inato, embora rudimentar.

Em 1961, o psicólogo canadense Albert Bandura (1925) fez experimentos com crianças que já sabiam distinguir o bom comportamento de uma atitude inadequada. Seu objetivo era testar se as crianças seguiriam um modelo, bom ou mau, sem o risco de serem castigadas. Bandura e seus colegas de Stanford recrutaram 72 crianças e pesquisadores adultos para atuarem como modelos de comportamento. A equipe comprou alguns bonecos João-Bobo infláveis, que ao serem derrubados no chão, voltavam à posição vertical no mesmo instante.

Bloom dividiu as crianças em grupos que foram expostos a cenas de agressividade de um adulto em relação ao boneco, de outro adulto que brincava normalmente com alguns brinquedos, ou uma situação neutra. Mais tarde as crianças tiveram acesso ao boneco.

Bandura constatou que as crianças que haviam sido expostas ao modelo de comportamento agressivo eram as que mais batiam no boneco. As crianças menos

> **O FILHO DE DARWIN**
>
> Darwin fez anotações minuciosas sobre o desenvolvimento de seu filho, William. Aos 2 anos e oito meses, escreveu, o filho mostrou sinais de culpa e vergonha, escondendo as manchas nas roupas, que era um sinal que tinha roubado comida. Darwin escreveu que o menino nunca havia sido castigado e, por isso, o sentimento de culpa e vergonha não fora motivado pelo medo das consequências.
>
> *Darwin e William, c.1842.*

agressivas, por outro lado, haviam sido expostas a um modelo não-agressivo, o que pareceu ter sido uma boa influência (melhor do que a situação neutra).

O modelo masculino agressivo exacerbava a agressividade dos meninos, mas o gênero do modelo fez pouca diferença para as meninas. As meninas ficavam mais agressivas fisicamente depois de assistirem às cenas hostis dos modelos masculinos; a reação aos modelos femininos era uma agressividade mais verbal.

A experiência recebeu críticas. O efeito se prolongaria mais do que os poucos minutos do experimento? Será que as crianças queriam agradar os adultos copiando seu comportamento?

Bandura realizou uma experiência semelhante em 1963 com crianças entre 2 anos e meio e 6 anos. Ele mostrou filmes às crianças em que uma pessoa agredia e gritava com o João-Bobo e, em seguida, era recompensada com balas ou punida com uma advertência. Depois as crianças iam brincar com o boneco em uma sala. As crianças que haviam presenciado as cenas agressivas tendiam a ter um comportamento mais hostil.

Algumas variações na experiência com o boneco João-Bobo tiveram o mesmo resultado. Os exames de ressonância magnética acrescentaram uma dimensão fisiológica a esses experimentos. Em 2006, um estudo realizado na faculdade de Medicina da Universidade de Indiana fez tomografias do cérebro de 44 jovens logo após terem jogado um video game violento ou um pacífico. Os que haviam jogado o video game violento revelaram uma atividade maior na amígdala, a parte do cérebro responsável pelo estímulo às emoções. No lóbulo pré-frontal, que equilibra o autocontrole, a inibição e a concentração, a atividade reduzira-se. Os que tinham jogado o game tranquilo não mostraram esses sinais de atividade cerebral.

Estudos como esse, que mostram uma mudança no comportamento e na atividade cerebral comum a diversas pessoas, sugerem que existe um mecanismo genuíno comum na mente das pessoas, que pode ser um indicador do comportamento.

Siga a multidão

A maioria das pessoas quer se adaptar em maior ou menor grau à sociedade. Mesmo se não for um ato consciente, as pessoas aprendem rápido que a vida é bem mais fácil quando se observa algumas normas sociais. Uma série de experimentos realizados em meados do século XX explorou o grau de adaptação à sociedade de algumas pessoas, como obedecer e não causar problemas. As pessoas são, ao que parece, mais dóceis e tímidas do que se imagina.

O QUE O TORNA "UM DE NÓS"?: O SELF E A SOCIEDADE

"Sit Down You'are Rockin the Boat!" Assim, o personagem de Stubby Kaye é advertido no filme Garotos e garotas (1955). A maioria das pessoas sente-se mais feliz ao seguir as normas da sociedade.

Obedeça às ordens

A adaptação às normas da sociedade pode ser um aspecto positivo, mas, ao mesmo tempo, pode resultar em um péssimo comportamento, como no caso das atrocidades nazistas. Uma experiência realizada após a Segunda Guerra Mundial testou a tendência de algumas pessoas a obedecer ordens, mesmo as inaceitáveis. Os resultados foram chocantes.

O experimento de Milgram

Em 1961, o psicólogo americano Stanley Milgram (1933-1984) recrutou quarenta voluntários para participar de um estudo na Universidade de Yale. Todos os voluntários eram homens de 20 a 50 anos, uma faixa etária semelhante à dos guardas dos campos de concentração nazistas. Milgram preveniu-os que seriam escolhidos aleatoriamente para fazer o papel de alunos e professores, mas, na verdade, todos eram professores e os "alunos" eram atores.

O "professor" fazia perguntas a um "aluno" amarrado em uma cadeira em outra sala com dois elétrodos presos ao corpo. Se ele desse a resposta errada, o professor acionaria o choque elétrico. Os choques começaram com 15 volts, mas aumentaram aos poucos até 450 volts à medida que o aluno dava cada vez mais respostas incorretas.

> Se pensarmos na longa e sombria história da humanidade, descobriremos que mais crimes terríveis foram cometidos em nome da obediência do que motivados por um ato de revolta.
>
> B.F. Skinner (1974)

O QUE O TORNA "UM DE NÓS"?: O SELF E A SOCIEDADE

> *Será que Eichmann e seus milhões de cúmplices no Holocausto apenas seguiam ordens? Será que devemos chamá-los de cúmplices?*
>
> Stanley Milgram (1974)

Os professores seguiam um roteiro e recebiam instruções rígidas para administrar os choques em caso de respostas incorretas ou silêncio. Os alunos também seguiam um roteiro e gritavam, imploravam e contorciam-se nas cadeiras, em razão da dor crescente. Quando o choque atingiu 300 volts, o aluno bateu na parede implorando para sair da sala; em níveis de choque ainda mais elevados o aluno ficou silencioso. O pesquisador sentava-se na sala junto com o professor e o incentivava a continuar os choques, caso hesitasse. O professor só escutava o que estava acontecendo na outra sala. O pesquisador estimulava o professor a continuar, porém não o ameaçava nem intimidava.

Dois terços (65% dos voluntários) chegaram a dar choques de 450 volts e todos deram choques de 300 volts. A partir do comportamento deles, Milgram concluiu que as pessoas têm forte tendência de obedecer a uma autoridade.

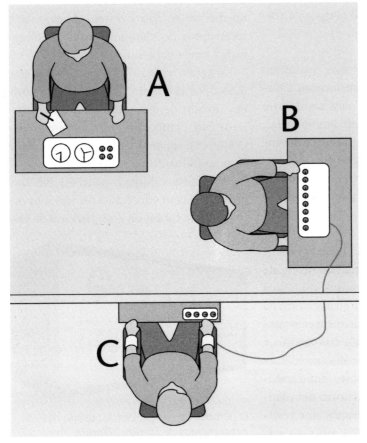

À esquerda o diagrama da experiência de Milgram. O pesquisador ("A") instrui o professor ("B") a administrar uma série de choques elétricos em estudantes ("C") que, na verdade, eram atores que seguiam um roteiro.

> *Fiz um experimento simples na Universidade de Yale para testar a extensão do sofrimento que um cidadão comum poderia infligir em outra pessoa, apenas por ter recebido ordens de um cientista experimental. A autoridade rígida sobrepujou os mais fortes imperativos morais dos participantes do experimento e, apesar dos gritos das vítimas em seus ouvidos, eles obedeceram às ordens. A obediência cega de pessoas adultas ao comando de uma autoridade é a principal conclusão do estudo e a que exige uma explicação mais urgente.*
>
> Stanley Milgram (1974)

Milgram reuniu os voluntários e lhes explicou o experimento. Três tipos de reações se destacaram:

- Alguns obedeceram, mas quiseram justificar seus atos. Transferiram a responsabilidade para o pesquisador ou para o aluno pela falta de inteligência.
- Alguns obedeceram e tiveram um sentimento de culpa por seus atos.
- Outros se rebelaram e colocaram o bem-estar dos alunos acima da importância da experiência.

Com algumas variações no experimento, Milgram descobriu que os níveis de obediência eram mais elevados, quando a experiência era realizada no laboratório da universidade. Nesses experimentos o pesquisador vestia o jaleco do laboratório e ficava na mesma sala do professor.

Os níveis eram inferiores em experimentos feitos em um escritório decadente na cidade, quando o pesquisador vestia roupas comuns e sentava-se em uma sala diferente. Os voluntários eram muito mais obedientes se não tivessem de acionar o interruptor do choque elétrico e delegavam a tarefa para um assistente.

Milgram sugeriu que as pessoas têm dois tipos diferentes de comportamento: um dotado de autonomia e o outro passivo. No comportamento autônomo, as pessoas fazem suas escolhas e assumem a responsabilidade por seus atos, de acordo com seus valores e padrões. No tipo passivo, elas obedecem às ordens sem um julgamento moral ou o sentimento de res-

O gerador de choque elétrico usado nos experimentos de Stanley Milgram.

ponsabilidade. Diante de uma autoridade, disse Milgram, a maioria das pessoas passa por uma mudança do estado autônomo para o passivo e a obediência cega explica as atrocidades cometidas em nome da justificativa de "seguir ordens".

A validade das experiências de Milgram foi questionada, e a psicóloga Gina Perry, autora de *Behind the Shock Machine* (2013), descobriu problemas importantes em seu método e nos relatos. No entanto, muitas pessoas causam sérios sofrimentos aos outros por obediência a uma autoridade. Esse pressuposto não significa que exista um nazista interno em nosso íntimo, mas não se pode negar a tendência assustadora de seguir ordens, mesmo se em nossa mente paire uma dúvida sobre a moral e o bom senso dessa ordem.

Submissão inata

A tendência dos seres humanos de tentar corresponder às expectativas de outras pessoas mesmo sem receber ordens, ou de se misturar à multidão, foi demonstrada em outros experimentos. Na experiência de Zimbardo na prisão de Stanford, os "prisioneiros" se submeteram à arbitrariedade dos "guardas" quando poderiam ter desistido. Os pais e parentes que os visitaram não fizeram comentários, embora não quisessem participar do estudo.

Em 1951, o psicólogo polonês Solomon Asch (1907-1996) pesquisou até que ponto as pessoas querem ser aceitas pela sociedade e estão dispostas a obedecer. Asch colocou um voluntário em um grupo com sete pessoas e mostrou alguns pares de cartões. Em cada par, um cartão tinha uma única linha e o outro tinha três linhas de comprimentos diferentes, sendo que uma delas tinha o mesmo comprimento da linha do primeiro cartão. Os participantes tinham de dizer qual das três linhas marcadas com as letras A, B e C era igual à única linha. Essa pergunta foi repetida

> *Pessoas comuns, que apenas fazem seu trabalho, sem nenhum sentimento hostil, podem se transformar em agentes de um terrível processo de destruição. Além disso, mesmo quando os efeitos de seu trabalho são evidentes e lhes pedem para realizar ações incompatíveis com os padrões morais mais fundamentais, poucas conseguem resistir à autoridade.*
> Stanley Milgram (1974)

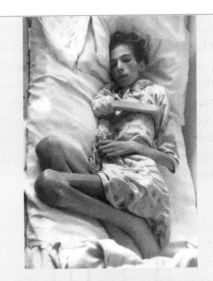

Agora, quando olho para trás, percebo que uma vida dedicada a obedecer às ordens é muito confortável. Essa disposição para obedecer reduz a um mínimo a necessidade de pensar.
Adolf Eichmann (1960), criminoso de guerra nazista

várias vezes. Na primeira parte dos testes, os voluntários de Asch deram a resposta certa. Depois, deram uma resposta errada, mas antes da última pessoa responder. Asch queria saber se os voluntários influenciavam-se com a resposta errada dos demais participantes.

Em um estudo de controle, um voluntário respondeu às perguntas sozinho, e só errou em menos de 1% das vezes, demonstrando que a tarefa era fácil. No entanto, quando os voluntários deram a resposta errada, Asch constatou que 75% dos participantes do estudo tinham respondido errado pelo menos uma vez. Mais tarde, os que haviam dado respostas erradas foram classificados em três grupos:

- Alguns acreditavam que a resposta errada era correta.
- Outros acharam que era incorreta porque houve um consenso por parte dos demais participantes. (Asch chamou essa reação de "distorção de julgamento").
- Alguns perceberam que as pessoas estavam dando a resposta errada, mas não quiseram parecer inferiores ou diferentes do grupo.

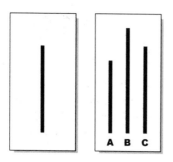

Os participantes da experiência de Asch tinham de dizer que linha no cartão à direita era igual à linha do cartão à esquerda.

Daqueles que não haviam dado resposta errada, alguns agiram com confiança, outros tiveram uma atitude mais reservada, e os demais, apesar da dúvida, deram a resposta certa. Quando modificou o experimento, Asch descobriu que se só uma pessoa tivesse dado a resposta correta, ou se as pessoas tivessem anotado suas respostas sem dizê-las em voz alta, a taxa de conformidade em relação à resposta errada diminuía.

Fumaça e acidentes

A experiência de Asch não lidou com situações graves ou ameaçadoras, mas outros pesquisadores descobriram um alto grau de submissão e relutância em agir com autonomia, mesmo em condições perigosas. Em 1964, na cidade de Nova York, Kitty Genovese foi atacada e morta na frente de 38 testemunhas, sem que nenhuma delas esboçasse um gesto para ajudá-la, segundo os jornais da época. O caso deu origem a um estudo psicológico importante intitulado "O efeito do espectador" e, mais tarde, denominado de a "síndrome de Genovese".

Em 1968, os psicólogos americanos John Darley (1938) e Bibb Latané (1937) realizaram um experimento para descobrir se as pessoas ajudariam um estranho em uma situação difícil. Os psicólogos recrutaram alguns voluntários e lhes disseram que iriam participar de um estudo psicológico referente a problemas pessoais e que os assuntos seriam discutidos por meio de um sistema de comunicação interna, sem que os participantes tivessem contato físico entre si. Após uma discussão, um participante (um ator) fingiu ter uma convulsão e, cada vez mais nervoso, disse que iria morrer. Os outros participantes ouviram suas palavras.

Darley e Latané descobriram que, quanto maior o número de pessoas envolvidas na discussão, menos provável seria que ajudassem. Apesar da falta de contato visual, a presença dos participantes era perceptível. As pessoas não se sentiam tão responsáveis em ajudar o estranho em dificuldade, porque os outros participantes poderiam auxiliá-lo. Por outro lado, se o participante fosse a única pessoa envolvida, em 85% das vezes prestaria ajuda.

Darley e Latané realizaram outra experiência, desta vez em uma situação de perigo. Alguns estudantes foram colocados em uma sala para preencher questionários. Pouco depois, uma fumaça começou a entrar na sala. A fumaça ficou cada vez mais espessa até que os estudantes quase não enxergavam uns aos outros. Se eles estivessem sozinhos quando a sala se enchera de fumaça, 75% dos estudantes teriam relatado o problema. Mas estavam na sala com duas pessoas que ignoraram a fumaça e, por isso, só 10% dos jovens acionaram o alarme. Em geral, presumimos que as outras pessoas sabem mais do que nós e, portanto, se elas não reagem a uma situação de perigo, também ficamos passivos. Os psicólogos denominam essa reação de "ignorância pluralística". Assim, seria preferível arriscar a vida a se expor ao constrangimento de soar um falso alarme.

A vítima de assassinato Kitty Genovese.

Junte-se ao grupo

Existe uma vontade explícita de conformidade e de pertencer a um grupo. Essa tendência foi estudada em 1967, não por um psicólogo, mas sim por um professor de história americano, Ron Jones (1941), em Palo Alto, Califórnia. Jones teve dificuldade em convencer os alunos do Ensino Médio, que o fascismo enraizara-se com rapidez na Alemanha nazista. Decidiu então iniciar o movimento chamado "A Terceira Onda" e disse aos alunos que o movimento tinha o objetivo de eliminar a democracia.

Jones fez um estudo de caso convincente de um sistema diferente que melhoraria o padrão de desempenho escolar e, em consequência, aumentaria as recompensas individuais. O problema da democracia, disse Jones, era seu foco na individualidade, que reduzia a força do grupo.

Jones tinha a intenção de fazer sua experiência em um único dia, mas o sucesso foi tão grande que ele continuou seu estudo de caso. Jones acrescentou mais regras autoritárias ao experimento inicial, como uma saudação formal que excluía os alunos que não faziam parte da experiência. Em três dias, duzentos alunos haviam aderido ao movimento e o desempenho acadêmico deles melhorou.

Alguns membros começaram a denunciar os outros que não obedeciam às regras. No quarto dia, Jones percebeu que a situação estava fora de controle e convocou os membros para uma assembleia, na qual seria lançado o movimento nacional. Quando todos estavam reunidos, Jones anunciou que eles tinham participado de um experimento sobre fascismo e exibiu um filme do regime nazista para concluir sua pesquisa.

Assim como na teoria da categorização de Turner, os alunos de Jones definiram-se em termos das regras do movimento "A Terceira Onda". Eles queriam assimilar os valores que o grupo representava incorporando-os à sua identidade pessoal. Mas Jones mostrara com bastante eficiência que todos queriam ser, como nas palavras de Adolf Eichmann, "um dos muitos cavalos que puxava o vagão", mesmo se seu destino fosse o inferno.

> *Força através da disciplina, força por intermédio da comunidade, força pela ação, força por meio do orgulho.*
> Lema do movimento
> "A Terceira Onda", de Jones.

Motivação humana

Os psicólogos humanistas interessaram-se mais pelo tema da força individual do que pela identidade do grupo, ou as características comuns dos seres humanos. Entretanto, segundo Abraham Maslow, no caminho da autorrealização outras necessidades teriam de ser satisfeitas antes.

Pirâmide de necessidades

Em 1954, Maslow publicou um diagrama para explicar a teoria da motivação humana. A "pirâmide de necessidades" mostrava a hierarquia das necessidades que deveriam ser satisfeitas no caminho da "autorrealização". Essas funções básicas da vida, dizia, proporcionam a motivação das realizações dos seres humanos. Embora a pirâmide de Maslow fosse uma espécie de mapa para o desenvolvimento pessoal, ela representava também a condição humana universal. O que nos distinguia como um membro da humanidade é o impulso para satisfazer essas ne-

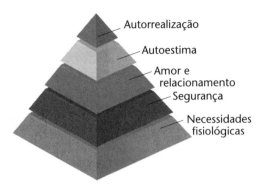

cessidades e, por sua vez, o que diferencia nossa individualidade é a autorrealização alcançada ao final do processo.

A base da pirâmide indica as necessidades físicas fundamentais – comida, água, sono, ar e as funções básicas do corpo. Assim que fossem satisfeitas, tentaríamos satisfazer a segurança física e pessoal proporcionada por um emprego estável, uma casa e assim por diante. Em seguida, daríamos atenção ao amor e ao relacionamento com a família e amigos. A próxima etapa seria o fortalecimento da autoestima, da confiança e do respeito. Por fim, alcançaríamos a autorrealização.

Ao contrário de Platão e de outros filósofos e psicólogos, Maslow destaca a importância de satisfazer as necessidades básicas para atingir o desenvolvimento pessoal, enquanto muitos de seus predecessores diziam que elas deviam ser reprimidas, negadas e ignoradas na busca de um ideal mais elevado. Para Maslow, as necessidades motivam as ações e grande parte da condição humana – uma parte produtiva, boa, que estimula nossas realizações.

Dentro e fora do grupo

Queremos preservar nossa individualidade e, ao mesmo tempo, temos vontade de pertencer a um grupo e de não sermos excluídos da sociedade. A autorrealização pode nos dar confiança em assumir nossas diferenças dentro do grupo. Mas a singularidade implica riscos, como o perigo de ser considerado louco. Os que tentaram afirmar sua diferença, ou não fizeram um grande esforço para parecer com as outras pessoas, foram com frequência marginalizados, demonizados, estigmatizados e internados em instituições psiquiátricas. No entanto, o estudo da mente humana mostra que os seres humanos são diferentes.

O filósofo grego Diógenes desprezou os bens materiais e vivia seminu em um barril abandonado na praça do mercado e se alimentava com restos de comida que as pessoas lhe davam. Mas por ter atingido a etapa da autorrealização essa era a maneira que havia escolhido para viver. Certa vez, Alexandre, o Grande, disse que se não fosse Alexandre queria ser Diógenes.

183

CAPÍTULO 8

Fora do COMUM: abordagem à Psicopatologia

Ultimamente, não sei por que, perdi toda a alegria, abandonei até meus exercícios; e tudo pesa de tal forma em minha disposição, que este quadro admirável, a Terra, me parece um promontório estéril..., porque se parece para mim apenas uma aglomeração de vapores fétidos e pestilentos... O homem não me satisfaz; tampouco a mulher.

William Shakespeare, *Hamlet*, Ato II, Cena II

Segundo o psiquiatra húngaro Thomas Szasz (1920-2012), algumas pessoas têm problemas porque não tentam ou não conseguem viver no mesmo padrão das demais. Essas pessoas são chamadas de loucas, perturbadas e doentes mentais.

A loucura está nos olhos de quem vê – o "louco" não é como a gente, e é isso que nos faz considerá-los loucos. Existem diversas formas de definir a psicologia do anormal, um campo da psicologia que analisa se uma pessoa tem condições de viver em sociedade, se está sofrendo e quanto se desviou dos padrões da saúde mental.

O grito, de Edvard Munch (1893).

FORA DO COMUM: ABORDAGEM À PSICOPATOLOGIA

O que há de errado com você?

Assim como em doenças físicas, as pessoas podem sofrer de episódios agudos de doença mental ou ter uma doença psiquiátrica crônica. Algumas pessoas nascem com mentes que se apresentam diferentes da norma do mesmo modo que algumas pessoas nascem com corpos diferentes, ou os problemas mentais se desenvolvem ao longo do tempo? Isso tem sido explicado de três diferentes maneiras: fenômenos sobrenaturais (a influência de demônios ou espíritos), fator biológico (causa física) ou psicológico (eventos ou condições mentais subjacentes).

> *Se você falar com Deus, você está rezando; se Deus falar com você, você tem esquizofrenia. Se os mortos falarem com você, você é um espiritualista; se você falar com os mortos você é esquizofrênico.*
>
> Thomas Szasz (1973)

Influências externas

Na falta de argumentos mais sólidos, as doenças mentais eram atribuídas a deuses, espíritos e demônios. Mesmo os gregos e os romanos mais esclarecidos culpavam os deuses pela loucura. Depois da queda do Império Romano em torno de 400 d.C., todas as abordagens fisiológicas e psicológicas em relação aos transtornos mentais foram esquecidas e as pessoas voltaram-se para a superstição. Na Idade Média, o centro intelectual deslocou-se para o mundo persa e árabe, onde os textos clássicos foram traduzidos e sofreram acréscimos. Os médicos do Oriente Médio atribuíam a causa das doenças mentais ao desequilíbrio dos humores, como o médico grego Galeno. Segundo Avicena, a loucura bestial que se caracterizava por sintomas de confusão, agitação, ferocidade e um comportamento semelhante ao de um animal predatório era provocada pela bile amarela e a bile negra no cérebro.

Mas o povo árabe continuou a acreditar que a loucura era causada por entidades sobrenaturais, como o *jinn* (espíritos do mal ou "gênios"). A palavra árabe para loucura, *junun*, significa possuído pelo *jinn*. Poderia também ser causada pelo mau-olhado, por não ter cumprido os rituais ou obedecido aos tabus, por Deus, por causas não sobrenaturais como trauma e hereditariedade.

Na Europa, estimuladas pelos inúmeros demônios e espíritos malignos da Igreja Católica,

Hoje, a pessoa que acredita se transformar em animal recebe tratamento psiquiátrico. Mas em outras épocas e culturas, essa pessoa seria reverenciada como um xamã.

FORA DO COMUM: ABORDAGEM À PSICOPATOLOGIA

A expressão "doença mental" foi escrita pela primeira vez em 1847 por Emily Brontë em O morro dos ventos uivantes. O termo "saúde mental" começou a ser usado no início da década de 1900.

PALAVRAS CRUÉIS

Não se fala mais em loucura. Algumas pessoas preferem dizer "transtorno mental", porque evita o estigma da doença. Mas no passado o ser humano não tinha tanta sensibilidade. Os visitantes pagavam para ver "lunáticos" e não "pessoas com distúrbios mentais". No início do século XX, as palavras "idiota", "imbecil" e "retardado mental" tinham significados médicos. Um idiota tem QI de 0-20; um imbecil, QI de 21-50; e um retardado mental, QI de 51-70.

EPILEPSIA – A DOENÇA SAGRADA

Hoje, a epilepsia é considerada uma doença neurológica, mas durante séculos seus sintomas – ter convulsões, perda de consciência e babar – eram vistos como sinais de loucura.

O primeiro relato de um caso de epilepsia é da Mesopotâmia, escrito há 4 mil anos. O paciente estava sob influência do deus da Lua e foi exorcizado. No Código de Hamurabi, o conjunto de leis da Babilônia compilado em cerca de 1790 a.C., se uma pessoa comprasse um escravo e mais tarde descobrisse que era epiléptico ela poderia devolvê-lo e ser reembolsado. A doença era o resultado de um espírito maligno que possuíra seu corpo e era tratada com meios sobrenaturais. Os antigos gregos associavam a doença aos espíritos do bem e aos gênios. Os gregos chamavam a epilepsia de "doença sagrada". Hipócrates, uma voz dissidente, dizia que é uma doença física na qual a hereditariedade excerce influência, mas sua opinião não suplantou a visão geral da posse dos espíritos. A associação entre a epilepsia e os espíritos predominou até o século XVII na Europa. Ainda hoje na Tanzânia, a epilepsia é atribuída à bruxaria e aos espíritos malignos que se apossam do corpo.

as explicações sobrenaturais da loucura continuaram até o Iluminismo. Em geral, o tratamento de pessoas com transtornos mentais era desumano, com o objetivo de expulsar os demônios e os espíritos malignos do corpo do doente. Os doentes mentais muitas vezes foram torturados e executados no período de caça às bruxas, que dizimou muitas vidas na Europa e nos Estados Unidos do século XV ao século

FORA DO COMUM: ABORDAGEM À PSICOPATOLOGIA

Ilustração de 1555 de bruxas sendo queimadas na fogueira. Na Europa, a bruxaria era punida por lei até o século XVIII.

XVIII. Comportamentos estranhos, mas inofensivos, como sussurrar, delirar e fazer ações repetitivas eram suficientes para alguém ser acusado de bruxaria e condenado à morte por enforcamento ou na fogueira.

Mas também existiam os espíritos do bem. Assim como para os gregos a epilepsia era uma doença sagrada, algumas formas de loucura eram atribuídas à inspiração divina ou à presença do Espírito Santo. No século XVI, o escritor e historiador mouro Joannes Leo Africanus (1494-1554) escreveu que no Norte da África: "Existem pessoas... que parecem loucas, que andam descalças, com as cabeças descobertas e carregam pedras. Mas o povo os reverencia por sua santidade".

Biologia e cérebro

Hipócrates rejeitou as causas sobrenaturais das doenças. Segundo ele, as origens eram físicas, em geral provocadas pelo

Uma ilustração do século IX de uma cena de exorcismo.

O FEITIÇO DA LUA

A palavra "lunático" origina-se da crença romana de que alguns casos de loucura eram provocados pela influência da Lua ou de sua deusa, Luna.

FORA DO COMUM: ABORDAGEM À PSICOPATOLOGIA

MARGERY KEMPE (C.1373-1440)

A mística inglesa Margery Kempe foi a primeira pessoa a escrever uma autobiografia em inglês. Após o nascimento de seu primeiro filho, Margery teve um transtorno mental, talvez depressão pós-parto ou uma alucinação, porque se lembrava de estar rodeada por demônios. Durante o delírio, ela agrediu o próprio corpo. Mais tarde, depois de uma visão religiosa, com frequência urrava e tinha acessos de raiva na igreja, por acreditar que estava sob influência do Espírito Santo. A Igreja tolerou suas excentricidades e Margery fazia peregrinações e tinha visões na igreja, sem nunca ter sido acusada de bruxaria ou de comportamento estranho.

HISTÓRIA DA HISTERIA

Hoje, a histeria é considerada um transtorno de personalidade histriônica (TPH). Caracteriza-se por uma emoção excessiva, necessidade de chamar atenção, comportamento sexual inadequado, dramatização e uma atitude teatral. Os histéricos são pessoas influenciáveis, manipuladoras, egocêntricas e que alternam estados emocionais, quase sempre superficiais ou exagerados. A TPH afeta de 2% a 3% da população dos Estados Unidos e é mais comum em mulheres.

Os antigos egípcios foram os primeiros a citar casos de histeria. Segundo o papiro Ebers, datado de 1900 a.C., o transtorno originava-se no útero. Essa crença continuou entre os gregos; Hipócrates, o primeiro a usar a palavra histeria, dizia que era causado pelo movimento instável do útero (*hysteron*) em razão da pouca atividade sexual. A associação da doença com o útero prolongou-se até o século XVII. O médico inglês Thomas Willis (1621-1675) sugeriu que o cérebro e o sistema nervoso eram a origem da histeria e, portanto, poderiam também afetar os homens.

O médico alemão Franz Mesmer (1734-1815) tratou de pacientes com histeria com seu método de mesmerismo, uma forma de sugestionabilidade. No século XIX, Jean-Martin Charcot usou a hipnose para tratar de pacientes histéricos. Charcot influenciou Freud, que acreditava que a histeria era consequência de uma evolução incorreta da libido. Há pouco tempo, algumas pessoas sugeriram que a TPH não era um transtorno psicológico, mas sim um distúrbio cultural. Nesse contexto, as pessoas diagnosticadas com TPH não têm uma doença mental, apenas não se adaptam às normas de comportamento predominantes.

189

desequilíbrio dos quatro humores, que podiam afetar o estado de ânimo e o comportamento, além dos efeitos físicos. A única exceção era a histeria (ver quadro).

Desequilíbrio da mente

O médico grego Asclepíades de Bitínia (*c.*127-40 a.C.) rejeitou a teoria dos quatro humores como causa de distúrbios psicológicos e os atribuiu a problemas emocionais. Por sua vez, o médico e alquimista suíço Paracelso (1493-1541) achava que as doenças eram provocadas por um desequilíbrio químico e tratava seus pacientes com medicamentos à base de ervas. Na visão de Paracelso, o corpo é um sistema químico que deveria ser mantido em equilíbrio com o "microcosmo" e em larga escala com o meio-ambiente, o "macrocosmo".

Paracelso dividiu os problemas mentais em cinco categorias:

- Epilepsia
- Euforia e hiperatividade
- *Chorea lasciva* (comportamento lascivo)
- *Suffocatio intellectus* (asfixia do intelecto)
- Total insanidade (sem períodos de lucidez ou remissão)

Segundo Paracelso, a epilepsia era causada pelo *spiritus vitae* (espírito da vida) que em um estado de agitação atingia o cérebro. Ele receitava um remédio de ervas nos casos em que havia períodos de remissão, mas também acreditava-se que a epilepsia era provocada por uma má formação da criança antes do nascimento, uma opinião compartilhada por Hipócrates. A euforia e a hiperatividade eram resultado de uma espécie de humor que subia pelo corpo até a cabeça, onde uma parte se condensava e outra continuava sob a forma de vapor.

Paracelso não descreveu com clareza os distúrbios da *chorea lasciva* nem da *suffocatio intellectus*. Ele mencionou três tipos de *suffocatio intellectus*: um causado por vermes intestinais, outro que afetava só mulheres e era provocado pelo funcionamento deficiente do útero (provavelmente histeria) e, por fim, perturbações no sono. Paracelso também citou diversas causas da *chorea lasciva*, entre as quais o desleixo no cuidado com o corpo e a vida desregrada, como das prostitutas e dos que gostavam de sons estridentes:

"Portanto, a causa da doença chorea lasciva, é uma mera opinião e ideia criada pela imaginação, que afeta os que acreditam nela. Essa opinião e ideia originam a doença em crianças e adultos. Nas crianças também é produto da imaginação, com base não no raciocínio, e sim na percepção porque ouviram ou viram algo. A visão e a audição delas são tão possantes que, inconscientemente, fantasiam o que veem ou escutam."

Paracelso (publicação póstuma em 1567).

Paracelso fez a descrição, identificação e classificação das doenças mentais, entre elas há cinco "insanidades totais": melancolia (depressão); loucura provocada pela Lua; insanidade permanente causada pelos alimentos ou bebidas (provavelmente venenosos); demência herdada de um parente ou em razão de uma "semente" defeituosa; e, por fim, os loucos possuídos por demônios. Essa foi sua única menção à possessão demoníaca.

Trabalhando com humores

Paracelso tinha opiniões que divergiam das ideias e doutrinas predominantes. A maioria das pessoas que procurava uma causa física para os transtornos mentais apoiava a teoria dos humores, até mesmo no século XIX. Essa teoria possibilitou a classificação de transtornos mentais por etiologia. Assim, a depressão (melancolia) era resultado do excesso de bile negra. Em consequência, os tratamentos direcionavam-se à redução da bile negra no organismo, em geral, com o uso de laxantes e pela flebotomia.

Retrato de Paracelso.

ANATOMIA DA MELANCOLIA

O primeiro livro sobre depressão, *A anatomia da melancolia*, foi publicado em 1621 pelo estudioso inglês Richard Burton (1577-1640). O livro tinha 900 páginas na primeira edição e Burton continuou a ampliá-lo ao longo da vida. O estilo é hermético e com frequentes digressões; tem citações clássicas e referências, além de abranger diversos temas que pouco se relacionam à depressão. Mesmo assim, Burton fez a distinção entre a tristeza rotineira causada pelos acontecimentos da vida ("depressão reativa" como seria chamada hoje) e a melancolia ("depressão profunda", na linguagem atual). Ele se alongou em sua descrição da melancolia passageira:

"... a melancolia transitória em razão da mágoa, necessidade, doença, problemas, medo, sofrimento, paixão, perturbação mental, preocupação, descontentamento, pensamento que causa angústia, espírito atormentado, desgosto, sentimentos opostos ao prazer, felicidade e alegria que nos animam..."

O outro tipo de melancolia (depressão clínica) é a "melancolia do hábito", o principal tema do livro, assim descrita:

"A melancolia que é preciso tratar, é crônica, uma doença séria, um estado de ânimo permanente, como Aurelianus e outros a chamam, que não desaparece; e se aprofunda na mente e, portanto, é difícil de eliminar."

FORA DO COMUM: ABORDAGEM À PSICOPATOLOGIA

> O homem melancólico... tem medo de tudo... ele gostaria de fugir, mas não consegue... é uma criatura selvagem que procura as sombras, desconfiado, solitário, inimigo da luz do sol, descontente, nada lhe dá prazer e se perde em devaneios falsos e inúteis.
>
> Andreas Laurentius
> (1558-1609), anatomista

Os métodos para diagnosticar o desequilíbrio dos humores incluíam o relato do paciente de seus problemas e de sua vida cotidiana, e o exame de sangue e urina para determinar o tipo de desequilíbrio.

Cérebro revelado

Por fim, surgiu uma ligação entre o estado físico do cérebro e algumas formas de transtorno mental. O estudo de caso mais interessante foi o de Phineas Gage.

Em 1848, Gage sofreu um terrível acidente quando trabalhava como supervisor na construção de uma ferrovia em Vermont, Estados Unidos. Uma descarga elétrica arremessou uma barra de ferro em direção ao seu rosto. A barra de ferro entrou em sua cabeça na altura do olho esquerdo e destruiu grande parte do lóbulo frontal ao atravessá-la.

Mas o corajoso Gage sentou-se ereto na carroça que o levaria à cidade e conversou com o médico. Apesar da gravidade do ferimento, Gage recuperou-se por milagre. No entanto, sofreu uma mudança de personalidade e se transformou em uma pessoa com um humor instável e rude. Apesar das informações conflitantes, ao que tudo indica essas mudanças foram passageiras.

Os psicólogos da época usaram Gage como um exemplo, embora seu caso não tenha apresentado dados conclusivos, exceto pelo fato de que a remoção do lóbulo frontal não necessariamente provocava a morte. Sua história foi usada pelos frenologistas em apoio às suas teorias que o Órgão da Veneração e/ou o Órgão da Benevolência fora destruído e, por isso, Gage se transformara em uma pessoa rude, sem menção ao fato de que seu comportamento se normalizara depois. Seu caso também foi usado para mostrar que a função cerebral não fora atingida, porque Gage foi capaz de retomar sua vida normal, mesmo sem a maior parte do lóbulo frontal. É claro, essas duas conclusões são excludentes.

A teoria da localização da função cerebral ganhou apoio em 1861, quando o cirurgião francês Paul Pierre (1824-1880) descobriu uma área do cérebro, hoje denominada área de Broca, responsável pela

Ilustração de Phineas Gage segurando a barra de ferro que o feriu. Gage viveu por mais 12 anos depois de seu acidente e, por algum tempo, trabalhou como cocheiro de diligências no Chile.

FORA DO COMUM: ABORDAGEM À PSICOPATOLOGIA

O tamanho anormal do cérebro ou uma disfunção da atividade de uma parte do cérebro são estudados no campo das psicopatologias. A sequência do DNA também mostrou as conexões das variações dos genes e psicopatologias.

Tudo na mente

Sigmund Freud e o médico austríaco Joseph Breuer (1842-1925) foram os primeiros a estudar com mais profundidade as causas psicológicas dos distúrbios emocionais. Segundo Freud, todas as perturbações na mente de uma pessoa adulta eram resultado de traumas passados, em geral na infância, que haviam sido esquecidos ou reprimidos. Em sua teoria as experiências físicas, mentais ou emocionais davam origem a estados mentais, e depois de profundas conversas com um terapeuta que "analisava" o paciente, o problema aflorava e a tensão diminuía.

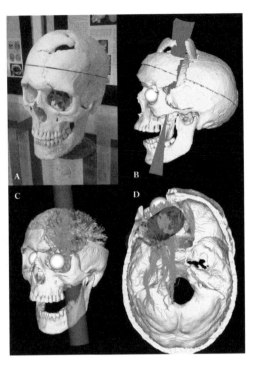

O crânio de Gage (A) e um desenho computadorizado da trajetória da barra de ferro que o perfurou (B, C e D).

Importância do sexo

Segundo Freud, todas as neuroses originam-se de um incidente na infância, que envolve abuso sexual ("sedução" em geral por um adulto). No início de sua carreira, Freud dizia que havia descoberto os traumas sexuais de todos os seus pacientes. Bem mais tarde, alegou que o abuso sexual nem sempre acontecera, mas estava presente como uma lembrança ou uma fantasia nos pacientes e tinha efeitos semelhantes a um abuso real. Na verdade, seus pacientes só exteriorizavam a lembrança de abusos sexuais na infância durante o tratamento.

Para Freud, todos os aspectos do comportamento dos seres humanos eram estimulados pela libido, em sua opinião uma energia sexual. Muitos de seus seguidores

fala. Broca fez sua descoberta no momento em que realizava uma autópsia em um paciente, Leborgne, que perdera o dom da fala e só conseguia dizer "tan". Broca descobriu uma lesão no lóbulo frontal causada pela sífilis. Um segundo paciente, Lelong, só conseguia dizer cinco palavras; Broca descobriu a mesma lesão no lóbulo frontal.

Desde então, foram descobertas mais áreas do cérebro responsáveis por funções específicas. A tomografia computadorizada e a ressonância magnética têm sido usadas para mostrar as áreas do cérebro, que funcionam no momento da execução de determinadas tarefas e a fim de comparar o tamanho das estruturas de cérebros diferentes (ver Capítulo 3).

FORA DO COMUM: ABORDAGEM À PSICOPATOLOGIA

UM ASSASSINO EM POTENCIAL?

O neurocientista americano James Fallon (1947) fez uma descoberta surpreendente em 2006. Ao examinar as tomografias dos cérebros de psicopatas e de pacientes com Alzheimer, descobriu que seu cérebro era igual ao cérebro de psicopatas. (Fallon usara a tomografia de seu cérebro como um fator de controle no estudo de doentes com Alzheimer.) Seu cérebro tinha uma atividade menor do que os níveis normais nas áreas dos lóbulos frontal e temporal associadas à empatia. Quando examinou os indicadores genéticos notou que tinha uma variante do gene MAO-A ligada à psicopatia. Curioso, pesquisou a vida de sua família e descobriu que tinha muitos parentes que haviam sido condenados como assassinos, entre os quais a famosa Lizzie Borden, acusada, mas absolvida, de matar os pais com um machado em 1892.

A partir de seus estudos, concluiu que era um sociopata: ambicioso, dinâmico e bem-sucedido, embora não fosse perigoso. Uma educação diferente, no entanto, poderia tê-lo transformado em um assassino serial.

Lizzie Borden.

importantes e eruditos romperam as relações com ele por causa de sua ênfase na problemática sexual. A maioria, com razão, pensava que existiam outros motivos e incidentes que afetavam o comportamento e a saúde mental. Carl Jung e Alfred Adler foram os críticos mais veementes de suas teorias. Mas sua filha Anna Freud nunca rejeitou as opiniões e ideias do pai.

Vozes dissidentes

O psicólogo de origem alemã e americana Hugo Münsterberg (1863-1916) estudou diversos casos de pessoas com doenças mentais, em sua tentativa de entender as causas de um comportamento anormal. Münsterberg não concordava com as teorias de Freud e não se preocupou em pesquisar o passado do paciente ou suas motivações inconscientes. Seu método consistia em incentivar a crença dos pacientes na melhora de suas doenças com o tratamento. No entanto, em sua opinião não havia tratamento para a psicose genuína por ser um dano degenerativo ao sistema nervoso e, portanto, era um problema de origem fisiológica e não psicológica.

Para o behaviorista John B. Watson, a doença mental também é resultado de experiências anteriores, mas Watson não realizou um processo de interiorização e de intensificação dos sintomas em seus pacientes, como Freud teria feito. No ponto de vista de Watson, os sintomas das doenças mentais são reflexos condicionados, nos quais o condicionamento havia sido contraproducente. Ele interessava-se por alguns recursos psicanalíticos específicos,

FORA DO COMUM: ABORDAGEM À PSICOPATOLOGIA

como testes de associação de ideias, que permitiam descobrir as origens e a natureza precisa dos hábitos peculiares de pessoas com transtornos mentais.

Desdobramentos das experiências na infância

Embora algumas das teorias de Freud tenham sido desacreditadas, a tese que as experiências na infância deixavam uma impressão duradoura e causavam problemas psicológicos posteriores raramente foi contestada. O antigo amigo de Freud, Alfred Adler, desenvolveu a teoria que o sentimento de inferioridade e superioridade surgia na infância (ver Capítulo 6). Hoje, a psicoterapia baseia-se no pressuposto que as experiências na infância e mais tarde na vida têm um efeito psicológico prolongado e, às vezes, prejudicial.

As diversas manifestações dos transtornos mentais

No século II a.C., Asclepíades de Bitínia fez uma distinção entre transtornos psicológicos agudos e crônicos, assim como entre alucinações e delírios. Um episódio agudo podia ocorrer depois de um luto ou uma perda; a depressão passava quando a pessoa aceitava resignada a perda. Mas o distúrbio psíquico crônico era uma insanidade permanente ou um transtorno prolongado.

O escritor romano Aulus Cornelius Celsus (*c*.25 a.C.-*c*.50 d.C.) foi o primeiro a usar a palavra insanidade (ou "*insania*") no livro *De medicina* escrito em torno de

---

OS PROBLEMAS DE FREUD COM SEXO

Estágios psicossexuais: Freud acreditava que todas as crianças passam por diferentes estágios em seu desenvolvimento precoce, quando obtém prazer sexual de diferentes partes do corpo, chamadas de zonas erógenas. No primeiro ano de vida, na fase oral, a principal fonte de prazer é a boca. O bebê sente prazer na amamentação e em explorar objetos com a boca. No ano seguinte, na fase anal, a zona erógena é o ânus, quando a criança aprende a controlar os esfíncteres. De 2 a 4 anos, na fase fálica, a zona erógena é a região genital e a criança sente prazer em examinar e manipular seu órgão sexual. A não evolução dessas fases poderia, na opinião de Freud, resultar em tipos específicos de personalidade e causar distúrbios psíquicos. Freud focalizou três aspectos do desenvolvimento da mente como especialmente significativos:

Complexo de Édipo: As crianças sentem uma intensa atração sexual pela mãe na fase fálica. Nos meninos, o complexo de Édipo estimula a competitividade com o pai pelo amor da mãe e a fantasia (latente, pelo menos) de matar o pai para substituí-lo. O nome refere-se a Édipo, um personagem da mitologia grega.

Ansiedade de castração: O menino acha que o pai é mais poderoso do que ele e como a fonte de seus sentimentos em relação à mãe é seu pênis, desenvolve uma ansiedade de castração. O menino tem medo que sua falta de poder se manifeste fisicamente.

Inveja do pênis: A menina percebe que o pai tem um órgão sexual importante, o pênis, que ela não tem. Por esse motivo, a menina sente inveja do pai, mas, diante da impossibilidade de ter um pênis, ela se "transforma" na mãe e compartilha o órgão sexual do pai.

30 d.C. Ele fez a distinção entre diferentes tipos de comportamento de um paciente:

"Existem diversos tipos de insanidade; algumas pessoas insanas são tristes, outras engraçadas. Algumas são mais fáceis de controlar e manifestam sua raiva apenas em palavras; outras são rebeldes e violentas. Por fim, algumas são impulsivas e agem de maneira irrefletida, enquanto outras são astutas e demonstram uma aparência de sanidade, enquanto esperam a ocasião de causar um problema ou fazer uma maldade. Mas sua malícia não passa despercebida, porque seus atos são reveladores."

Celsus relatou casos de pessoas que pensavam ser deuses, personagens famosos, objetos inanimados e animais. Citou também histórias de epilepsia e paranoia, além de alucinações causadas por febre e delírios genuínos.

O filósofo e médico romano Aretaeus (50-130 d.C.) descreveu os sintomas do transtorno bipolar: períodos alternados de depressão e de euforia e hiperatividade,

Ilustração da edição de 1657 do tratado de Celsus, De medicina.

com períodos de lucidez entre as crises. Aretaeus defendeu o tratamento humanitário dos doentes mentais, com o argumento que as doenças mentais não se limitavam a pessoas de inteligência limitada.

No século X, o médico árabe Najab ud-din Muhammad identificou trinta tipos diferentes de doenças mentais, entre as quais depressão agitada, neurose, impotência sexual, psicose, esquizofrenia, quadro mórbido de euforia e hiperatividade, priapismo, transtorno compulsivo obsessivo, delírios e doenças degenerativas.

O médico suíço Felix Platter (1536-1614) descreveu vários tipos de distúrbios mentais como euforia e hiperatividade, delírio, alucinações, pensamentos repetitivos sem nexo, desagradáveis e extremamente difíceis de evitar, que hoje seria um dos sintomas do transtorno obsessivo compulsivo (TOC).

De sintomas a síndromes

A primeira tentativa de classificação das doenças mentais foi realizada no século XIX. O psiquiatra alemão Emil Kraepelin (1856-1926) estudou psicologia com Wundt e quis classificar os distúrbios mentais com tanta abrangência como Wundt

Na peça Macbeth, de Shakespeare, as alucinações de Lady Macbeth são uma manifestação da perda de sanidade.

FORA DO COMUM: ABORDAGEM À PSICOPATOLOGIA

classificara as sensações. Com esse objetivo, passou anos estudando pacientes com transtornos psíquicos para determinar tanto o curso da doença quanto o resultado e o diagnóstico de doenças diferentes.

Assim como nas doenças físicas, os mesmos sintomas podiam ter causas diferentes. Não teria sentido presumir que as pessoas com alucinações têm a mesma doença, como nem todas que espiram estão gripadas.

Antes de Kraepelin, os médicos descreveram os sintomas de centenas de formas de doenças mentais, mas ele fez uma abordagem diferente que chamou de clínica. Em vez de reunir casos que compartilhavam os principais sintomas, Kraepelin usou padrões de sintomas, ou síndromes, com base em seu sistema de classificação.

A divisão da doença mental em duas categorias foi uma de suas mais importantes contribuições. A primeira foi a da "psicose maníaco-depressiva" (hoje, chamada de transtorno bipolar), que alterna momentos de depressão, lucidez e euforia.

A segunda categoria denominada "*dementia praecox*", ou demência precoce, que surgindo no início da idade adulta, é uma doença crônica e degenerativa.

Esse tipo de demência foi descrito pela primeira vez pelo médico francês Philippe Pinel (1745-1826) no final do século XVIII. Em 1908, o psiquiatra suíço Paul Eugen Bleuler (1857-1939) o intitulou de esquizofrenia, com base no argumento que a demência era um sintoma secundário, que nem sempre diminuía de intensidade.

Kraepelin foi o pioneiro no campo da psicofarmacologia – o estudo do efeito de remédios no sistema nervoso – com pesquisas sobre o impacto de substâncias como morfina, café e álcool. Segundo ele, há características físicas ou genéticas em todas as doenças, apesar de desconhecidas na época. Mas em razão de sua convicção que muitas doenças mentais têm uma origem genética, Kraepelin defendeu a prática da eugenia, com base na tese que o mundo seria muito melhor se "problemas" genéticos fossem eliminados por meio do controle da reprodução.

[Em casos de melancolia], a imaginação e o julgamento estão tão distorcidos que sem um motivo aparente as pessoas ficam muito tristes e assustadas. Elas não conseguem descobrir a causa da tristeza e do medo, com exceção de um pensamento trivial ou de uma opinião falsa de uma mente perturbada... Essa melancolia terrível que, com frequência provoca desespero, é a forma mais comum de melancolia. Frustrei-me muitas vezes ao tentar curá-la. Os pacientes diziam em lágrimas e com suspiros profundos, com uma grande angústia no coração e o corpo trêmulo, que nesse estado melancólico sentiam-se instigados a blasfemar contra Deus e cometer atos horríveis, como agir com violência contra si mesmos, matar seus maridos, esposas, filhos, vizinhos e governantes, não por ciúme e inveja de pessoas a quem amavam, e sim por um impulso involuntário. Eles diziam que esses pensamentos surgiam em suas mentes contra a vontade deles e que suplicavam a Deus repetidas vezes que os libertassem do sofrimento desses pensamentos atrozes.

Felix Platter (1602)

A classificação das doenças mentais realizada por Kraepelin inspirou a publicação do *Diagnostic and Statistical Manual* (DSM) usado por muitos psiquiatras no diagnóstico de pacientes com problemas mentais. Com o crescente conhecimento dos processos estruturais,

químicos e biológicos do cérebro, os médicos tinham condições de dar explicações mais precisas a respeito de alguns transtornos mentais, embora nem sempre pudessem curá-los.

Tratamento, cura e controle

Os transtornos mentais incluem, entre outros, a neurose que afeta a vida cotidiana de uma pessoa e a psicose, que impede o doente de ter uma vida normal. Os diversos tipos de distúrbios exigem tratamentos diferenciados, embora o tratamento de doenças psíquicas seja difícil e, com frequência, frustrante. Em um mundo ideal, os médicos podem oferecer uma possibilidade de cura. Porém quase sempre os meios empregados na cura, ou apenas o controle de sua evolução, são os recursos dos quais os médicos dispõem. Muitas pessoas com problemas mentais não recebem tratamento ou não são cuidadas por suas famílias. São transferidas de um lugar para outro, vulneráveis e dependentes da boa vontade dos outros. E como previsível, têm uma morte prematura dolorosa.

Como lidar com demônios

A melhor forma de enfrentar um problema mental atribuído a causas sobrenaturais era tratá-lo com feitiços, talismãs e preces. Às vezes, os métodos sobrenaturais faziam com que as pessoas se sentissem melhor, por coincidência ou sugestão e, assim, reforçava a crença na causa e na cura de fenômenos sobrenaturais. Mas nem sempre o tratamento se limitava a feitiços e talismãs e, em alguns casos, a força física brutal era usada para exorcizar o demônio.

A trepanação é o tratamento mais antigo usado em diversos tipos de doenças. O "cirurgião" perfurava um orifício em um osso, ou cortava uma parte do crânio com uma faca ou um trépano feito com o osso de um animal, uma concha, pedra ou metal. A trepanação era usada no tratamento de dores de cabeça e convulsão, ou para expulsar espíritos.

Os crânios mais antigos submetidos ao tratamento por trepanação datam do período Neolítico, com cerca de 10 mil anos. Em torno de dois terços os crânios, há sinais de que o osso do cérebro se refizera, um indício de que o paciente sobrevivera por um tempo relativamente longo. Al-

> **NEUROSE E PSICOSE**
>
> Na psicose, o doente perde o contato com a realidade. Algumas doenças caracterizam-se por períodos de psicose longos ou curtos e momentos de lucidez. Poucas pessoas perdem totalmente o contato com a realidade. A neurose é uma reação psíquica exagerada em relação a um aspecto da vida ou a uma preocupação que causa ansiedade, angústia ou obsessão.

guns haviam sido submetidos a esse tratamento diversas vezes. Mas esse método de cura não se limitou ao passado distante. O médico francês Arnaldus de Villanova (1235-1313) defendia o uso da trepanação para expulsar demônios e humores prejudiciais alojados no cérebro. Essa prática ainda é usada em algumas regiões da África, América do Sul e da Oceania.

No século IV a.C., os gregos com problemas físicos ou mentais tinham o costume de visitar um templo dedicado ao deus da medicina Asclépio. Lá, o doente fazia preces, oferecia oferendas ao deus e dormia em um dormitório onde era submetido a um processo de incubação, para que seus sonhos orientassem o sacerdote ou o médico na escolha de um tratamento adequado à sua cura. As serpentes não venenosas rastejavam pelo chão do dormitório e eram usadas em rituais de cura e, por esse motivo, o símbolo da medicina é o Bastão de Esculápio, que consiste em uma haste com uma cobra entrelaçada.

Em seguida à visita ao templo, o médico interpretava os sonhos do paciente. O tratamento poderia incluir remédios preparados com ervas, uma alimentação especial, banhos, massagem ou outros tratamentos físicos.

No mundo árabe medieval, o tratamento em geral consistia na prescrição de laxantes, no uso da flebotomia e na recomendação de banhos, mas podiam também incluir o exorcismo e a cauterização de partes do corpo. No século XIII, os exorcismos eram feitos por dervixes na Anatólia. Na Europa, os exorcismos eram praticados com a intenção de salvar uma pessoa possuída por demônios, desde que não fosse uma bruxa.

A extração da pedra da loucura, de Hieronymous Bosch (c.1494).

Seria agradável pensar que os tratamentos com base na superstição não existem mais, porém em alguns lugares existe uma crença forte em sua eficácia. O único psiquiatra em Chade, centro-norte da África, Dr. Egip Bolsane, ainda recomenda aos seus pacientes que não acreditem mais em bruxaria.

Tratamentos físicos

Os tratamentos físicos para doenças mentais apoiavam-se na ideia que existia algum tipo de conexão entre o fantasma e a máquina. O modelo predominante ao longo da história europeia foi a tentativa de reequilibrar os humores.

Reequilíbrio dos humores

Na Grécia Antiga, a teoria dos humores resultou em tratamentos físicos suaves e alguns invasivos. Muitos tratamentos recomendados por Hipócrates eram benéficos à saúde como uma alimentação saudável, sono reparador, exercícios físicos e atividade, banhos agradáveis e terapias suaves. Outros eram mais invasivos e talvez menos benéficos. Nos dois milênios seguintes, o excesso de flebotomia e o uso de laxantes causaram sérios danos à saúde dos pacientes.

No século II a.C., Asclepíades de Bitínia defendeu a prática de tratamentos suaves para os doentes mentais. Ele desaprovava a prescrição da flebotomia e o confinamento de pessoas com distúrbios psíquicos. Em vez desses tratamentos brutais, Asclepíades recomendava terapias naturais, como massagem, dieta e musicoterpia, com diferentes estilos de música de acordo com o estado mental dos pacientes. Ele defendia o uso de redes, que com um balanço suave acalmava e ajudava os pacientes a dormir.

Os primeiros hospitais árabes ofereciam uma combinação de tratamentos agradáveis e brutais para os doentes mentais, segundo o que mais convinha ao estado de saúde mental do paciente. Os doentes podiam ser tratados com a aplicação de ventosas ou sanguessugas sobre a pele para produzir hemospasia, uso de laxantes e banhos. Esses tratamentos diminuíam o excesso de bile no cérebro, removendo-a do corpo com a flebotomia e os laxantes, ou diluindo-a com o acréscimo de umidade.

Paracelso não seguiu a teoria dos quatro humores, mas seus tratamentos eram cruéis. Para os casos de euforia e hiperatividade, Paracelso sugeria dois tratamentos, um dos quais com requintes de barbárie, em que os médicos tiravam a pele dos dedos das mãos e dos pés, ou de outras partes do corpo, com produtos químicos ou cirurgia, para que os "vapores" fossem eliminados. A alternativa era a prescrição de remédios, que deveria ser mais popular entre os pacientes.

Paracelso tratava a *chorea lasciva*, segundo ele caracterizada por um comportamento lascivo, trancando o paciente em um quarto escuro com um pouco de água e comida. Se não funcionasse, o paciente era açoitado e, por fim, em casos recalcitrantes ele recomendava jogá-lo na água gelada.

Muitos tratamentos brutais infligidos aos pacientes em asilos de loucos do século XVII ao século XIX tinham o objetivo de reequilibrar os humores, com o uso da

> Se é a mente que ilude o louco, é recomendado que seja tratado com torturas específicas. Se disser ou fizer coisas erradas deve ser submetido a um tratamento de inanição, preso em grilhões e açoitado. É preciso obrigá-lo a fixar sua atenção e memorizar o que se passa em sua mente, ou o que está vendo; assim, aos poucos por medo refletirá sobre suas ações. O terror repentino e o medo total são benéficos no tratamento de doenças mentais.
>
> Celsus, século II d.C.

flebotomia, laxantes, privação de alimentos e banhos gelados. Com a criação dos manicômios para abrigar os doentes mentais, foi possível usar esses tratamentos de uma forma sistemática e metódica para um grande número de pessoas.

É difícil dizer quantos guardas dos hospícios aplicavam esses tratamentos com boas intenções e quantos agiam com sadismo, só porque tinham autoridade e a desculpa da terapia. Alguns tratamentos, como inanição e frio, eram convenientemente econômicos. Não havia relatos de banhos quentes e cheiros agradáveis, como nos manicômios árabes.

Hospitais psiquiátricos

A criação dos hospícios foi uma das maiores realizações do mundo árabe medieval. Ninguém era rejeitado por não ter dinheiro para pagar o tratamento e os manicômios acolhiam mulheres e homens. A mais antiga evidência da construção de um hospício foi no Cairo, Egito, em 872 d.C. por iniciativa do governador abássida do Egito, Ahmad ibn Tulun. Outros se seguiram e a prática de oferecer tratamento para doentes mentais em instituições especializadas difundiu-se no mundo islâmico. Em 1183, o viajante Ibn Jubayr assim descreveu o manicômio Nasiri no Cairo:

"O terceiro [prédio]... é grande com janelas de ferro nos quartos; é um lugar onde os doentes mentais são confinados. O manicômio tem pessoas que examinam o estado físico e mental dos pacientes todos os dias e recomendam os tratamentos adequados."

Os doentes eram tratados com drogas como ópio, que tinha um efeito calmante, e com música e massagens suaves. A intenção era de tratar e curar os doentes, embora mais tarde Ibn Jubayr tenha relatado que em um manicômio em Damasco os pacientes com problemas mentais eram "mantidos acorrentados", aparentemente para proteger a equipe médica e outros pacientes de possíveis surtos agressivos. A terapia em que os médicos conversavam com os pacientes também era comum na época.

O médico persa Abu Bakr Mohammad Ibn Zakariya al-Razi (865-925 d.C.), conhecido no Ocidente como "Rhazes", aconselhava os médicos a ajudar os pacientes a lidar com questões triviais que os atormentavam e a pensar de maneira racional. Música, teatro, leituras e preces também faziam parte do tratamento. O atendimento nos hospitais psiquiátricos no mundo árabe continuou a oferecer um tratamento humanizado aos pacientes durante séculos. O cronista de viagens Evliya Çelebi (1611-c.1682) fez um relato de sua visita a um hospital perto da mesquita de Bayezid

"Cena do Bethlem Royal Hospital" da série de oito pinturas e oito gravuras de A Rake's Progress, do artista William Hogarth (1732).

Ilustração de um médico visitando um paciente, de um manuscrito persa datado do século XIV.

em Edirne, Turquia. Ele descreveu um tipo de terapia natural que estimulava o olfato com o perfume de flores, e que um grupo de cantores e músicos visitava três vezes por semana o hospital para cantar e tocar para os pacientes.

Primeiras instituições para abrigar doentes mentais na Europa

Enquanto nos países árabes os doentes mentais recebiam tratamento em instituições especiais, na Europa as pessoas sem o apoio da família andavam sem destino pedindo comida.

Mas no final da Idade Média algumas instituições cristãs, como os mosteiros começaram a tratar, ou pelo menos acolher os doentes mentais, além de indigentes e portadores de doenças físicas. As pessoas que não tinham condições de cuidar de parentes com problemas mentais podiam pedir ajuda na paróquia, que providenciava uma enfermeira ou abrigava o doente em uma instituição especial. Ao longo do tempo, essas instituições transformaram-se em manicômios.

Bethlem Royal Hospital

O convento de Santa Maria de Belém fundado em 1247, hoje conhecido como Bethlem Royal Hospital, era no início um hospital para indigentes. Começou aos poucos a acolher doentes mentais e, em 1403, tinha seis pacientes classificados de loucos. O hospital era equipado com quatro pares de algemas, 11 correntes, seis cadeados e dois pares de meias usados para prender os pacientes agitados ou agressivos. Em 1460, o hospital destinou-se apenas a abrigar doentes mentais.

Durante séculos, Bethlem foi administrado por pessoas sem conhecimento médico específico ou interesse em medicina, que usavam sua posição em benefício próprio. Os pacientes eram mantidos em condições deploráveis, quase sempre sem comida suficiente, com poucas roupas ou nus. Em 1598, uma inspeção do governo constatou "as instalações repugnantes e

> *Alguns quartos eram aquecidos no inverno de acordo com a natureza do doente... Os que eram trazidos para o hospital pela polícia eram presos pelo pescoço por correntes douradas e prateadas. Um deles rugia e dormia como um leão em sua toca. Alguns fixavam o olhar no pequeno lago ou na fonte e repetiam palavras como um dervixe mendigando. Outros ficavam no jardim de roseiras e nos pomares de frutas e videiras... e cantavam com suas vozes de loucos desagradáveis aos ouvidos.*
>
> Evliya Çelebi

O rei Lear enlouquece e anda sem destino pela região rural do país enfrentando condições adversas, um destino comum a muitos doentes mentais.

excreções, sem comida e com frio, com poucas roupas ou nus, e sem cobertores para cobri-los. As intervenções médicas incluíam a flebotomia, açoites e imersão em água gelada. A cadeira giratória, inventada no século XVIII, era usada para girar os pacientes até cem voltas por minuto. Em geral, era utilizada no escuro para criar um impacto maior. O objetivo era de agitar o sangue e os tecidos a fim de restaurar o equilíbrio mental, mas, na verdade, causava perda de consciência e às vezes hemorragias nos ouvidos, nariz e boca.

Em 1815, o caso do paciente James Norris atraiu a atenção do público para as condições ignóbeis de Bethlem e outros hospitais psiquiátricos e, por fim, um inquérito resultou na reforma dessas instituições.

imundas do hospital que provocavam repulsa a qualquer homem que entrasse nesse triste local". Na época, havia 21 doentes internados, nenhum deles internados a menos de um ano, e um paciente havia sido recolhido ao hospital há 25 anos.

Um negócio próspero

No século XVII, o número de manicômios cresceu com rapidez. Muitos, como o Bethlem Royal Hospital, eram abertos ao público e o espetáculo dos "lunáticos" transformou-se em atração turística. Com o preço de um centavo por entrada, a atração era uma fonte de renda importante. Outra fonte de renda eram as pessoas, loucas ou não, que as famílias queriam se livrar e as internavam nos manicômios.

As condições dos pacientes eram em geral terríveis. Muitos eram mantidos acorrentados às paredes, deitados em enxergas de palha em cima de suas próprias

Tratamentos mais humanizados

As reformas nos hospitais psiquiátricos nos séculos XVIII e XIX eliminaram os excessos cometidos nos manicômios. Novos métodos como o do médico italiano Vincenzo Chiarugi (1759-1820), do médico inglês William Tuke (1732-1822) na Grã-Bretanha e de Philippe Pinel na França, tratavam os pacientes com humanidade. Eles não eram acorrentados nem açoitados, e não precisavam trabalhar.

The Maniac, de Thomas Rowlandson (1787).

James Norris passou 12 anos em um confinamento solitário no Bethlem, Royal Hospital com os braços acorrentados em uma barra de metal. Não havia registros de "atos de loucura" que justificasse sua internação. Seis membros do Parlamento que o visitaram acharam que não tinha sinais de transtornos mentais, era lúcido e conseguia conversar. Seu caso provocou uma reforma nos hospitais psiquiátricos na Grã-Bretanha.

Caso necessário, os médicos usavam camisa de força ou tiras de tecido reforçadas com metal em pacientes com acesso de fúria ou extremamente agitados, em vez de correntes. Esses asilos e não hospícios tinham o objetivo de tratar os doentes e, se possível, curá-los. A ativista Dorothea Dix (1802-1887) defendeu com sucesso reformas semelhantes nos Estados Unidos em meados do século XIX.

Em 1793, o médico Philippe Pinel trabalhou com Jean-Baptiste Pussin, que depois de ter sido tratado de uma tuberculose linfática no Bicêtre Hospital em Paris, fora nomeado superintendente da ala de doentes mentais do hospital, para "enriquecer a teoria médica com todas as informações úteis e importantes da abordagem empírica". Pinel e Pussin substituíram a flebotomia, os laxantes e os medicamentos que produziam vesículas na pele pelo contato pessoal e a observação cuidadosa. Seus pacientes não eram acorrentados e Pinel tinha longas conversas com eles. O método dele baseava-se na psiquiatria. Pinel registrou estudos de caso detalhados, que o ajudaram a classificar diferentes tipos de doenças mentais.

A época dos asilos psiquiátricos

O trabalho iniciado por Chiarugi, Tuke e Pinel resultou em uma mudança radical nos métodos de tratamento de transtornos mentais. O século XIX assistiu a mudanças sociais drásticas na Europa e nos Estados Unidos. As cidades cresceram rapidamente e os estilos de vida mudaram. As instituições públicas para tratar de doentes mentais, que não podiam mais ser cuidados pelas famílias, disseminaram-se. Os novos asilos eram grandes e confortáveis:

"Era um prédio espaçoso... arejado e elegante, rodeado por uma área não construída e jardins. No interior havia galerias, oficinas e salas de música... tudo limpo, tranquilo e com aspecto atraente..."

O ideal era recuperar a saúde mental com métodos suaves, mas a realidade era bem diferente. Os doentes mentais eram afastados do convívio da família, porque a melhor chance de cura baseava-se na ideia "de mudar a rotina de suas distrações, distanciá-los do seu local de residência e separá-los da família... e assim os doentes ficariam cercados por estranhos e com novos hábitos de vida" (palavras do

> É uma obrigação moral e um dever do médico respeitar o doente mental como um ser humano.
> Vincenzo Chiarugi, On Insanity (1793)

FORA DO COMUM: ABORDAGEM À PSICOPATOLOGIA

Um acontecimento social em Colney Hatch Asylum, Middlesex.

psiquiatra francês Jean-Etienne Esquirol, 1772-1842). Os "tratamentos" rigorosos continuaram a ser usados, como a flebotomia, os laxantes e os banhos gelados.

O número de pacientes aumentou na proporção de um a dez no século XIX e, em 1890, os asilos psiquiátricos estavam mais uma vez em condições deploráveis. Tinham um excesso de pacientes e os médicos voltaram a usar camisas de força, isolamento e sedativos como brometo para acalmar doentes agitados ou agressivos. Muitos doentes permaneciam nos asilos até morrer. Diversas pessoas defenderam a necessidade de reformar o sistema psiquiátrico, enquanto a situação nos asilos se deteriorava cada vez mais, até que na segunda metade do século XX muitos fecharam e a comunidade ficou responsável pelo cuidado dos doentes mentais.

Novos tratamentos invasivos

Os hospitais psiquiátricos continuaram a tratar de pacientes nos séculos XIX e XX. Na primeira metade do século XX, a fé otimista na ciência deu origem a uma série de tratamentos radicais para os transtornos mentais. Os pacientes eram submetidos a procedimentos invasivos e com frequência experimentais, como doses maciças de insulina, eletrochoques (mais tarde denominada eletroconvulsoterapia (ECT), lobotomia na região pré-frontal do cérebro, elevação da temperatura do corpo a 41°C e sonoterapia por alguns dias ou semanas.

A técnica da ECT foi introduzida em 1938 pelos neuropsiquiatras italianos Ugo Cerletti (1877-1963) e Lucio Bini (1908-1964). A terapia consistia na passagem de uma corrente elétrica de alta voltagem sobre a região temporal, que provocava convulsões. Os sintomas melhoravam depois de dez a vinte sessões, com a frequência de duas a três vezes por semana. Remédios para induzir convulsões já haviam sido usados e o primeiro registro é do século XVI, quando se acreditava que as convulsões diminuíam os sintomas de depressão aguda e de esquizofrenia. No início da aplicação da ECT houve casos de pacientes que quebraram braços e pernas ao se debaterem na sala, porém mais tarde o tratamento associou-se ao uso de relaxantes musculares e anestésicos.

A eletroconvulsoterapia caiu em desuso na década de 1950, quando surgiram remédios mais eficazes para o tratamento da depressão e esquizofrenia. A imagem negativa da ECT descrita no livro publicado em 1962 e transformado em filme em 1975, com o título *Um estranho no ninho*, acelerou a diminuição significativa do seu uso. A ECT ainda é usada em pacientes que dão seu consentimento e é considerada eficaz em casos extremos.

A lobotomia na região pré-frontal do cérebro é um tratamento ainda mais agressivo do que a ECT. Essa interven-

FORA DO COMUM: ABORDAGEM À PSICOPATOLOGIA

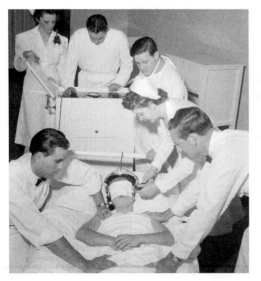
O tratamento com a eletroconvulsoterapia, c.1942.

Contribuição de Freud

Freud desenvolveu o método da "cura pela fala" como o cerne do método psicanalítico, que, em geral, é associado a ele. Esse método tornou-se parte do repertório terapêutico e continua sendo uma técnica de análise nos dias de hoje.

De 1885 a 1886, Freud estudou em Paris com o médico Jean-Martin Charcot, que usava a hipnose no tratamento de diversas perturbações psíquicas. Charcot acreditava que a histeria poderia ser causada, pelo menos em parte, por problemas psicológicos. Ao voltar de Paris, Freud começou a tratar de pacientes com sintomas de histeria em seu consultório em Viena,

ção cirúrgica muitas vezes praticada em pacientes indefesos secciona as vias que ligam as regiões pré-frontais e o tálamo. A técnica foi usada pela primeira vez para acalmar chimpanzés; três meses depois o neurologista português António Egas Moniz (1874-1955) começou a testá-la em seres humanos. Apesar de ser uma intervenção cirúrgica controversa, Egas Moniz ganhou o Prêmio Nobel em 1949.

Psicoterapia

Bem oposta aos tratamentos físicos radicais do século XX, a psicoterapia desenvolvida por Sigmund Freud baseia-se na fala, "terapia da fala".

No método psicanalítico, o diagnóstico e o tratamento ocorrem juntos. Longas conversas com o psicanalista revelam os problemas e permitem que o paciente os examine, reduzindo o impacto negativo e promovendo a cura.

A CALOSOTOMIA USADA NO TRATAMENTO DE PACIENTES EPILÉPTICOS GRAVES

A calosotomia consiste no corte do corpo caloso, que conecta os dois hemisférios cerebrais, resultando em desconexão cerebral. É usada em alguns casos para tratar de epilepsia resistente aos tratamentos convencionais. A calosotomia reduz a transmissão anormal de descargas elétricas que provocam crises epilépticas. Em experiências com pacientes que sofriam da síndrome da desconexão cerebral, Roger Sperry descobriu que um objeto visto com o olho esquerdo não pode ser nomeado, porque a informação do olho esquerdo é transmitida para o lado direito do cérebro, e, para a maioria das pessoas, o hemisfério esquerdo tem a função do controle da fala. Sem a conexão dos dois hemisférios do cérebro, o lado esquerdo não sabe o que o lado direito viu e, portanto, não pode nomear.

FORA DO COMUM: ABORDAGEM À PSICOPATOLOGIA

com o uso da hipnose. Mas alguns pacientes reagiam à hipnose. Outros não acreditavam nas "lembranças reprimidas" reveladas em estado de hipnose e, assim, o tratamento não poderia prosseguir.

Por fim, Freud adotou outro método. Os pacientes deitavam em um sofá, fechavam os olhos e contavam seus problemas e conflitos emocionais. Freud então descobriu que o simples fato de falar quebrava a resistência. A partir dessa experiência ele desenvolveu o método da associação livre e criou o ícone da psicanálise: o divã do analista.

Freud comparava a psicanálise a uma escavação arqueológica. A partir de alguns fragmentos os arqueólogos reconstituem a paisagem de uma cidade antiga. E com algumas reminiscências o analista reconstitui a paisagem psicológica de um paciente.

CASO ANNA O.

O método da psicanálise originou-se com o tratamento de "Anna O." (Na realidade, Bertha Pappenheim). Com 21 anos, enquanto cuidava do pai durante uma longa doença e depois de sua morte, Anna começou a ter uma série de problemas físicos como paralisia parcial, distúrbios alimentares, dificuldade de fala, desorientação e perda de memória. Seu caso foi diagnosticado como "histeria" e Joseph Breuer (1842-1925) a tratou no início com hipnose.

Todas as vezes que Breuer lhe pedia para lembrar quando surgira o primeiro sintoma, ele desaparecia, pelo menos por algum tempo. Breuer concluiu que alguns pensamentos e lembranças eram dolorosos demais para suportá-los no nível consciente e, por esse motivo, manifestavam-se como sintomas físicos. Quando a energia reprimida do sofrimento desaparecia ao falar no assunto, o sintoma desaparecia.

Breuer tratou de Anna O. ao longo de 18 meses, em um total de mil horas. Embora a considerasse curada, Anna passou bastante tempo em uma instituição psiquiátrica e tomou muita morfina para aliviar as dores provocadas pelos seus sintomas físicos. Anos depois, já como uma assistente social bem-sucedida, ela se opôs com veemência a deixar que as pessoas que estavam sob seus cuidados fossem submetidas a um tratamento psicanalítico.

Pesquisas posteriores concluíram que os problemas de Anna O. eram de origem neurológica e, portanto, jamais seriam curados pela psicanálise. O caso de Anna O. criou a expressão a "cura pela fala".

Complexidade da Mente

A história da psicologia ainda tem um longo caminho a percorrer. Não estamos muito distantes das páginas iniciais e nem sabemos como a história terminará.

O dualismo da mente-corpo, uma teoria formulada por Descartes, ainda constitui o cerne da psicologia, e um dos grandes enigmas da filosofia e da psicologia. Essa questão ficou ainda mais complexa com o trabalho dos anos seguintes. Hoje, falamos dos problemas da mente, cérebro, corpo, ou até mesmo em problemas do pensamento, mente, cérebro, corpo.

Assim como o conteúdo de um livro diferencia-se de sua forma física, a mente com seu conteúdo e funções tem uma existência à parte. Os cientistas cognitivos concentraram-se no estudo do algoritmo ou do modelo computacional do cérebro. Por sua vez, os neurologistas examinaram sua mecânica e química, e tentaram separar a atividade mental da mente em si.

Nossa visão da "mente" depois de Freud abrange a atividade inconsciente e a consciente. Ao olharmos para o cérebro com um equipamento eletrônico, temos grandes surpresas como a de tomar uma "decisão" antes de processá-la conscientemente. Essa premissa põe em dúvida o papel da mente consciente e a existência do livre-arbítrio.

Um olhar para o futuro

Hoje, a psiquiatria associa remédios, terapias e, às vezes, psicocirurgia ao tratamento de transtornos mentais. Mas esses recursos nem sempre dão resultado. Ain-

---

A LINHA TÊNUE DA ESTABILIDADE MENTAL

Em 1973, o psicólogo americano David Rosenhan (1929-2012) fez uma experiência com resultados assustadores. Rosenhan enviou um grupo de oito pessoas mentalmente sãs, inclusive ele, para um hospital psiquiátrico nos Estados Unidos, onde fingiram ter alucinações auditivas. Todas as pessoas foram internadas como pacientes. Em seguida, elas passaram a agir normalmente e disseram que não tinham mais alucinações. Essas pessoas passaram em média 19 dias no hospital e tiveram de admitir que sofriam de um transtorno mental. E antes de terem alta foram medicados com remédios antipsicóticos. Só uma das pessoas do grupo recebeu o diagnóstico de "esquizofrenia em remissão". Depois do protesto da associação de psiquiatras, Rosenhan aceitou o desafio de um hospital para enviar falsos doentes que ficariam internados por um período de um ano e garantiu que os reconheceria. Ao longo do ano seguinte, dos 193 novos pacientes, 41 foram identificados como falsos doentes. Na verdade, Rosenhan não havia enviado pacientes para o hospital e concluiu "que era impossível distinguir uma pessoa com saúde mental de um doente nos hospitais psiquiátricos".

da não se tem uma visão clara de como definir e identificar o campo da psicopatologia.

As diversas escolas de psicologia

Cada uma das escolas de psicologia tem uma visão particular sobre o porquê somos como somos e agimos de determinada maneira... A psicologia se apresenta fragmentada em diversas abordagens e estudos, algumas vezes conflitantes, outras em coexistência.

Alguns psicólogos, entre eles Gregg Henriques da Universidade de Vermont, procuram por uma "teoria unificadora" para transformar a psicologia em um todo coerente. O modelo padrão do átomo, a teoria da relatividade geral e a mecânica quântica fornecem uma moldura na qual a física opera. A biologia tem a evolução e a genética, que juntas, respondem pelos modos como os organismos funcionam e se desenvolvem. A psicologia não dispõe de um quadro de referência sob o qual seus praticantes apresentem consenso e sob o qual novos desenvolvimentos e ideias possam ser acessados e testados.

Alguns psicólogos argumentam que não é possível elaborar uma teoria unificadora no campo da psicologia. A ruptura entre as escolas mentalista e behaviorista significa que não há consenso nem mesmo se a mente existe, ou se é possível estudá-la e avaliá-la.

Ao longo do tempo, mais descobertas irão conectar os estados mentais e atos com a neurociência e à química cerebral. Essas conexões permitirão entender e tratar de casos no campo da psicopatologia. Porém não irão explicar o funcionamento da mente – a sensação de estar apaixonado, o prazer de ouvir música, ou de fazer uma atividade criativa. É impossível afirmar por que uma pessoa prefere uma teoria política, acredita em Deus ou não gosta de esporte. Noam Chomsky dizia que alguns problemas estavam além da capacidade de compreensão do cérebro humano. A natureza de nossa própria mente também está nesta categoria.

O LIVRE-ARBÍTRIO É UMA ILUSÃO?

Itzhak Fried, que trabalhou na Califórnia e em Tel Aviv, relatou em 2011 que, ao monitorar um elétrodo implantado no cérebro, ele conseguiu "ver" as pessoas no momento em que tomavam uma decisão, com a pressão de um botão um segundo e meio antes. A partir da informação do elétrodo, Fried podia prever com 80% de precisão a escolha das pessoas. Aparentemente, a "decisão" era feita no inconsciente e manifestava-se na mente consciente como um ato de livre-arbítrio.

Creio que a resposta ao enigma do livre-arbítrio está no domínio da ciência em potencial, que a mente humana jamais dominará por causa das limitações de sua estrutura genética... Em princípio, existem teorias científicas que a estrutura genética do cérebro do ser humano o impede de compreender.

Noam Chomsky, 1983

Índice Remissivo

"A Linha Tênue da Estabilidade Mental" (Rosenhan) 208
"A Terceira Onda" 181-2
"Experiências proibidas" 43, 44-5, 108, 119
"Fantasma na máquina" 15, 33
"Genie" 44
"Psicologia como os behavioristas a veem" (Watson) 77
A origem das espécies (Darwin) 41
Abu Ghraib 171, 172
Adler, Alfred 39, 71, 86, 152-3, 154, 194
Adrian, lorde Edgar 50
Africanus, Joannes Leo 188
Agassiz, Louis 64
Agostinho de Hipona 21
Ahmad ibn Tulun 201
Akbar, o Grande 43-4
Alcméon de Crotona 95
Alexandre, o Grande 183
Allport, Gordon 118
Alma *ver* mente e corpo
A anatomia da melancolia (Burton) 191
Angell, James Rowland 69
Anna O. 207
Aquino, Tomás 21, 24
Aretaeus 196
Aristóteles 11, 18-21, 22, 23, 100-11, 143, 161
Arnauld, Antoine 118
Arquétipos 110-11
Arquipélago Gulag, O (Solzhenitsyn) 172
Asch, Solomon 179
Asclepíades de Bitínia 190, 195, 200

Asilos 200-5
Associação livre 35
Associacionismo 99-102, 126
Astrologia 138-9
Atkinson, Richard 132
Atkinson-Shiffrin, estrutura da memória 133
Autorrealização 86, 163-4, 182-3
Avicena 21-2, 23, 25, 112

Bacon, Francis 25, 93
Bain, Alexander 125
Baldwin, James 78
Bandura, Albert 174-5
Bartlet, Frederic 116-8
Behaviorismo 13, 34, 71, 79, 82
   B.F. Skinner 82-4
   Comportamento deliberado 80-2
   experiências com animais 80, 84-5
   Positivismo lógico 82-3
   Psicologia cognitiva 83-4
Behind the Shock Machine (Perry) 179
Bell, Charles 49
Bem, Daryl J. 163
Berkeley, George 17, 28, 32, 97, 98-9
Bessel, Friedrich 51-2
Bethlehem 202-4
Binet, Alfred 151
Bini, Lucio 205
Birney, Robert 121
Bleuler, Paul Eugen 197
Bloom, Paul 174
Borden, Lizzie 194
Bowlby, John 156-8, 159, 160

ÍNDICE REMISSIVO

Brentano, Franz 93
Breuer, Joseph 193, 207
Broca, Paul Pierre 192-3
Burton, Richard 191

Cajal, Santiago Ramón y 135
Calosotomia 206
Cânone de Medicina (Avicena) 22, 23
Carlsmith, James Merrill 67, 162, 163
Carr, Harvey 70
Çelebi, Evliya 201, 202
Celsus, Aulus Cornelius 195
Cerletti, Ugo 205
Charcot, Jean-Martin 35, 147, 189
Chomsky, Noam 118-9, 209
Common Sense Book of Baby and Child Care, The (Spock) 160
Comportamento proposital 80-2
Comportamentos instintivos 119-22
Comportamentos reflexivos 116
Condicionamento operante 125-8
Conhecimento demonstrativo 92
Conhecimento inato 108-11
Conhecimento *ver também* mente
   Demonstrativo 92
   Empírico 92
   Experimentos 92-3
   Inato 108-11
   Percepção 93-5
   Teorias de Immanuel Kant 115
   Teorias de John Locke 97
Copérnico, Nicolau 12
Crianças
   E sentido do self 154-60
Crianças prodígios 150
Crianças selvagens 44-5, 112
Criminalidade 144, 147
Cristianismo
   Mente e corpo 20-1, 91
Crítica da razão pura (Kant) 115
Crooke, Helkiah 46

D'Arpentigny, Casimir Stanislas 143
Darley, John 180
Darwin, Charles 41, 144, 174
Darwinismo social 145-6
De Anima (Aristóteles) 11
De Medicina (Celsus) 195
Demócrito 96
Dennett, Daniel 31
Descartes, René 16, 23-6, 28, 34, 46-7, 93, 108, 120
Determinismo 29, 138
Dewey, John 68-9, 78, 131-2
Dias, Brian 168
Dickens, Charles 147
Diógenes 183
Dissonância cognitiva 67
   e o self 162-3
Dix, Dorothea 204
Donders, Franciscus 57

Efeito do espectador 87-8
Efeito nocebo 17
Efeito placebo 17
Egito, antigo 18
Ehrenfels, Christian Von 72
Eichmann, Adolf 177, 179
Einstein, Albert 38
Elements of Psychophysics (Fechner) 54
Eletroconvulsoterapia (ECT) 205-6
Em busca do tempo perdido (Proust) 201
Emílio, ou da educação (Rousseau) 131
Empirismo 92-3
   Percepção 105
Ensaio acerca do entendimento humano (Locke) 97, 107, 112
Ensaio sobre o homem (Pope) 10
Ensaios sobre a mente (Helvetius) 103
Epicuro 19, 96
Epilepsia 187
Espiral dourada 55
Estímulo condicionado (EC) 123

Estímulo condicionado 123
Estoicos, os 20
　Mente e corpo 19-20, 96
Estruturalismo 13, 60, 62-3, 168-9
Experiência com o pequeno "Albert" 78
Experiências da reação ao tempo 51, 56
Experiências de campo 42
Experiências de pico 86
Experimento da Prisão de Stanford 87, 171-3
Experimentos com animais
　Behaviorismo 80, 84-5, 168
　Experiências de Harry Harlow 158-9
　Reações condicionadas 123, 126-7, 128, 129-30
Experimentos de laboratório 42
Experimentos naturais 42, 44-5

Fabre, Jean-Henri Casimir 122
Fallon, James 194
Fechner, Gustav 53-6, 99
Fédon (Platão) 18
Feigl, Herbert 83
Feldman, Heidi 119
Festinger, Leon 67, 162-3
Filo de Alexandria 20, 21
Fisiognomia 142-4, 145-7
FitzRoy, Robert 144
Fluxo da consciência 66
Frederico II 43
Frenologia 142
Freud, Anna 194
Freud, Sigmund 13, 32, 39, 70, 151, 193, 206
Fried, Itzhak 209
Função da adaptação 70
Funcionalismo 13, 63-5, 68, 69-70, 168-9

Gage, Phineas 192, 193
Galeno de Pérgamo 46, 139, 140
Gall, Franz Joseph 142, 144
Galton, Francis 145, 147, 148, 151
Galvani, Luigi 48
Gazzaniga, Michael 55
Gêmeos 147-8, 149
Genética 145-9
Genovese, Kitty 180
Golding, William 173
Goldin-Meadow, Susan 119
Golgi, Camillo 135
Gottfredson, Linda S. 149
Grécia, antiga
　Teorias da percepção 95-6
　Teorias do corpo e da mente 17-20
　Tratamentos da psicopatia 199, 200-1

Hall, Granville Staney 154-6
Händel, George Frederic 150
Harlow, Harrym 156, 158-9, 160
Hartley, David 100-1, 120-1
Harvey, William 23
Hebb, Donald 134, 165
Hein, A. 113-4
Held, R. 113-4
Helmholtz, Hermann von 56, 60, 104
Henrique VIII 141
Hierarquia das necessidades 86, 182
Hipócrates 139, 140, 143, 187, 189, 200
Histeria 189
Hobbes, Thomas 26-7, 29, 109, 170
Hodges, Jill 158
Holocausto, o 170-1
Hull, Clark Leonard 82-3
Hume, David 10, 11, 25, 32, 37, 92, 93, 97, 100
Humores 139-41, 191, 199-200

Ibn Sina *ver também* Avicena
Ibn Tufail 112
Idealismo subjetivo 28

ÍNDICE REMISSIVO

Ignorância pluralística 181
Iluminismo 25
Imaterialismo 28
Inteligência 148-9, 150, 151
Islã
    Tratamento da psicopatia 201-2
    Mente e corpo 21-2

Jaime IV da Escócia 43
James, William 13, 33-4, 63-7
Jones, Mary Cover 125
Jones, Ron 181
Jung, Carl 110, 152, 164, 167, 194

Kant, Immanuel 94, 103-4, 115
Kempe, Margery 189
Kinnebrooke, David 51, 137
Koffka, Kurt 72, 105
Köhler, Wolfgang 73, 129
Konorski, Jerzy 126
Kraepelin, Emil 196
Kuhn, Thomas 12

Lamarck, Jean-Baptiste 109
Lancelot, Claude 118
Latané, Bibb 180
Lavater, Johann Kaspar 142
Leibniz, Gottfried 26-7, 96-9, 109
Lewin, Kurt 161
Linguagem 118-9
Livre-arbítrio 29-30, 35, 66, 102, 139, 209
Locke, John 97, 107, 112-3, 131, 150
Lombroso, Cesare 145, 147
Lorenz, Konrad 122, 157
Lucrécio 96

MacDougall, Duncan 33
Maguire, Eleanor 89
Manuscritos do Mar Morto 22
Maskelyne, Nevil 51

Maslow, Abraham 13, 85, 86, 152, 161, 164, 182
McDougall, William 80-2
Memória 132-3
Mente e corpo
    Posição idealista 16-7
    Posição "monista" 16
    Teorias da Grécia Antiga 17-20
    Teorias de Baruch Spinoza 27-9, 31
    Teorias de Blaise Pascal 29-30
    Teorias de David Hume 32, 37
    Teorias de Gottfried Leibniz 26
    Teorias de Pierre Gassendi 26-7
    Teorias de René Descartes 16, 23-6, 28
    Teorias de Sigmund Freud 32-3
    Teorias de Thomas Hobbes 26-7, 29
    Teorias de William James 33-4
    Teorias do início do cristianismo 20-1
    Teorias do islamismo 21-2
    Teorias modernas 30-1
    Visão da Europa medieval 22-3
Mente *ver também* conhecimento
    Como uma página em branco 111-2
    Comportamentos instintivos 119-22
    Comportamentos reflexivos 120-1
    Conhecimento inato 108-11
    Experimentos 113-4
    Linguagem 118-9
    Memória 132-3
    Psicobiologia 133-5
    Resposta condicionada 79, 123-8
    Teorias de Frederic Bartlett 116
    Teorias de Immanuel Kant 115
    Teorias de Jean Piaget 116
    Teorias do aprendizado 129-32
Mesmer, Franz 189
Microcosmografia (Crooke) 46
Milgram, Stanley 13, 176-7
Mill, James 101, 103
Mill, John Stuart 102, 103

Miller, George A. 13, 133
Mônadas 27, 109
Monismo material 26, 28
Montaigne, Michel de 45
Montessori, Maria 132
Muhammad, Najab ud din 196
Muller, Johannes 50, 57, 99, 115
Münsterberg, Hugo 67-9, 194
Nativismo 108-9
Neisser, Ulric 13
Neoplatonismo 20-1
Neurologia 30, 34
Neurônios 135
Neurose 198
Newton, Isaac 10, 25, 39
Nômeno 94
Norris, James 203-4

On Insanity (Chiarugi) 204
Orfanatos romenos 160

Padrões fixos de ação 121
Papiros de Edwin Smith 11
Paracelso 190, 200
Pascal, Blaise 30
Pavlov, Ivan 79, 123
Percepção
    Ação 105
    Associacionismo 99-102
    Conhecimento 93-5
    Empirismo 105
    Experiências com 99
    Racionalismo 102-5
    Sensação 95-6
    Teorias de George Berkeley 98-9
    Teorias de Gottfried Leibniz 97-8
Perry, Gina 179
Piaget, Jean 116, 130, 132
Piliavin, Irving e Jane 87
Pinel, Philippe 197, 203

Pinker, Steven 119
Platão 17-20, 108, 109
Platter, Felix 196
Pope, Alexander 181
Popper, Karl 12
Port-Royal Grammar (Arnauld e Lancelot) 118
Posição "monista" 16, 27, 28-9
Posição idealista 16-7
Positivismo 93
Positivismo lógico 83-4
Postman, Joseph 118
Proust, Marcel 101
Psamtik I 41
Psicanálise 70-1, 207-8
Psicobiologia 133-4
Psicodinâmica 13, 70-1
Psicofarmacologia 197
Psicofísica 52-7
Psicologia
    Fragmentação da 209
    Tipos de 13
    como ciência 10-1, 38-9
    Psicofísica 52-7
Psicologia cognitiva 13, 104
    Behaviorismo 83-4
    Psicologia experimental 86-7
Psicologia da *Gestalt* 13
    Descrição 71
    Método da 74-7
    Origens da 72-3
    Psicologia experimental 71-2
Psicologia experimental
    Conhecimento 113-5
    Crianças selvagens 44
    Edward Titchener 62-3
    Experiência com o pequeno "Albert" 78
    Experiência da reação ao tempo 56
    "Experiências proibidas" 43, 44-5

Filosofia 40-3
Hugo Münsterberg 194
John Dewey 68-9
Philip Zimbardo 171-3
Psicofísica 52-7
Psicologia cognitiva 86-7
Psicologia da Gestalt 71-2
Psicologia social 87-8
Sistema nervoso 48-51
Sociedade e self 171-82
Tipos de 42
Wilhelm Wundt 60
William James 62-7
Psicologia humanista e o *self* 13, 86
Psicologia individual 71
Psicologia social 13, 67
    Psicologia experimental 87-8
Psicopatia
    As teorias de Sigmund Freud 193-4, 195
    Asilos 201-4
    Classificações da 195-8
    Eletroconvulsoterapia 205-6
    Função do cérebro 192-3
    Psicanálise 206-7
    Terminologia da 186, 188
    Tratamentos prescritos 197-203
    Visão histórica da 186-92, 195-7
Psicose 197

Quiromancia 143
    Racionalismo 92-3

Racionalismo 92-3
    Percepção do 102-5
Rayner, Rosalie 78, 124
Reid, Thomas 94-5, 104
Rescorla, Robert 123
Resposta condicionada 79, 123-4
Ressler, Kerry 168
Ressonância magnética 88-9

Rhazes 201
Robertson, James 157
Rogers, Carl 86, 164
Rosenhan, David 208
Rousseau, Jean-Jacques 109, 131-2, 150, 168
Rutter, Michael 158
Ryle, Gilbert 16, 25

Sanger, Margaret 69
Searle, John 30
Self ver também sociedade e *self*
    Astrologia 138-9
    Autorrealização 86, 163-4
    Crianças 154-60
    Criminalidade 145, 147
    Darwinismo social 145-6
    Determinismo 138
    Discussão sobre natureza e educação 138, 149-51, 165
    Dissonância cognitiva 162-3
    Fisiognomonia 141-2, 144-5
    Frenologia 143-5
    Gêmeos 147-8, 149
    Genética 146-50
    Humores 139-42
    Inteligência 148-9, 150, 151
    Livre-arbítrio 138
    Psicologia humanista 161-2
    Quiromancia 143
    Teoria da autopercepção 164
    Teorias de Alfred Adler 152-3
    Teorias de Carl Jung 152
    Teorias de Freud 151
Sêneca, o Jovem 20
Senhor das moscas, O (Golding) 173
Sensação
    Percepção 95-6
Shakespeare, William 185, 196
Shiffrin, Richard 132-3

Simon, Theodore 151
Sistema nervoso
   Antigas teorias 46
   Experiências com 48-51
   Percepção 95-6
   Teorias de René Descartes 47-8
Skinner, B.F. 16, 79, 82, 84-5, 126-7, 176
Sociedade e *self ver também self*
   Efeito do espectador 180-1
   Estruturalismo 168-9
   Experiências de Paul Bloom 174
   Experiências de Stanley Milgram 176-9
   Experimentos de Albert Bandura 174-5
   Experimentos em conformidade 175-82
   Funcionalismo 168-9
   Holocausto 170-1
   Teorias de Abraham Maslow 182-3
   Teorias de Sigmund Freud 169
Sócrates 17
Solzhenitsyn, Alexander 172
Spencer, Herbert 109-10, 155
Sperry, Roger 206
Spinoza, Baruch 25, 27-8, 31
Spock, Benjamin 160
Spruzheim, Johann Gaspar 142
Stálin, Joseph 69
Suma Teológica (Aquino) 24
Swammerdam, Jan 48
Szasz, Thomas 185

Teevan, Richard 121

Teoria da autopercepção 163-4
Teorias do aprendizado 129-32
Terapia cognitivo-comportamental (TCC) 83
Terman, Lewis 151
Theologus Autodidactus (Ibn Tufail) 112
Thorndike, Edward 79-80, 126-7, 130, 148
Titchener, Edward 13, 62-3, 99
Tizard, Barbara 158
Tolman, Edward 37, 79, 81-4
Trepanação 198
Turnbull, Colin 114
Turner, John 165

Vandervert, L.R. 150
Vindication of Phrenology, A (Williams) 143
Volta, Alessandro 49
Voluntarismo 13, 60

Watson, John Broadus 13, 77, 78, 79, 83, 123, 195
Weber, Ernst Heinrich 52-3, 54, 99
Wertheimer, Max 13, 72, 73, 129
Williams, William Mattieu 143
Willis, Thomas 30, 189
Wundt, Wilhelm 10, 13, 54, 59, 60-2, 66, 99, 122

Zeigarnik, Bluma 161
Zenão de Cício 20
Zimbardo, Philip 13, 87, 171-3